Juristische ExamensKlausuren

Rocco Jula

Fallsammlung zum Handelsrecht

Klausuren - Lösungen - Basiswissen

2. Auflage

Rechtsanwalt
Dr. iur. Rocco Jula
Fachanwalt für Handels- und
Gesellschaftsrecht,
Fachanwalt für Versicherungsrecht
Pestalozzistraße 66
10627 Berlin
jula@jula-partner.de

ISSN 0944-3762
ISBN 978-3-642-03575-3   e-ISBN 978-3-642-03576-0
DOI 10.1007/ 978-3-642-03576-0
Springer Heidelberg Dordrecht London New York

Die Deutsche Nationalbibliothek verzeichnet diese Publikation in der Deutschen Nationalbibliogra-fie; detaillierte bibliografische Daten sind im Internet über http://dnb.d-nb.de abrufbar.

© Springer-Verlag Berlin Heidelberg 2000, 2009
Dieses Werk ist urheberrechtlich geschützt. Die dadurch begründeten Rechte, insbesondere die der Übersetzung, des Nachdrucks, des Vortrags, der Entnahme von Abbildungen und Tabellen, der Funksendung, der Mikroverfilmung oder der Vervielfältigung auf anderen Wegen und der Speiche-rung in Datenverarbeitungsanlagen, bleiben, auch bei nur auszugsweiser Verwertung, vorbehalten. Eine Vervielfältigung dieses Werkes oder von Teilen dieses Werkes ist auch im Einzelfall nur in den Grenzen der gesetzlichen Bestimmungen des Urheberrechtsgesetzes der Bundesrepublik Deutschland vom 9. September 1965 in der jeweils geltenden Fassung zulässig. Sie ist grundsätz-lich vergütungspflichtig. Zuwiderhandlungen unterliegen den Strafbestimmungen des Urheber-rechtsgesetzes.
Die Wiedergabe von Gebrauchsnamen, Handelsnamen, Warenbezeichnungen usw. in diesem Werk berechtigt auch ohne besondere Kennzeichnung nicht zu der Annahme, dass solche Namen im Sinne der Warenzeichen- und Markenschutz-Gesetzgebung als frei zu betrachten wären und daher von jedermann benutzt werden dürften.

Einbandentwurf: WMXDesign GmbH, Heidelberg

Gedruckt auf säurefreiem Papier

Springer ist Teil der Fachverlagsgruppe Springer Science+Business Media (www.springer.com)

Vorwort

Die fachgerechte Bearbeitung eines juristischen Falls erfordert intensives Training. Die 15 in dieser Sammlung enthaltenen Klausuren decken die prüfungsrelevanten Schwerpunkte des Handelsrechts systematisch ab.

Die Fälle bereiten Studierende der Rechts- und Wirtschaftswissenschaften auf Klausuren, aber auch auf mündliche Prüfungen vor. Jeder Klausur folgt eine vollständig ausformulierte Musterlösung. In der Randzeile ist zusätzlich der Lösungsweg stichwortartig angegeben, um einen schnellen Überblick zu ermöglichen. Anmerkungen mit weiterführenden Hinweisen runden die Klausurlösungen ab. In gesonderten Abschnitten wird das notwendige handelsrechtliche Basiswissen vermittelt.

Die Klausuren sind aus meiner Praxis als Lehrbeauftragter an der Technischen Universität Berlin entstanden und dort erprobt worden.

Kritische Hinweise und Anregungen werden dankbar aufgegriffen und können über den Verlag oder meine Kanzlei an mich gerichtet werden (Pestalozzistraße 66, 10627 Berlin, jula@jula-partner.de).

Berlin, im Juli 2009   Rechtsanwalt Dr. Rocco Jula

Inhaltsverzeichnis

Vorwort V
Abkürzungsverzeichnis XI
Literaturverzeichnis XIII

Einleitung 1
I. Fallbearbeitung im Handelsrecht 1
   1. Überblick 1
   2. Handelsrechtliche Normen und Institute in der Fallprüfung 2
II. Stellung und Funktion des Handelsrechts 5

> * **Klausur 1:** „Die Erfolgsstory des Alfonso A. Arnold" 9
>   *Schwerpunkt: Kaufmannseigenschaft*
>   Lösung: „Die Erfolgsstory des Alfonso A. Arnold" 12

Basiswissen: Grundlagen der Kaufmannseigenschaft 21
I. Unternehmer, Gewerbetreibende und Kaufleute 21
II. Gewerbe 22
III. Einzelne Adressaten des Handelsrechts 25
   1. Kaufmann kraft Handelsgewerbes (Ist-Kaufmann) 25
   2. Kaufmann kraft Eintragung (Kann-Kaufmann) 27
   3. Scheinkaufmann 31
   4. Handelsgesellschaften und Formkaufleute 32

> * **Klausur 2:** „Internationale vereinigte Assekuranzmakler" 37
>   *Schwerpunkt: Recht der Firma*
>   Lösung: „Internationale vereinigte Assekuranzmakler" 38

Basiswissen: Die Firma 41
I. Begriff und Funktion 41
II. Firmenbildung 42
   1. Grundsatz der freien Firmenwahl 42
   2. Grenzen 42
   3. Firmengrundsätze 46

**	Klausur 3:	„Richards Reiseläden" 49
		Schwerpunkt: Haftung bei Firmenfortführung
	Lösung:	„Richards Reiseläden" 51

Basiswissen: Inhaberwechsel und haftungsrechtliche Konsequenzen 57

I. Überblick 57
II. Erwerb des Handelsgeschäfts unter Lebenden (§ 25 HGB) 57
   1. Überblick 57
   2. Voraussetzungen 58
   3. Rechtsfolgen 60
III. Fortführung durch die Erben (§ 27 HGB) 64

***	Klausur 4:	„Balduin in Geldnöten" 67
		Schwerpunkt: Firmenfortführung und Eintritt als Gesellschafter
	Lösung:	„Balduin in Geldnöten" 69

Basiswissen: Aufnahme in ein einzelkaufmännisches Unternehmen 77

***	Klausur 5:	„Buchführung für alle" 79
		Schwerpunkt: Publizität des Handelsregisters
	Lösung:	„Buchführung für alle" 83

Basiswissen: Das Handelsregister 91

I. Überblick 91
II. Publizität des Handelsregisters 94
   1. Allgemeines 94
   2. § 15 II HGB 95
   3. § 15 I HGB (negative Publizität) 97
   4. § 15 III HGB (positive Publizität) 101
   5. Allgemeine Rechtsscheinshaftung 103

*	Klausur 6:	„Die Rache des frustrierten Prokuristen" 105
		Schwerpunkt: Erteilung/Widerruf der Prokura
	Lösung:	„Die Rache des frustrierten Prokuristen" 106

Basiswissen: Die Prokura 109

***	Klausur 7:	„Peterchens Prokura" 115
		Schwerpunkt: Reichweite der Prokura
	Lösung:	„Peterchens Prokura" 117

**	Klausur 8:	„Die Geschehnisse im Pavillon" 125
		Schwerpunkte: Handlungsvollmacht und Ladenvollmacht
	Lösung:	„Die Geschehnisse im Pavillon" 127

Basiswissen: Handlungsvollmacht   **135**

Basiswissen: Selbständige Hilfspersonen des Kaufmanns   **137**

    I. Der Handelsvertreter   138
    II. Der Kommissionär   140
    III. Der Vertragshändler   142
    IV. Der Franchisenehmer   143

***	Klausur 9:	„Der nimmersatte Stephan" 147
		Schwerpunkt: Der Handelsvertreter
	Lösung:	„Der nimmersatte Stephan" 149
***	Klausur 10:	„Miquel von Moridor verkauft Isidor" 157
		Schwerpunkt: Der Vertragshändler
	Lösung:	„Miquel von Moridor verkauft Isidor" 160
**	Klausur 11:	„Carrara-Marmor für Schwanenwerder" 171
		Schwerpunkt: Der Kommissionär
	Lösung:	„Carrara-Marmor für Schwanenwerder" 172
***	Klausur 12:	„Rückwärts mit dem Trecker" 179
		Schwerpunkte: AGB unter Kaufleuten und Rügeobliegenheit
	Lösung:	„Rückwärts mit dem Trecker" 181

Basiswissen: Die Rügeobliegenheit des Kaufmanns **195**

***	Klausur 13:	„Steaks für alle" 201
		Schwerpunkte: Kaufmännisches Bestätigungsschreiben, Schweigen im Handelsrecht, Fixhandelskauf, Annahmeverzug
	Lösung:	„Steaks für alle" 204
**	Klausur 14:	„Brillen nach Maß" 219
		Schwerpunkte: Aliudlieferung und Abtretungsverbot
	Lösung:	„Brillen nach Maß" 221
***	Klausur 15:	„It's my bike" 227
		Schwerpunkt: Gutgläubiger Erwerb vom Kaufmann
	Lösung:	„It's my bike" 230

Sachregister **239**

Abkürzungsverzeichnis

a.A.	anderer Ansicht
a.a.O	am angegebenen Ort
Abs.	Absatz
AcP	Archiv für die civilistische Praxis (Jahrgang, Jahr, Seite)
AG	Aktiengesellschaft
AktG	Aktiengesetz
BAG	Bundesarbeitsgericht
BB	Der Betriebsberater (Jahrgang, Seite)
BGB	Bürgerliches Gesetzbuch
BGH	Bundesgerichtshof
BGHZ	Entscheidungen des Bundesgerichtshofs in Zivilsachen (Band, Seite)
bzw.	beziehungsweise
BT-Drs.	Bundestags-Drucksache
d.h.	das heißt
DB	Der Betrieb (Jahr, Seite)
DStR	Deutsches Steuerrecht (Jahr, Seite)
FGG	Gesetzes über die Angelegenheiten der freiwilligen Gerichtsbarkeit
FS	Festschrift
ggf.	gegebenenfalls
GmbH	Gesellschaft mit beschränkter Haftung
GmbHG	Gesetz betreffend die Gesellschaften mit beschränkter Haftung
GmbHR	GmbH-Rundschau (Jahr, Seite)
HGB	Handelsgesetzbuch
h.L.	herrschende Lehre
h.M.	herrschende Meinung
InsO	Insolvenzordnung
i.S.v.	im Sinne von
i.V.m.	in Verbindung mit

JuS	Juristische Schulung (Jahr, Seite)
KG	Kommanditgesellschaft
LG	Landgericht
MDR	Monatszeitschrift für Deutsches Recht (Jahr, Seite)
MitbestG	Mitbestimmungsgesetz
m.w.N.	mit weiteren Nachweisen
NJW	Neue Juristische Wochenschrift (Jahr, Seite)
NJW-RR	NJW-Rechtsprechungs-Report Zivilrecht (Jahr, Seite)
NZG	Neue Zeitschrift für Gesellschaftsrecht (Jahr, Seite)
OHG	Offene Handelsgesellschaft
OLG	Oberlandesgericht
Rdnr.	Randnummer
RG	Reichsgericht
RGZ	Entscheidungen des Reichsgerichts in Zivilsachen (Band, Seite)
sog.	sogenannt
StGB	Strafgesetzbuch
VersR	Versicherungsrecht (Zeitschrift, Jahr, Seite)
WM	Wertpapier-Mitteilungen (Jahr, Seite)
z.B.	zum Beispiel
ZIP	Zeitschrift für Wirtschaftsrecht (Jahr, Seite)

Literaturverzeichnis

Verzeichnis der abgekürzt zitierten Literatur

Baumbach/Hopt	Handelsgesetzbuch, Kommentar, 33. Aufl. 2008
Brox, Hans	Handelsrecht und Wertpapierrecht, 17. Aufl. 2004
Canaris, Claus-Wilhelm	Handelsrecht, 24. Aufl. 2006
GK-HGB	Gemeinschaftskommentar zum HGB, 7. Aufl. 2006
Hofmann, Paul	Handelsrecht, 11. Aufl. 2002
Hopt/Mössle	Handels- und Gesellschaftsrecht, Band I. Handelsrecht, 2. Aufl. 1999
Jung, Peter	Handelsrecht, 7. Aufl. 2008
Lettl, Tobias	Handelsrecht, 2007
Münchener Komm. zum HGB	Münchener Kommentar zum Handelsgesetzbuch, 2. Aufl. 2007 ff.
Oetker, Hartmut	Handelsrecht, 5. Aufl. 2006
Palandt	Bürgerliches Gesetzbuch, Kommentar, 68. Aufl. 2009
Röhricht/von Westphalen	Handelsgesetzbuch, Kommentar, 3. Aufl. 2008
Roth/Koller/Morck	Handelsgesetzbuch, Kommentar, 6. Aufl. 2007
Schmidt, Karsten	Handelsrecht, 5. Aufl. 1999

Einleitung

Das Handelsrecht ist die Kernmaterie des Rechts der Wirtschaft. Es ist daher Pflichtfach für Studierende der rechts- und wirtschaftswissenschaftlichen Disziplinen. Diese Fallsammlung präsentiert 15 Klausuren, die wichtige, prüfungsrelevante Probleme behandeln. Der Schwierigkeitsgrad jeder Klausur ist wie folgt gekennzeichnet:

* einfach
** mittel
*** schwer.

Die schweren Klausuren entsprechen dem Niveau der ersten juristischen Staatsprüfung. Jede Klausur enthält eine ausformulierte Musterlösung. In der Randzeile ist zusätzlich der Lösungsweg stichwortartig zusammengefasst, um einen schnellen Überblick zu ermöglichen. Anmerkungen ergänzen die Klausurlösungen und geben weiterführende Hinweise. Zusätzliche Abschnitte vermitteln handelsrechtliches Basiswissen, dessen Kenntnis unerlässlich ist.

I. Fallbearbeitung im Handelsrecht

1. Überblick

Die Lösung eines handelsrechtlichen Falls geschieht nach denselben Grundsätzen wie im Bürgerlichen Recht: Der Sachverhalt wird erfasst und ausgewertet.

Unter Beachtung des Standardsatzes „Wer will was von wem woraus?", wird eine Lösungsskizze erstellt. Hierfür werden je nach Fragestellung zunächst die zwischen den Beteiligten erhobenen Begehren herausgearbeitet und anhand von Anspruchsgrundlagen auf ihre Begründetheit geprüft.

Dabei wird jede Anspruchsgrundlage zunächst nach ihren Tatbestandsmerkmalen stichwortartig durchgegliedert und anschließend daraufhin untersucht, ob Einwendungen bestehen. Nach Anfertigung der Lösungsskizze werden die Schwerpunkte lokalisiert und argumentativ aufbereitet.

<small>Grundsätze der Fallbearbeitung</small>

Einleitung

Zu guter Letzt erfolgt die „Reinschrift", bei der die Lösungsskizze mit entsprechender Schwerpunktsetzung ausformuliert wird.

BGB kommt nachrangig zur Anwendung

Wer sich mit dem Handelsrecht beschäftigt, merkt schnell, dass es sich um ein überschaubares Rechtsgebiet handelt, das lediglich einige Sondervorschriften für Kaufleute bereitstellt. Subsidiär zum HGB gilt für den Kaufmann das Bürgerliche Recht. Schließt der Kaufmann z.B. einen Kaufvertrag, so enthält das HGB zwar in den §§ 373 ff. einige Sondervorschriften, nachrangig gelten jedoch die Vorschriften des BGB über den Kauf (§§ 433 ff. BGB). Ferner kommen die allgemeinen Vorschriften über die Schuldverhältnisse, wie z.B. das Leistungsstörungsrecht, zur Anwendung. Die Beherrschung des Handelsrechts setzt also Grundkenntnisse des Bürgerlichen Rechts voraus.

Die handelsrechtlichen Besonderheiten werden in den zivilrechtlichen Anspruchsaufbau integriert.

Anspruch entstanden?

Bei der Prüfung beispielsweise, ob ein Anspruch entstanden ist, muss häufig geprüft werden, ob der Vertrag, aus dem Ansprüche hergeleitet werden, wirksam zustande kam. Hat für den einen Vertragspartner ein Vertreter gehandelt, etwa ein *Prokurist*, stellt sich die Frage, ob der Prokurist überhaupt hierzu bestellt werden konnte. Dies setzt voraus, dass derjenige, von dem er zum Prokuristen ernannt wurde, *Kaufmann* ist. Folglich wäre hier zunächst nach handelsrechtlichen Vorschriften die Kaufmannseigenschaft zu prüfen, anschließend die Wirksamkeit der Prokuristenbestellung zu untersuchen und sodann der Frage nachzugehen, ob der Prokurist Vertretungsmacht für das in Rede stehende Geschäft hatte.

Anspruch weggefallen?

Bei der Prüfung, ob der Anspruch weggefallen ist, können ebenfalls handelsrechtliche Institute, wie beispielsweise die Rügeobliegenheit des Kaufmanns, eine Rolle spielen.

2. Handelsrechtliche Normen und Institute in der Fallprüfung

Überblick

Häufig liegen handelsrechtlichen Klausuren Anspruchsgrundlagen aus dem BGB zugrunde. Daneben enthält aber auch das HGB selbst einige Anspruchsgrundlagen und Normen, die eine Haftung oder Einwendung begründen, sowie Institute, die Mängel bei der Begründung von Vertragsverhältnissen (z.B. fehlende Vertretungsmacht oder Dissens) überbrücken.

Schwerpunkte des Handelsrechts

Insgesamt lässt sich das Handelsrecht in folgende prüfungsrelevante Schwerpunkte aufteilen, denen wiederum wichtige handelsrechtliche Bestimmungen und Institute zugeordnet werden können:

Aus dem Bereich des **Firmenrechts** und des **Inhaberwechsels** (Klausuren 2 bis 4):

Firmenrecht und Inhaberwechsel

➤ Anspruch auf Unterlassung eines unzulässigen Firmengebrauchs gemäß § 37 II 1 HGB;

Anspruchsgrundlage

➤ Haftung des Erwerbers eines Handelsgeschäfts bei Firmenfortführung gemäß § 25 I HGB;

Haftungsnormen bei Inhaberwechsel

➤ Haftung des Erben bei Geschäftsfortführung unter Beibehaltung der Firma gemäß § 27 I HGB i.V.m. § 25 I HGB;

➤ Haftung der Gesellschaft, die durch Eintritt eines persönlich haftenden Gesellschafters oder Kommanditisten in das Geschäft eines Einzelkaufmanns entsteht, gemäß § 28 I HGB.

Aus dem Bereich des **Handelsregisters** (Klausuren 5 bis 7):

Handelsregister

➤ Möglichkeit, dem Kaufmann eintragungspflichtige, jedoch nicht eingetragene und bekanntgemachte Tatsachen mit haftungsauslösender Wirkung gemäß § 15 I HGB entgegenzuhalten (negative Publizität);

Haftungsnormen

➤ Möglichkeit des Kaufmanns, Dritten eingetragene und bekanntgemachte Tatsachen zur Vermeidung von Haftung aufgrund gegenteiligen Vertrauens gemäß § 15 II HGB entgegenzuhalten;

➤ Möglichkeit dem Kaufmann unrichtig bekanntgemachte eintragungspflichtige Tatsachen mit haftungsauslösender Wirkung gemäß § 15 III HGB (positive Publizität) entgegenzuhalten;

➤ Grundsätze der allgemeinen Rechtsscheinshaftung.

Aus dem Bereich der **Prokura** und der **Handlungsvollmacht** die Vorschriften, die bei fehlender Vertretungsmacht eine Überbrückung ermöglichen (Klausuren 6 bis 8):

Prokura, Handlungsvollmacht

➤ Unwirksamkeit einer Beschränkung der Reichweite der Prokura gemäß § 50 HGB mit der Folge, dass die Vollmacht im Umfang von § 49 I HGB besteht;

Probleme bei der Vertretung

➤ Entgegenhalten von Beschränkungen der Handlungsvollmacht nur im Rahmen von § 54 II und III HGB;

➤ „Ladenvollmacht" gemäß § 56 HGB.

Einleitung

Handlungsgehilfe

Aus dem Bereich des **Handlungsgehilfen**:

Anspruchsgrundlage

➢ Ansprüche bei Verletzung des Wettbewerbsverbots gemäß § 61 I HGB.

Handelsvertreter

Aus dem Recht des **Handelsvertreters** (Klausur 9):

Anspruchsgrundlagen

➢ Ansprüche des Handelsvertreters auf Provision (§ 87 HGB) und auf Erstellung eines Buchauszugs, der alle provisionspflichtigen Geschäfte enthält (§ 87c II HGB);

➢ Ausgleichsanspruch gemäß § 89 b HGB bei Beendigung des Handelsvertreterverhältnisses, der auch Bedeutung für andere Absatzmittler hat (siehe hierzu Klausur 10 zum Vertragshändler).

Kommissionsgeschäft

Auch die Vorschriften über die **Kommission** enthalten Anspruchsgrundlagen (Klausur 11), zu nennen sind hier:

Anspruchsgrundlagen

➢ Ansprüche des Kommittenten gegen den Kommissionär gemäß § 384 HGB;

➢ Ansprüche des Kommissionärs auf Provision aus § 396 I HGB und auf Aufwendungsersatz gemäß § 396 II HGB.

Handelsgeschäfte

Zahlreiche Probleme stammen aus dem Bereich der **Handelsgeschäfte**. Hier gibt es wichtige Anspruchsgrundlagen, Haftungsnormen, Einwendungen sowie Institute, die Mängel beim Vertragsschluss „überwinden" (siehe Klausuren 12 bis 14):

➢ Anspruchsgrundlagen

➢ Ansprüche der Kaufleute untereinander auf Fälligkeitszinsen gemäß § 353 Satz 1 HGB;

➢ Ansprüche des Kaufmanns auf Provision für die Besorgung fremder Geschäfte oder Leistung von Diensten gemäß § 354 HGB, z.B. die Kreditgewährung, die Stellung einer Bürgschaft, die Überlassung von Waren zum Gebrauch oder die Aufbewahrung derselben;

➢ Anspruch auf Schadensersatz bzw. Rücktritt des Käufers beim Fixhandelskauf gemäß § 376 I HGB;

Einwendung

➢ Verlust der Gewährleistungsansprüche bei Verletzung der Rügeobliegenheit gemäß § 377 HGB;

Schweigen als Willenserklärung

➢ Erklärungswirkungen des Schweigens im Handelsverkehr gemäß § 362 HGB und nach den Grundsätzen des kaufmännischen Bestätigungsschreibens.

II. Stellung und Funktion des Handelsrechts

Das Handelsrecht ist Bestandteil des Privatrechts. Schlagwortartig wird das Handelsrecht als das „Sonderprivatrecht für Kaufleute" bezeichnet.

Sonderprivatrecht für Kaufleute

Das Handelsrecht ist ein altes Rechtsgebiet. Daher muten heute manche Vorschriften und Passagen des HGB sprachlich recht antiquiert an: Das erste Buch ist z.B. mit der Überschrift „Handelsstand" versehen. Die alte Sprache des Gesetzestextes wird bis heute beibehalten. Auch die Handelsrechtsreform, die zum 1. Juli 1998 inhaltlich durchgreifende Änderungen brachte, wurde nicht zum Anlass genommen, das Gesetzbuch sprachlich anzupassen.

Entwicklung

Auch der Begriff Handelsrecht ist irreführend. Der *Handel* befasst sich typischerweise mit dem Warenverkehr, d.h. dem Umsatz von Gütern zwischen den Produzenten, den Händlern und den Verbrauchern (z.B. Groß- und Einzelhandel bzw. Direktvertrieb). Das Handelsrecht betrifft aber nicht nur die Unternehmer, die Handel treiben, sondern auch die Industrie, das Handwerk, die Urerzeugung (z.B. Bergbau) sowie die große Gruppe der Dienstleister außerhalb der freien Berufe (z.B. Gastronomie, Taxibetriebe, Kinos).

Begriff

Die Geltung des Handelsgesetzbuchs hängt nun davon ab, ob ein Kaufmann oder eine Handelsgesellschaft beteiligt ist (sog. *subjektives* System). Diese sind die Normadressaten des HGB. Wird die Eigenschaft der beteiligten Person als Kaufmann oder Handelsgesellschaft festgestellt, so folgt hieraus die Anwendbarkeit des Handelsrechts.

Subjektives System

Demgegenüber macht das *objektive* System die Geltung des Handelsrechts vom Gegenstand der Betätigung abhängig. Elemente des objektiven Systems finden sich auch im deutschen Handelsrecht, da zur Bestimmung des Kaufmannsbegriffs entscheidend auf den *Betrieb des Handelsgewerbes* abgestellt wird.

Objektives System

Adressat des Handelsgesetzbuchs ist der Kaufmann. Es handelt sich bei ihm um das Rechts*subjekt*, d.h. den Träger der Rechte und Pflichten. Der Kaufmann betreibt ein gewerbliches Unternehmen, bei dem es sich um das sog. Rechts*objekt* handelt.

Das Handelsrecht gehört zum Privatrecht. Kernmaterie des Privatrechts ist das Bürgerliche Recht. Das Handelsrecht ergänzt das Bürgerliche Recht, indem es für Kaufleute Sondervorschriften schafft.

Systematischer Standort des Handelsrechts

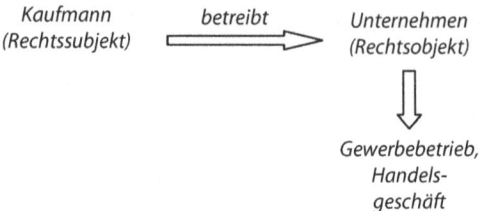

Abb. 1. Grundstruktur

Gesellschaftsrecht

Das Gesellschaftsrecht baut, soweit es um die Handelsgesellschaften geht, teilweise auf dem Handelsrecht auf, es befasst sich jedoch auch mit Rechtsformen außerhalb des Handelsrechts, wie z.B. der Partnerschaftsgesellschaft, die für u.a. Freiberufler, Künstler und Musiker reserviert ist, sowie der Gesellschaft Bürgerlichen Rechts.

Weitere Rechtsgebiete

Eigenständige Materien des Privatrechts neben dem Handels- und Gesellschaftsrecht sind das Arbeitsrecht sowie das private Bank- und Versicherungsrecht. Nicht zu vernachlässigen ist schließlich der Bereich des gewerblichen Rechtsschutzes, wozu das Wettbewerbsrecht einschließlich des Kartellrechts gehört, aber auch das Marken- und Kennzeichenrecht sowie das Patentrecht. Einen eigenen Regelungsbereich stellt schließlich das Urheberrecht dar.

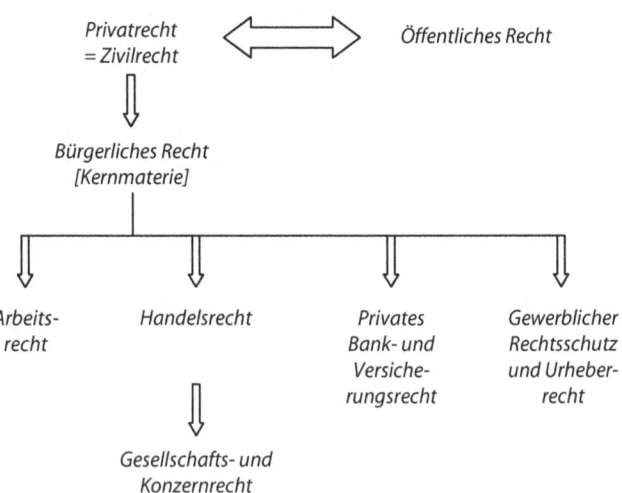

Abb. 2. Rechtsgebiete – systematische Einordnung des Handelsrechts

Die Vorschriften des Handelsrechts sind im Handelsge-   Rechtsquellen
setzbuch konzentriert[1]. Das HGB besteht aus fünf Büchern:

Erstes Buch → Handelsstand,
§§ 1 – 104 HGB

Zweites Buch → Handelsgesellschaften und
Stille Gesellschaft,
§§ 105 – 237 HGB

Drittes Buch → Handelsbücher,
§§ 238 – 341 o HGB

Viertes Buch → Handelsgeschäfte,
§§ 343 – 475 h HGB

Fünftes Buch → Seehandel,
§§ 476 – 905 HGB.

Im Studium spielt in der Regel nur ein kleiner Teil des   Beschränkung
Handelsrechts eine Rolle. Das Seehandelsrecht, das im fünf-   des Stoffs
ten Buch des Handelsgesetzbuchs (§§ 476 ff. HGB) geregelt
ist, wird nicht behandelt. Die Vorschriften hierzu sind nur
für Spezialisten relevant und werden daher in den her-
kömmlichen Gesetzessammlungen nicht einmal abge-
druckt.

Ebenfalls in dieser Fallsammlung ausgeklammert bleiben   Bilanzrecht
die Vorschriften über das Handelsbilanzrecht, die im dritten Buch in den §§ 238 ff. HGB zusammengefasst sind. Das
Bilanzrecht bildet ein eigenes Rechtsgebiet, das gewöhnlich
gemeinsam mit dem Steuerrecht behandelt wird.

Das zweite Buch schließlich befasst sich mit den Perso-   Recht der
nenhandelsgesellschaften und der Stillen Gesellschaft und   Personenhandels-
betrifft damit Materien, die wiederum bereits zu einem ei-   gesellschaften und
genen Rechtsgebiet, dem Gesellschaftsrecht gehören. Wäh-   Stillen Gesellschaft
rend sich das Handelsrecht in erster Linie mit dem Einzelkaufmann befasst, regelt das Gesellschaftsrecht die Rechts-
fragen, die auftreten, wenn sich mehrere Personen zur Ver-
folgung eines gemeinsamen Zwecks zusammenschließen.
Hierbei geht es vor allem um die Probleme, die entstehen,
wenn sich Arbeitskraft, Know-how und Kapital in einer Gesellschaft vereinen.

---

[1] Wertpapierrechtliche Bestimmungen, die für den kaufmännischen Verkehr bedeutsame Wertpapiere betreffen, sind neben
dem HGB in Sondergesetzen wie dem WechselG und ScheckG
enthalten.

Daher werden die Personenhandelsgesellschaften sowie die Stille Gesellschaft in dieser Abhandlung nicht behandelt. Eine kurze Erwähnung finden sie lediglich bei der Prüfung der Frage, für welche Gesellschaften das Handelsrecht gilt.

Erstes und viertes Buch sind relevant

Somit soll sich diese Fallsammlung auf die Schwerpunkte des ersten und des vierten Buchs des HGB beschränken.

Erstes Buch: Grundbegriffe

Insbesondere das erste Buch des HGB hat erhebliche Relevanz in den Prüfungen. Es befasst sich mit den Grundproblemen des Handelsrechts, z.B. mit der Frage, wer Kaufmann ist. Weiterhin enthält es Regelungen über das Handelsregister und die Handelsfirma sowie über die rechtsgeschäftlichen Vollmachten (Prokura und Handlungsvollmacht). Hieran schließen sich Bestimmungen über die Hilfspersonen des Kaufmanns an (Handlungsgehilfen und Handelsvertreter). Schließlich folgt ein Abschnitt über den Handelsmakler.

Viertes Buch: Handelsgeschäfte

Hingegen ist das vierte Buch nur partiell prüfungsrelevant. Wichtig sind die allgemeinen Vorschriften über die Handelsgeschäfte sowie der Abschnitt über den Handelskauf. Die Grundzüge des Kommissions-, Speditions- und Frachtgeschäfts sollten ebenfalls beherrscht werden. Vorschriften des Lagergeschäfts werden demgegenüber nur selten angesprochen.

Klausur 1: „Die Erfolgsstory des Alfonso A. Arnold" *

Schwerpunkt: Kaufmannseigenschaft

Ausgangsfall

Alfonso A. Arnold (A) studiert in Berlin im ersten Semester Betriebswirtschaft. Um sich sein Studium zu finanzieren, gründet er als Ein-Mann-Betrieb das Unternehmen „Alfonso Catering Service". Geschäftsidee ist die Versorgung von Büros in der Berliner Innenstadt mit warmen Mahlzeiten, aber auch mit sonstigen Lebensmitteln, wie Obst, Gemüse, Süßigkeiten und Kaffee. Alfonsos Mahlzeiten beruhen hierbei auf den Regeln der Vollwertküche, wovon er sich großen Zulauf verspricht. Nach ca. drei Monaten hat A einen kleinen Kundenstamm aufgebaut, so dass er ca. zwei- bis dreimal die Woche in den Mittagsstunden Aufträge gegen Barkasse ausführt. Die warmen Mahlzeiten bereitet er in der Küche seiner Privatwohnung zu. Bestellungen werden bis 10 Uhr morgens entgegengenommen und zwischen 12 und 14 Uhr ausgeführt.

Die Lebensmittel bestellt er überwiegend bei dem Lebensmittelgroßhändler Carlo Crotone (C). Mit diesem war vereinbart, dass die in einem Kalendermonat gestellten Rechnungen jeweils zum 10. des Folgemonats fällig werden. Im Monat März hat C dem A Lebensmittel im Gegenwert von 500 Euro geliefert und hierüber eine Rechnung gestellt. Als diese Rechnung von A am 25. April noch immer nicht ausgeglichen wird, verlangt C schriftlich unverzüglich Zahlung, wobei er für die Zeit ab 11. April Fälligkeitszinsen in Höhe von 5 % pro Jahr berechnet. A hat die Bezahlung der Rechnung schlichtweg vergessen und überweist daher erst jetzt den Rechnungsbetrag. Er ist auch grundsätzlich bereit, Verzugszinsen zu bezahlen. Die Fälligkeitszinsen, von denen A noch nie etwas gehört hat, möchte er hingegen aus Prinzip nicht bezahlen. Kann C von A die Zahlung der Fälligkeitszinsen verlangen?

1. Variante

Aus dem Ein-Mann-Betrieb des A wird ein blühendes Unternehmen, das ständig weiterwächst. A verkauft derzeit ca. 6.000 bis 7.000 Mahlzeiten täglich. Er hat über 500 vorwiegend teilzeitbeschäftigte Mitarbeiter eingestellt. Wegen der enormen Umsatzsteigerungen kann A sein Studium nicht mehr weiterverfolgen. Wie im Ausgangsfall verlangt C für seine Rechnung Fälligkeitszinsen. Wie ist nunmehr der Anspruch des C zu beurteilen?

2. Variante

Gerlinde Gärtnerin (G), Schriftstellerin und Freundin des A, erwirbt im Havelland einen alten, heruntergekommenen Gutshof, den sie, wenn sie nicht gerade ihre Bücher schreibt, bewirtschaften möchte. Als Fontane-Fan kennt sie das Gedicht des Herrn von Ribbeck vom Havelland, der jedem Kind eine Birne schenkte. Da sich auf dem Gelände zahlreiche Birnbäume befinden, tauft sie die Birnen auf den Namen „Ribbeck-Birnen". G plant allerdings, diese nicht zu verschenken, sondern zu vermarkten. Da kommt ihr der Catering-Service ihres Freundes A gerade recht. Schnell wird sich G mit A einig: Dieser sagt ihr zu, einen Großteil der Birnen für seinen Catering-Service aufzukaufen. Zukünftig bietet er als Dessert „Ribbecks-Birnen-Kompott" an.

Um ihre Birnen-Plantagen besser befahren zu können, bestellt G beim Autohändler Max Mobile (M) ein geländefähiges Fahrzeug der Marke Off-Road-Star. Das Fahrzeug wird am 10. Dezember geliefert. G unternimmt sofort eine Probefahrt und stellt hierbei fest, dass der Scheibenwischer nicht funktioniert. Da das Weihnachtsfest vor der Tür steht und sie mit anderen Dingen beschäftigt ist, macht sie erst Mitte Januar gegen M wegen des defekten Scheibenwischers einen Anspruch auf Beseitigung des Mangels geltend, den sie korrekt mit 300 Euro beziffert. M, der in bezug auf Gewährleistungsansprüche seiner Kunden bisher immer sehr großzügig war und früher auch darüber hinausgehende Garantien gewährte, plant sein Unternehmen kurzfristig aufzulösen, weshalb er keinesfalls mehr Geld als nötig ausgeben möchte. Er lehnt daher eine Beseitigung des Defekts unter Hinweis darauf ab, dass sich G erst jetzt bei ihm meldet. Er wolle nur reparieren, wenn er dies müsse. Hat G Anspruch auf Instandsetzung des Scheibenwischers?

3. Variante

So rasch wie Fortuna A wirtschaftlichen Erfolg bescherte, so schnell verlässt ihn die Glücksgöttin auch wieder. Sein Betrieb fällt in die Bedeutungslosigkeit zurück. Die Konkurrenzunternehmen, die großen Konzernen angehören, haben die Preise des A unterboten und einen Lebensmittelskandal aufgrund salmonellenbehafteter Desserts, die in einer der Großküchen des A zubereitet worden waren, für eine rufschädigende Kampagne gegen A ausgenutzt. A kann knapp die Insolvenz abwenden und arbeitet fortan wieder mit einer Handvoll Stammkunden in seinem Kerngebiet Berlin als Ein-Mann-Betrieb. Seine Handelsregistereintragung, die er im Anschluss an seine Expansion vorgenommen hat, lässt er versehentlich unverändert, da er wegen des Stresses vergisst, sich im Handelsregister wieder austragen zu lassen. Nunmehr verlangt C – wie im Ausgangsfall – die Zahlung von Fälligkeitszinsen. Wie ist nun der Anspruch des C zu beurteilen?

4. Variante

Gerlinde Gärtnerin (G) unterhält – wie in der zweiten Variante – ein Gutshaus im Havelland. Nunmehr ist ihr erstes Buch unter dem Titel „Ribbecks Erbin" veröffentlicht worden, weshalb sie ein großes Grillfest auf ihrem Gutshof veranstalten möchte. A gibt ihr den Tip, die Steaks bei der Fleischgroßhandelsgesellschaft Bruno Bacon AG (B-AG) einzukaufen, weil diese Steaks von guter Qualität für gewerbliche Abnehmer besonders günstig anbietet. Da G selbst keine Händlerin ist, jedoch in den Genuß dieser günstigen Einkaufsbedingungen kommen möchte, ruft sie bei der B-AG an und gibt wahrheitswidrig an, einen Catering-Service in einer Größe vergleichbar dem Unternehmen des A (in der 1. Variante) zu betreiben. Zunächst möchte sie nur eine Bestellung über 500 Steaks aufgeben, um sich von der Qualität und dem Preis-Leistungs-Verhältnis zu überzeugen. Die B-AG liefert die 500 Steaks und verlangt, als die Rechnung 14 Tage nach Fälligkeit noch immer nicht bezahlt ist, von G Fälligkeitszinsen. G bezahlt den Kaufpreis, lehnt jedoch unter Hinweis darauf, dass sie keine Kauffrau sei, die Zahlung von Fälligkeitszinsen ab. Zu Recht?

Lösung: „Die Erfolgsstory des Alfonso A. Arnold"

Ausgangsfall

Anspruch des C gegen A aus § 353 Satz 1 HGB

Ein Anspruch auf Fälligkeitszinsen könnte sich aus § 353 Satz 1 HGB ergeben. Danach sind Kaufleute *untereinander* berechtigt, für ihre Forderungen aus beiderseitigen Handelsgeschäften vom Tage der Fälligkeit an Zinsen zu fordern.

Kaufmannseigenschaft von C?

Diese Vorschrift setzt als erstes voraus, dass beiden Vertragspartnern die Kaufmannseigenschaft zukommt. Der Verkäufer C könnte Kaufmann kraft Handelsgewerbes gemäß § 1 HGB sein. Danach ist Kaufmann, wer ein Handelsgewerbe betreibt.

Betreiben eines Gewerbes?

C müsste also ein Gewerbe, und zwar speziell ein Handelsgewerbe, betreiben. Unter Gewerbe wird in ständiger Rechtsprechung jede selbständige, nach außen gerichtete und planmäßige Tätigkeit in Gewinnerzielungsabsicht verstanden (siehe hierzu die Ausführungen unten bei Basiswissen: Grundlagen der Kaufmannseigenschaft unter II.). Die Tätigkeit des Lebensmittelgroßhändlers C ist selbständig und nach außen, d.h. auf Verbreitung auf dem Markt, gerichtet. Sie erfolgt zudem planmäßig und mit Gewinnerzielungsabsicht. C betreibt daher ein Gewerbe.

Handelsgewerbe?

Es müsste sich jedoch zusätzlich um ein Handelsgewerbe handeln. Diesbezüglich geht das Gesetz in § 1 II HGB davon aus, dass jeder Gewerbebetrieb ein Handelsgewerbe darstellt, es sei denn, dass das Unternehmen nach Art oder Umfang einen in kaufmännischer Weise eingerichteten Geschäftsbetrieb nicht erfordert. Mit dieser Formulierung hat der Gesetzgeber eine Beweislastregel dahingehend geschaffen, dass zunächst für jeden gewerblichen Unternehmer vom Betrieb eines *Handels*gewerbes auszugehen ist, sofern nicht dargelegt und bewiesen wird, dass dieser Gewerbebetrieb einen nach Art oder Umfang in kaufmännischer Weise eingerichteten Geschäftsbetrieb nicht erfordert.

Entsprechend dieser Regel ist auch für C zunächst davon auszugehen, dass er nach Art oder Umfang einen in kaufmännischer Weise eingerichteten Geschäftsbetrieb benötigt. Das Erfordernis einer derartigen kaufmännischen Organisation dürfte bei einem Lebensmittelgroßhändler in der Regel zu bejahen sein. Dafür spricht einerseits der Umstand, dass ein Großhändler typischerweise einen höheren Umsatz als ein Einzelhändler erzielt und auf Kredit, d.h. gegen die Einräumung von Zahlungsfristen, veräußert, was eine entsprechende Buchhaltung erfordert. Auch ist wegen der großen Mengen ein erheblicher Kapitaleinsatz nötig. (siehe zu den einzelnen Kriterien die Ausführungen unten bei Basiswissen: Grundlagen der Kaufmannseigenschaft unter III.1.). Allein anhand der erwähnten Kriterien ist hier davon auszugehen, dass nach Art oder Umfang ein in kaufmännischer Weise eingerichteter Gewerbebetrieb für das ordnungsgemäße Betreiben des Geschäfts erforderlich ist.

Anmerkung: Der Fall gibt nur einige Kriterien für die Prüfung her, ob ein Handelsgewerbe vorliegt. Im Zweifel ist daher nach der Beweislastregel zu entscheiden: Derjenige, der geltend macht, es liege kein Handelsgewerbe vor, muss dies darlegen und beweisen. Da hier jedoch die Parteien über Kaufmannseigenschaft des Großhändlers C überhaupt nicht streiten, ist entsprechend der gesetzlichen Regelung davon auszugehen, dass es sich bei dem Gewerbebetrieb des C um ein Handelsgewerbe handelt.

Auch A müsste für die Anwendbarkeit des § 353 Satz 1 HGB Kaufmann sein. Für die Kaufmannseigenschaft des A gemäß § 1 HGB spricht, dass er ebenfalls ein Gewerbe betreibt, da auch er selbständig, nach außen gerichtet, planmäßig und mit Gewinnerzielungsabsicht auftritt. Jedoch ist fraglich, ob dies ein *Handels*gewerbe darstellt. Dann müsste sein Gewerbebetrieb nach Art und Umfang einen in kaufmännischer Weise eingerichteten Geschäftsbetrieb erfordern. Unter Anwendung der in § 1 II HGB verankerten Beweislastregel ist dies zunächst zu unterstellen.

Kaufmannseigenschaft des A?

A kann diese Vermutung jedoch widerlegen, indem er darlegt und beweist, dass er keinen nach Art und Umfang in kaufmännischer Weise eingerichteten Geschäftsbetrieb benötigt.

Kein Handelsgewerbe

A arbeitet allein, d.h. er beschäftigt keine Mitarbeiter. Er erzielt mit drei bis vier Aufträgen pro Woche nur geringe Umsätze. Ferner liefert er gegen Barzahlung, so dass keine aufwendige Buchhaltung erforderlich wird. Nach diesen Umständen ist daher davon auszugehen, dass A einen nach Art und Umfang in kaufmännischer Weise eingerichteten Geschäftsbetrieb nicht benötigt und somit kein Handelsgewerbe betreibt. Er ist also kein Kaufmann gemäß § 1 HGB.

Da A sich nicht in das Handelsregister hat eintragen lassen, ist er ferner auch nicht Kaufmann gemäß § 2 HGB.

Daher gelten für A die handelsrechtlichen Vorschriften nicht, weshalb er die begehrten Fälligkeitszinsen an C nicht zahlen muss.

Anspruch: (–)

Verzugszinsen nach BGB	**Anmerkung:** Eine andere Frage ist es, ob C nach den Vorschriften des Bürgerlichen Rechts Verzugszinsen von 5 % über den Basiszinssatz pro Jahr (§ 288 I 2 BGB) hätte berechnen können. Da die Fälligkeit hier kalendermäßig bestimmt war, wäre A, ohne dass es einer Mahnung bedurft hätte, mit Ablauf des 11. Aprils in Verzug geraten (§ 286 II Nr. 1 BGB), so dass er ab dem 12. April Verzugszinsen schulden würde. Wäre die Fälligkeit nicht kalendermäßig bestimmt gewesen, hätte grundsätzlich die Mahnung vom 25. April den Verzug ausgelöst (§ 286 I 1 BGB).

1. Variante

Anspruch des C gegen A gemäß § 353 Satz 1 HGB

Ein Anspruch auf Zahlung der Fälligkeitszinsen könnte sich auch hier aus § 353 Satz 1 HGB ergeben.

Kaufmannseigenschaft von C?	Es kommt wiederum darauf an, dass beide Beteiligte Kaufleute sind. C ist, wie oben dargestellt, Kaufmann.
Kaufmannseigenschaft des A?	Auch A wäre Kaufmann, wenn er wegen der Ausweitung seiner Geschäftstätigkeit nunmehr eine entsprechende kaufmännische Organisation benötigt und damit ein Handelsgewerbe ausübt. A betreibt eine Vielzahl von Geschäften, da er täglich Tausende von Mahlzeiten veräußert. Aufgrund der Tatsache, dass er über 500 Mitarbeiter beschäftigt, benötigt A ferner eine entsprechende Personalabteilung sowie eine umfangreiche Lohnbuchhaltung. Für die 6.000 bis 7.000 Mahlzeiten pro Tag muss er eine erhebliche Menge von Lebensmitteln einkaufen, bevorraten und verarbeiten. Er hat eine logistische Aufgabe zu bewältigen, die eine straffe Organisation und Planung voraussetzt. Sein Geschäftsbetrieb erfordert daher nach Art und Umfang eine in kaufmännischer Weise ausgerichtete Ausstattung. Damit sind beide Beteiligte Kaufleute gemäß § 1 HGB. Bei der Lieferung der Waren handelt es sich um ein beiderseitiges Handelsgeschäft. Die Rechnungen waren per 10. des Folgemonats fällig, so dass ein Anspruch auf Fälligkeitszinsen des C entstanden ist.
Anspruch: (+)	Der Anspruch des C ist daher begründet.

2. Variante

Anspruch der G gegen M aus §§ 437 Nr. 1, 439, 434 BGB

Anspruch auf Nacherfüllung	Ein Anspruch auf Reparatur des Scheibenwischers könnte sich aus §§ 437 Nr. 1, 439, 434 BGB ergeben. Ein Anspruch auf Nacherfüllung setzt voraus, dass der Kaufgegenstand einen Sachmangel aufweist.

Ein Sachmangel liegt nach § 434 I Nr. 1 bzw. Nr. 2 BGB vor, da ein funktionierender Scheibenwischer nicht der vom Vertrag vorausgesetzten Verwendung entspricht bzw. dies bei einem Kfz der Käufer erwarten kann. Damit ist G grundsätzlich berechtigt, entsprechend § 437 Nr. 1 i.V.m. § 439 I BGB Reparatur des defekten Scheibenwischers zu verlangen.

Sachmangel

Dieser Anspruch verjährt gemäß § 438 I Nr. 3 BGB nach zwei Jahren ab der Ablieferung, so dass ein etwaiger Verjährungseinwand, der in dem Verspätungshinweis des M liegt, nicht erfolgreich erhoben werden kann.

Einrede der Verjährung

Fraglich ist jedoch, ob G, die den Mangel bei der ersten Probefahrt bereits feststellte, den defekten Scheibenwischer sofort hätte anzeigen müssen. Wäre G Kauffrau, so träfe sie gemäß § 377 HGB eine Untersuchungs- und Rügeobliegenheit. Zeigt ein Kaufmann bzw. eine Kauffrau einen Mangel, der bei gehöriger Untersuchung erkennbar gewesen wäre, nicht umgehend dem Verkäufer an, so gilt die Ware als genehmigt. Das bedeutet, dass Gewährleistungsansprüche seitens des Käufers ausgeschlossen sind.

Einwand der nicht unverzüglichen Rüge?

Entscheidend ist also, ob G Kauffrau ist. Kaufmann bzw. Kauffrau ist gemäß § 1 I HGB jeder, der ein Handelsgewerbe betreibt. G übt mit dem Verkauf ihrer Birnen eine selbständige, nach außen gerichtete, planmäßige Tätigkeit mit Gewinnerzielungsabsicht aus. G ist daher Gewerbetreibende. Handelt es sich bei ihrem Gewerbe zusätzlich um ein Handelsgewerbe, fällt sie grundsätzlich in den Anwendungsbereich des § 1 HGB, so dass sie Kauffrau ist.

Ist G Kauffrau?

Nach § 3 HGB findet jedoch § 1 HGB auf den Betrieb der Land- und Forstwirtschaft keine Anwendung. § 3 HGB privilegiert damit die Land- und Forstwirte, indem er sie vom Anwendungsbereich der strengeren handelsrechtlichen Vorschriften ausnimmt.

Der Landwirt ist ein sog. Kannkaufmann, d.h. er *kann* sich gemäß § 3 II HGB dafür entscheiden, sich in das Handelsregister eintragen zu lassen, wenn sein Unternehmen nach Art und Umfang einen in kaufmännischer Weise eingerichteten Geschäftsbetrieb erfordert. Eine Eintragungspflicht besteht hierfür jedoch nicht. Die Landwirtschaft umfasst die Gewinnung pflanzlicher und tierischer Rohstoffe unter Verwendung des Bodens, so dass der Obstanbau zweifelsohne der Landwirtschaft unterfällt.

Landwirte betreiben kein Handelsgewerbe

G betreibt damit kein Handelsgewerbe gemäß § 1 HGB. Es kommt nicht mehr darauf an, ob ein nach Art und Umfang eingerichteter Geschäftsbetrieb erforderlich ist. Selbst wenn eine solche kaufmännische Organisation bei G erforderlich wäre, würde sie erst durch die Handelsregistereintragung zur Kauffrau. Da jedoch eine entsprechende Handelsregistereintragung nicht vorliegt, gilt für G unter keinen Umständen das Kaufmannsrecht.

Einwand: (−)

Damit muss sich G auch nicht eine Verletzung der Rügeobliegenheit gemäß § 377 HGB entgegenhalten lassen, so dass sie ihre Gewährleistungsansprüche einschließlich des Rechts auf Minderung wegen des defekten Scheibenwischers weiterhin geltend machen kann.

Anspruch: (+)

G kann daher entsprechend ihres Nacherfüllungsrechts die Beseitigung des Defekts am Scheibenwischer von M verlangen.

3. Variante

Anspruch des C gegen A gemäß § 353 Satz 1 HGB

Fälligkeitszinsen kann C dann verlangen, wenn sowohl er als auch A Kaufleute sind. C ist – wie im Ausgangsfall – Kaufmann.

Kaufmannseigenschaft des A?

A war dies jedenfalls, solange er ein Handelsgewerbe gemäß § 1 HGB betrieben, nämlich einen nach Art oder Umfang in kaufmännischer Weise eingerichteten Geschäftsbetrieb benötigt hat. Infolge der Verkleinerung bzw. der Rückkehr zum Ein-Mann-Betrieb ist eine solche Organisation jetzt nicht mehr erforderlich.

Kannkaufmann gemäß § 2 HGB?

A ist damit zum Kleingewerbetreibenden geworden. Als Kleingewerbetreibender hätte er gemäß § 2 HGB die Möglichkeit, die Kaufmannseigenschaft durch Eintragung beim Handelsregister zu erlangen. Dies hat er im Hinblick auf seine Eigenschaft als Kleingewerbetreibender nicht getan. Er ist jedoch deshalb noch im Handelsregister als Kaufmann eingetragen, weil er ursprünglich Kaufmann kraft Handelsgewerbes war.

Kannkaufmann gemäß § 2 HGB?

Fraglich ist, ob sich A durch das Herabsinken vom Kaufmann kraft Handelsgewerbes in den „Stand" des Kleingewerbetreibenden nunmehr gemäß § 2 HGB als Kaufmann behandeln lassen muss. § 2 HGB setzt voraus, dass sich der Kaufmann bewusst für eine Eintragung in das Handelsregister entscheidet. In dem bloßen Absinken vom Kaufmann kraft Handelsgewerbes zum Kleingewerbetreibenden kann eine solche Entscheidung nicht erblickt werden[2]. A muss zumindest konkludent, d.h. durch schlüssiges Handeln, deutlich machen, dass er den Status des Kaufmanns als Klein-

---

[2] *Canaris*, § 3 Rdnr. 22.

gewerbetreibender begehrt. Da A dies hier nicht getan hat, ist er nicht Kaufmann gemäß § 2 HGB.

A könnte jedoch Kaufmann gemäß § 5 HGB sein. Nach dieser Vorschrift kann, soweit eine Firma im Handelsregister eingetragen ist, gegenüber demjenigen, der sich auf diese Eintragung beruft, nicht geltend gemacht werden, dass das unter der Firma betriebene Gewerbe kein Handelsgewerbe sei.

§ 5 HGB regelt den sog. *Fiktivkaufmann*, d.h. es wird fingiert, dass der Eingetragene Kaufmann ist, unabhängig davon, ob er tatsächlich ein Handelsgewerbe betreibt (ob § 5 HGB eine Fiktion oder eine unwiderlegbare Vermutung begründet, ist strittig, im Ergebnis jedoch nicht entscheidend; siehe zum Fiktivkaufmann unten bei Basiswissen: Grundlagen der Kaufmannseigenschaft unter III.2.c). Da A im Handelsregister eingetragen ist, kann er gemäß § 5 HGB nicht geltend machen, dass er kein Handelsgewerbe mehr betreibt, er muss sich also wie ein Kaufmann nach § 1 HGB behandeln lassen. Die Eintragung gilt sowohl zu seinen Gunsten als auch zu seinen Lasten. § 5 HGB will klare Verhältnisse schaffen, d.h. hier: A muss Fälligkeitszinsen bezahlen, könnte sie aber umgekehrt auch von seinen kaufmännischen Abnehmern verlangen.

Im Ergebnis kann daher C von A – wie in der ersten Variante – Fälligkeitszinsen verlangen.

Fiktivkaufmann gemäß § 5 HGB?

Anspruch: (+)

Anmerkung: Die Kaufmannseigenschaft des A ließe sich hilfsweise auch über § 1 HGB i.V.m. § 15 I HGB begründen (siehe hierzu die Ausführungen beim Basiswissen: Handelsregister, nach Klausur 5 unter II.3). Durch das Herabsinken in die Gruppe der Kleingewerbetreibenden wäre – wenn man in dem schlichten Unterlassen der Eintragung keine Ausübung des Wahlrechts gemäß § 2 HGB erblickt – die Firma des A erloschen, da er wegen Wegfalls der Kaufmannseigenschaft eine solche nicht mehr führen darf.

Nach § 15 I HGB kann A dem C das Erlöschen der Firma jedoch noch nicht entgegenhalten, da diese Veränderung noch nicht eingetragen und bekanntgemacht worden ist und C hiervon auch keine Kenntnis hatte. A müsste sich gegenüber C so behandeln lassen als sei er noch Kaufmann, so dass A auch danach Fälligkeitszinsen schulden würde.

Der Weg über § 15 I HGB ist hier aber deshalb nicht gangbar, da A über § 5 HGB Kaufmann und daher auch berechtigt ist, eine Firma zu führen. § 5 HGB dient der Rechtsklarheit; auch der Eingetragene selbst kann sich grundsätzlich auf die Eintragung berufen (siehe Basiswissen: Grundlagen der Kaufmannseigenschaft, unter III.2.c). § 5 HGB hat gegenüber § 15 HGB Vorrang[3].

---

[3] *Koller/Roth/Morck*, § 5 Rdnr. 10.

4. Variante

Anspruch der B-AG gegen G aus § 353 Satz 1 HGB

Ein Anspruch auf Zahlung der Fälligkeitszinsen könnte sich auch hier aus § 353 Satz 1 HGB ergeben, vorausgesetzt, dass es sich sowohl bei der B-AG als auch bei G um Kaufleute handelt.

Kaufmannseigenschaft der B-AG?

Eine Aktiengesellschaft ist gemäß § 3 I AktG eine Handelsgesellschaft. Damit ist gemäß § 6 I HGB das Handelsrecht uneingeschränkt anwendbar. Gleiches ergibt sich auch aus § 6 II HGB, wo es heißt, dass die Rechte und Pflichten eines Vereins, dem das Gesetz ohne Rücksicht auf den Gegenstand des Unternehmens die Eigenschaft eines Kaufmanns beilegt, grundsätzlich auch dann unberührt bleiben, wenn kein Handelsgewerbe gemäß § 1 HGB betrieben wird. Dadurch ist sichergestellt, dass selbst, wenn eine Aktiengesellschaft im geringfügigen Umfang, also kleingewerblich, tätig wird, das Recht des HGB gilt. Die Aktiengesellschaft ist danach gemäß § 3 AktG in Verbindung mit § 6 II HGB sog. *Formkaufmann*. Es kommt für sie noch nicht einmal darauf an, ob sie überhaupt ein Gewerbe betreibt. Auch wenn sie im karitativen Bereich tätig wäre, würde für sie das Handelsrecht gelten. Die B-AG unterfällt somit dem HGB.

Kaufmannseigenschaft der G?

Problematisch ist jedoch, ob das Handelsrecht auch für G Anwendung findet. Als Landwirtin gilt für sie das Handelsrecht, wenn die Voraussetzungen des § 3 HGB vorliegen. Da G sich jedoch nicht im Handelsregister hat eintragen lassen, ist sie mit ihrem landwirtschaftlichen Unternehmen nicht als Kauffrau einzustufen. Mangels Handelsregistereintragung muss sie sich auch nicht als Kleingewerbetreibende gemäß § 2 HGB oder nach § 5 HGB als Kauffrau behandeln lassen.

G als Scheinkauffrau?

G hat jedoch den Eindruck erweckt, als sei sie Kauffrau, weshalb sie sich ggf. nach der Lehre vom *Scheinkaufmann* bzw. der Scheinkauffrau als Kauffrau behandeln lassen muss.

Die Lehre vom Scheinkaufmann ist gewohnheitsrechtlich anerkannt und eine besondere Ausprägung der Rechtsscheinshaftung[4]. Wer bei einem Geschäftspartner oder Verhandlungspartner zurechenbar den Eindruck erweckt, er sei Kaufmann, muss sich ggf. an diesem Rechtsschein festhalten lassen. Dies gilt jedenfalls dann, wenn der andere darauf vertraute, dass er es mit einem Kaufmann zu tun hat.

---

[4] *Canaris*, § 6 Rdnr. 7 ff.

G hat hier wahrheitswidrig vorgegeben, sie sei Kauffrau. Damit hat sie den Rechtsschein gesetzt, dass für und gegen sie das Handelsrecht gilt. Dieser Rechtsschein ist G auch zurechenbar, da er von ihr selbst veranlasst wurde. Ein Verschulden ist für die Rechtsscheinshaftung nicht erforderlich (siehe zum Scheinkaufmann auch unten die Ausführungen bei Basiswissen: Kaufmannseigenschaft unter III 3).

Der für die B-AG handelnde Vertreter (§ 166 I BGB) war gutgläubig, da er nicht wusste, dass G in Wirklichkeit gar keine Kauffrau ist. Im Anschluss an das durch den zurechenbar gesetzten Rechtsschein verursachte Vertrauen schloss die B-AG mit G den Vertrag.

G muss sich nunmehr an dem von ihr zurechenbar veranlassten Rechtsschein festhalten und sich so behandeln lassen, als sei sie Kauffrau. Damit schuldet sie der B-AG auch Fälligkeitszinsen.

Die Forderung der B-AG nach Zahlung von Fälligkeitszinsen ist somit begründet.

Anspruch: (+)

Basiswissen: Grundlagen der Kaufmannseigenschaft

I. Unternehmer, Gewerbetreibende und Kaufleute

Das Handelsrecht gilt für Kaufleute und Handelsgesellschaften. Mit Wirkung zum 1. Juli 1998 wurde das Handelsgesetzbuch grundlegend geändert. Die Änderungen betrafen vor allem den Kaufmannsbegriff, das Firmenrecht einschließlich der Unternehmenspublizität sowie Bereiche des Gesellschaftsrechts.

Reform des Handelsrechts zum 1. Juli 1998

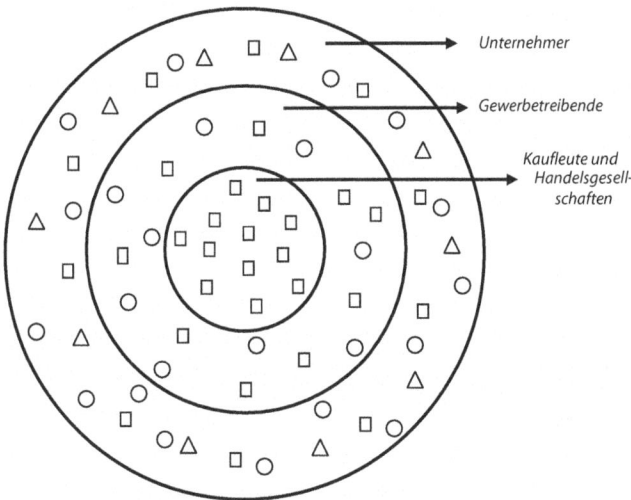

☐ = Kaufleute und Handelsgesellschaften

○ = Land-/ Forstwirte und Kleingewerbetreibende, die nicht eingetragen sind (Einzelunternehmer oder in der Rechtsform der BGB-Gesellschaft)

△ = Freiberufler, Künstler, Wissenschaftler, Verwalter eigenen Vermögens (Einzelunternehmer, BGB-Gesellschaften, für bestimmte Berufe auch Partnerschaften)

Abb. 3. Grundbegriffe

<table>
<tr><td style="width: 25%; vertical-align: top;">Keine Ersetzung des Kaufmannsbegriffs durch den Begriff des Unternehmers</td><td>

Das Handelsrecht gilt trotz der Reform auch heute – entgegen Vorschlägen in der Literatur – nicht für alle Unternehmer. Der Gesetzgeber hat entsprechende Anregungen, die darauf abzielten, alle Unternehmer bzw. Unternehmensträger dem Handelsrecht zu unterwerfen, nicht aufgegriffen (siehe *Karsten Schmidt*, § 4 IV). Das Handelsrecht richtet sich vielmehr an einen Teil der Unternehmer, nämlich an Kaufleute und Handelsgesellschaften. Unternehmer sind daneben aber auch Freiberufler, Künstler, Wissenschaftler sowie diejenigen, die ihr eigenes Vermögen unternehmerisch verwalten. Hierzu gehören beispielsweise Hauseigentümer, die Wohnungen vermieten. Auch sie treten unternehmerisch auf.

Ebenfalls nicht unter das Handelsrecht fallen Kleingewerbetreibende und Land- und Forstwirte, die nicht in das Handelsregister eingetragen sind (siehe sogleich die Ausführungen unten).

</td></tr>
</table>

II. Gewerbe

Kaufmann kann grundsätzlich nur derjenige sein, der einen Gewerbebetrieb unterhält. Entscheidende Voraussetzung ist daher das Vorliegen eines Gewerbes.

Im Gesetz ist nicht festgelegt, was ein *Gewerbe* ist. Es gibt jedoch eine in Rechtsprechung und Lehre vertretene Definition des Gewerbebegriffs, die vom Wortlaut her variiert, in ihren Fundamenten aber gefestigt ist[5].

<table>
<tr><td style="width: 25%; vertical-align: top;">Definition</td><td>

Danach liegt ein Gewerbe vor, wenn eine selbständige Tätigkeit auf wirtschaftlichem Gebiet planmäßig und auf gewisse Dauer entfaltet wird, sofern dies offen, d.h. am Markt geschieht. Strittig ist, ob die Tätigkeit erlaubt und auf Gewinnerzielungsabsicht gerichtet sein muss.

</td></tr>
<tr><td style="vertical-align: top;">Selbständigkeit</td><td>

Ein Gewerbe erfordert zunächst eine selbständige Tätigkeit, weshalb Arbeitnehmer, die unselbständig beschäftigt sind, kein Gewerbe ausüben.

</td></tr>
<tr><td style="vertical-align: top;">Planmäßige, auf Dauer angelegte Tätigkeit</td><td>

Weiterhin ist eine planmäßige, auf gewisse Dauer angelegte Geschäftstätigkeit erforderlich. Wer einmal auf dem Flohmarkt seinen Hausrat veräußert, wird damit noch nicht zum Gewerbetreibenden.

</td></tr>
<tr><td style="vertical-align: top;">Auftreten am Markt</td><td>

Weiterhin ist es nötig, dass man offen, d.h. am Markt auftritt. Wer selbständig und planmäßig seine Wohnung aufräumt, übt damit kein Gewerbe aus, da er seine Leistungen

</td></tr>
</table>

---

[5] Siehe ausführlich BGHZ 33, 321, 324; ferner *Oetker*, § 2 B 1.

nicht auf dem Markt anbietet. Ein geschäftlicher Kontakt mit der Außenwelt ist vonnöten, die Tätigkeit muss nach außen erkennbar sein.

Als weiteres Merkmal für den Gewerbebegriff wird die Gewinnerzielungsabsicht diskutiert[6]. Dadurch werden karitative und gemeinnützige Tätigkeiten aus dem Gewerbebegriff ausgenommen. Entscheidend ist die *Gewinnerzielungsabsicht*, nicht jedoch, ob tatsächlich Gewinn erwirtschaftet wird. Modernere Auffassungen ersetzen die Gewinnerzielungsabsicht mit Unterschieden im Detail durch das Merkmal „entgeltliche Tätigkeit am Markt"[7].

<small>Gewinnerzielungsabsicht</small>

Das Gewerbe erfordert ferner eine Tätigkeit auf wirtschaftlichem Gebiet. Dadurch werden bestimmte Tätigkeiten aus dem Gewerbebegriff ausgegrenzt. Es darf sich also nicht um eine freiberufliche, künstlerische oder wissenschaftliche Tätigkeit handeln. Ebenfalls nicht vom Gewerbebegriff umfasst ist die Verwaltung eigenen Vermögens.

<small>Tätigkeit auf wirtschaftlichem Gebiet</small>

Die Ausgrenzung von Freiberuflern, wie z.B. Rechtsanwälten, Ärzten, Zahnärzten, Steuerberatern, Journalisten, Architekten aus dem Gewerbebegriff hat historische Gründe. Bei diesen Berufsgruppen soll die höchstpersönliche Leistungserbringung, nicht jedoch die Gewinnerzielung im Vordergrund stehen. Diese Privilegierung ist geltendes Recht, auch wenn das Motiv die Gewerbetreibenden diskriminiert.

<small>Ausgrenzung bestimmter Berufsgruppen</small>

Genauso wie ein Arzt in erster Linie um das Wohl seines Patienten oder der Rechtsanwalt um das seines Mandanten oder die Rechtsordnung insgesamt besorgt ist, so kann ein Gewerbetreibender, z.B. ein Handwerker, seinen Beruf nicht nur wegen der Gewinnerzielung, sondern auch der Sache wegen ausüben. Geld verdienen wollen Freiberufler wie Gewerbetreibende gleichermaßen – eine Differenzierung nach diesem Motiv ist daher meines Erachtens nicht mehr zeitgemäß[8].

Ebenfalls nicht unter den Gewerbebegriff fallen grundsätzlich diejenigen, die lediglich ihr eigenes Vermögen ver-

<small>Verwaltung eigenen Vermögens</small>

---

[6] Dafür BGHZ 73, 273, 276 (zu 196 I Nr.1 BGB a.F.); *Hofmann*, B I 1 a; dagegen *Oetker*.

[7] *Canaris*, § 2 Rdnr. 3; *Koller/Roth/Morck*, § 1 Rdnr. 9; *Karsten Schmidt*, § 9 IV 2 d.

[8] Inkonsequent ist es zudem, dass für die Apotheker eine Ausnahme gemacht wird: Sie sind Freiberufler und zugleich Gewerbetreibende, weshalb sie beispielsweise auch eine OHG gründen können; siehe zu den Apothekern BGH, NJW 1983, 2085.

walten. Selbst der Grundstückseigentümer, der eine Vielzahl von Mietshäusern sein eigen nennt und unzählige Mietwohnungen vermietet, ist kein Kaufmann[9].

Steuerrechtliche Dimension

Die Klassifizierung als Gewerbetreibender hat nicht nur Auswirkungen für das Handelsrecht, sondern auch für das Steuerrecht[10]. Nur derjenige, der ein Gewerbe ausübt, unterliegt der Gewerbesteuer.

Freiberufler, Künstler, Wissenschaftler sowie diejenigen, die eigenes Vermögen verwalten, sind daher grundsätzlich nicht gewerbesteuerpflichtig. Sie erzielen keine Einkünfte aus Gewerbebetrieb, sondern aus selbständiger Arbeit oder aus Vermietung und Verpachtung.

Für diese steuerrechtliche Privilegierung gibt es heute keine Rechtfertigung mehr. Ursprünglich mag der Umstand eine Rolle gespielt haben, dass ein Gewerbe die Umwelt grundsätzlich wesentlich stärker belastete als eine freiberufliche Tätigkeit oder als dies durch die Verwaltung eigenen Vermögens geschieht. Heute, wo der Dienstleistungssektor vollständig dem Handelsrecht unterfällt, kann dies so nicht mehr gelten.

Erlaubte Tätigkeiten

Strittig ist schließlich, ob nur erlaubte, insbesondere zivilrechtlich wirksame Geschäfte unter den Gewerbebegriff

---

[9] BGHZ 74, 273, 276; danach ist entscheidend, ob der Vermieter von Wohnungen sich aus der Vermietung eine berufsmäßige Erwerbsquelle verschaffen möchte oder ob es sich um eine Kapitalanlage handelt. Nur wenn eine berufsmäßige Tätigkeit beabsichtigt oder diese erforderlich ist, liegt ein Gewerbebetrieb vor. Siehe ausführlich *Schulze-Osterloh*, Die Verwaltung eigenen Vermögens als Handelsgewerbe, FS Horst Baumann, 1999, S. 325 ff., 330, der die Vermögensverwaltung dann als Gewerbebetrieb einstuft, „wenn die Verwaltung zu einer Marktteilnahme führt, deren Umfang es als geboten erscheinen lässt, die der Einfachheit, Schnelligkeit und Sicherheit beim Abschluss und der Abwicklung von Rechtsgeschäften dienenden Regelungen des Handelsrechts anzuwenden."

[10] Die Beurteilung, ob ein Gewerbe vorliegt, muss im Steuer- bzw. Zivilrecht nicht stets einheitlich beurteilt werden, eine Bindungswirkung einer zivilrechtlichen Entscheidung für das Steuerrecht oder umgekehrt gibt es nicht (siehe BGHZ 74, 273, 277). Selbst innerhalb des Zivilrechts kann es divergierende Beurteilungen geben, ein Gewerbebetrieb, der ggf. als sog. eingerichteter und ausgeübter Gewerbebetrieb als sonstiges Recht im Sinne von § 823 I BGB geschützt wird, muss sich nicht mit dem Gewerbebetrieb des Handelsrechts decken. Weichen die Zwecke der Vorschriften voneinander ab, ist eine unterschiedliche Auslegung durchaus möglich.

fallen, also ob die Tätigkeit eines Diebes, Betrügers, Schmugglers, Hehlers, Wucherers, usw. unter den Gewerbebegriff fallen kann[11]. Diese Frage ist zu bejahen, da der Gewerbebegriff, wie treffend formuliert wird, nicht dazu da ist, „Gutes" und „Böses" voneinander zu trennen[12].

III. Einzelne Adressaten des Handelsrechts

1. Kaufmann kraft Handelsgewerbes (Ist-Kaufmann)

Kaufmann ist nach § 1 I HGB, wer ein Handelsgewerbe betreibt.

§ 1 HGB setzt also erstens ein Gewerbe voraus. Dieses Gewerbe muss zweitens betrieben werden und drittens ein Handelsgewerbe im Sinne von § 1 II HGB sein.

§ 1 II HGB bestimmt, dass jeder Gewerbebetrieb ein Handelsgewerbe ist, es sei denn, dass das Unternehmen nach Art oder Umfang einen in kaufmännischer Weise eingerichteten Geschäftsbetrieb nicht erfordert. Ein Handelsgewerbe liegt also nur dann vor, wenn das Unternehmen eine kaufmännische Organisation benötigt.

Handelsgewerbe

Eine kaufmännische Organisation des Geschäftsbetriebs wird für Kleingewerbetreibende regelmäßig nicht erforderlich sein. Dennoch wird mit Wirkung auch für Kleingewerbetreibende widerlegbar vermutet, dass grundsätzlich das

Vermutung

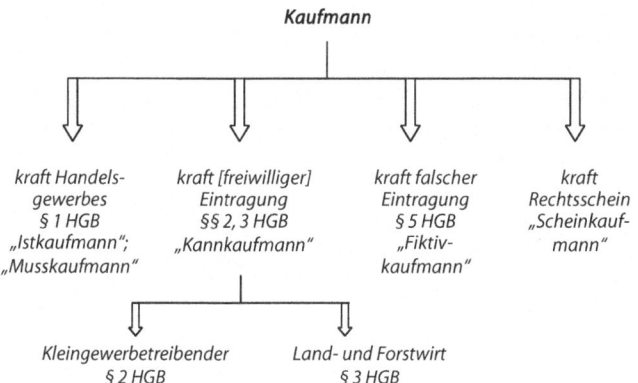

Abb. 4. Arten des Kaufmanns

---

[11] *Jung*, Kap. 2 Rdnr. 9.
[12] *Hofmann*, B I 1 f; *Karsten Schmidt*, § 9 IV 2 b cc.; *Lettl*, § 1 Rdnr. 19, a.A. BT-Drs. 13/8444, S. 24.

Betreiben eines Gewerbes nach Art und Umfang einen in kaufmännischer Weise eingerichteten Geschäftsbetrieb erfordert. Der Gewerbetreibende muss, wenn er nicht unter das Handelsrecht fallen möchte, diese Vermutung widerlegen, indem er beweist, dass sein Geschäftsbetrieb gerade keinen nach Art und Umfang in kaufmännischer Weise eingerichteten Geschäftsbetrieb erfordert.

Gesamtwürdigung

Starre Grenzen, wann ein solcher nach Art und Umfang in kaufmännischer Weise eingerichteter Geschäftsbetrieb erforderlich ist, gibt es allerdings nicht. Angeknüpft wird u.a. an Kriterien wie den erzielten Umsatz, die Anzahl der Mitarbeiter oder die Art der Geschäfte. Je höher der Umsatz ist und je mehr Mitarbeiter beschäftigt werden, desto eher wird eine kaufmännische Organisation nötig sein. Gleiches gilt für die Art der Geschäfte: Wird beispielsweise auf Kredit verkauft, ist eine entsprechende Buchhaltung einzurichten, ein Mahnwesen muss installiert werden. Eine kaufmännische Organisation erstreckt sich grundsätzlich auf alle relevanten Bereiche: Buchführung, Inventarisierung, Finanzierung, Beschäftigung qualifizierten Personals, etc.

Letztlich muss jeder Einzelfall anhand der vorliegenden Indizien entschieden werden. Maßgeblich ist hierfür, ob eine kaufmännische Organisation *erforderlich* ist, nicht ob sie tatsächlich vorliegt. Der Inhaber eines Optikergeschäfts beispielsweise, der aufwendig mit den Krankenkassen abrechnen muss, benötigt eher eine kaufmännische Organisation als der Gemüsewarenhändler, der nur gegen Barkasse verkauft, obwohl möglicherweise beide einen vergleichbaren jährlichen Umsatz erzielen. Die Abrechnungsweise bei Barverkäufen ist sehr übersichtlich. Der Gemüsehändler benötigt lediglich eine Registrierkasse. Der Optiker hingegen muss nicht nur seine offenen Forderungen überwachen, sondern auch eine komplette Kundenkartei anlegen, da die Kunden oft erst nach Jahren wieder in sein Geschäft kommen, wenn beispielsweise die Brillengläser nicht mehr optimal die Sehschwäche regulieren. Pauschallösungen gibt es freilich nicht, denn wie erwähnt, ist jeder Einzelfall anhand der konkreten Umstände zu entscheiden.

Rechtsfolgen

Betreibt der Unternehmer ein Handelsgewerbe, so *ist* er ein Kaufmann. Er wird daher als Ist-Kaufmann bezeichnet, da sein Status durch seine Betätigung bereits feststeht. Teils wird auch der Begriff Muss-Kaufmann verwendet, weil sich der Kaufmann kraft Handelsgewerbes in das Handelsregister eintragen *muss*. Er ist gemäß § 29 HGB gesetzlich verpflichtet, seine Firma zur Eintragung beim Handelsregister anzumelden. Die Kaufmannseigenschaft besitzt der Ist-Kaufmann jedoch bereits durch die Ausübung des Handelsgewerbes. Die Eintragung in das Handelsregister ist lediglich *deklaratorisch*, was bedeutet, dass sie nur verkündenden Charakter hat. Durch sie wird kundgetan, dass der Kaufmann existent ist, jedoch nicht seine Eigenschaft als Kaufmann begründet. Bei Eintragungen, die hingegen die Kaufmannseigenschaft bzw. eine sonstige Rechtsänderung erst herbeiführen, spricht man von *konstitutiver* Eintragung.

2. Kaufmann kraft Eintragung (Kann-Kaufmann)

a) Kleingewerbetreibende

Sonstige Gewerbetreibende, die kein Handelsgewerbe nach § 1 HGB ausüben, haben nach § 2 HGB die Möglichkeit, den Kaufmannsstatus durch Eintragung in das Handelsregister zu erlangen. § 2 II HGB führt aus, dass der Unternehmer berechtigt, aber nicht verpflichtet ist, sich im Handelsregister eintragen zu lassen. Jeder Gewerbetreibende, dessen Gewerbebetrieb also nach Art und Umfang *keine* kaufmännische Organisation erfordert, kann frei entscheiden, ob er die Kaufmannseigenschaft erwirbt, indem er sich in das Handelsregister eintragen lässt, oder ob er außerhalb des Handelsrechts unternehmerisch tätig wird.

<small>Option des Kleingewerbetreibenden</small>

Unterlässt der Kleingewerbetreibende die Anmeldung zur Eintragung beim Handelsregister, genießt er zwar nicht die Privilegien des Handelsrechts, muss sich jedoch auch nicht die handelsrechtlichen Pflichten entgegenhalten lassen. Die vor der Handelsrechtsreform geltende Unterscheidung zwischen Minder- und Vollkaufmann existiert nicht mehr. Es gibt nur noch Kaufleute oder Nichtkaufleute. Dies führt dazu, dass selbst der Kleingewerbetreibende, der sich in das Handelsregister eintragen lässt und damit den Kaufmannsstatus erlangt, nunmehr sämtliche Rechte aber auch alle Pflichten hat, die vorher nur die Vollkaufleute betrafen.

<small>Anwendbarkeit des HGB</small>

Mit Eintragung in das Handelsregister gilt also das komplette Handelsrecht, d.h. der Kleingewerbetreibende ist dann auch verpflichtet, die Handelsbücher zu führen. Er darf andererseits aber z.B. auch Prokuristen bestellen. Dies kann zu einer „Täuschung" des Rechtsverkehrs führen, da dieser bei einem Prokuristen einen entsprechend großen dahinterstehenden Gewerbebetrieb vermutet. Der Taxiunternehmer, der beispielsweise mit einem Fahrzeug und zwei Fahrern einen Taxibetrieb unterhält, kann seine beiden

Mitarbeiter, mit denen er sich das Taxi im Drei-Schicht-Betrieb teilt, zu Prokuristen ernennen.

Kannkaufmann

Da der Kleingewerbetreibende die Möglichkeit hat, durch die Eintragung im Handelsregister den Kaufmannsstatus zu erhalten, spricht man vom sog. Kann-Kaufmann. Der Kleingewerbetreibende kann, er muss aber nicht Kaufmann werden.

Analoge Anwendung

Entscheidet sich der Kleingewerbetreibende dafür, sich nicht in das Handelsregister eintragen zu lassen und damit kein Kaufmann zu werden, so schließt dies nicht aus, dass im Einzelfall auf ihn handelsrechtliche Vorschriften oder Rechtsinstitute, wie § 56 HGB über die Ladenvollmacht oder die Grundsätze des kaufmännischen Bestätigungsschreibens analog angewandt werden[13].

b) Land- und Forstwirte

Option nach § 3 HGB bei kaufmännischer Organisation

Land- und Forstwirte haben ebenfalls die Möglichkeit, sich für den Kaufmannsstatus zu entscheiden. Dies ist in § 3 HGB geregelt. Bei Land- und Forstwirten ist jedoch zusätzlich erforderlich, dass sie einen Geschäftsbetrieb unterhalten, der nach Art und Umfang einen in kaufmännischer Weise eingerichteten Geschäftsbetrieb erfordert (§ 3 II HGB).

Option nach § 2 HGB für Kleingewerbetreibende

Der Bauer, der kleingewerblich tätig ist, weil er beispielsweise nur ein Feld bestellt, hat jedoch ebenfalls die Möglichkeit, sich im Handelsregister eintragen zu lassen. Auch ihm bleibt der Kaufmannsstatus nicht versperrt, er kann sich – da die Land- und Forstwirtschaft nach heute h.M. ein Gewerbe darstellt[14] – als Kleingewerbetreibender nach § 2 eintragen lassen (strittig)[15].

Bei § 3 HGB keine Rückkehr möglich

Für Land- und Forstwirte, deren Betrieb eine kaufmännische Organisation erforderlich macht, hat der Gesetzgeber in § 3 HGB eine zusätzliche Möglichkeit eröffnet, den Kaufmannsstatus durch Handelsregistereintragung zu erlangen. Im Gegensatz zu den Kleingewerbetreibenden, die ihre Option jederzeit wieder rückgängig machen können, indem sie die Firma aus dem Handelsregister löschen lassen – sie wären dann keine Kaufleute mehr –, ist für die Land- und Forstwirte die Entscheidung grundsätzlich bindend. Sie können ihre Firma, d.h. ihren Namen, im Handelsregister nur noch nach allgemeinen Vorschriften löschen lassen,

---

[13] *Jung*, Kap. 2 Rdnr. 21; *Karsten Schmidt*, § 10 V 3 c.
[14] *Jung*, Kap. 2 Rdnr. 21 m.w.N.
[15] *Karsten Schmidt*, § 10 VI 1 c und 10 V 1 b aa; a.A. *Koller/Roth/Morck*, § 3 Rdnr. 1.

z.B. wenn sie ihren Geschäftsbetrieb wieder aufgeben oder einen nach Art oder Umfang in kaufmännischer Weise eingerichteten Geschäftsbetrieb nicht mehr benötigen. Land- und Forstwirte haben jedoch nicht die Möglichkeit, sich aus dem Handelsregister nur deswegen wieder austragen zu lassen, weil sie nicht mehr dem Handelsrecht unterfallen möchten (siehe § 3 II HGB).

c) Fiktivkaufmann (§ 5 HGB)

Der sog. Fiktivkaufmann ist in § 5 HGB geregelt[16]. Dort heißt es, dass derjenige, der im Handelsregister eingetragen ist, gegenüber demjenigen, der sich auf die Eintragung beruft, nicht geltend machen kann, dass das unter der Firma betriebene Gewerbe kein Handelsgewerbe sei. Nach der Handelsrechtsreform hat diese Vorschrift kaum noch einen Anwendungsbereich, da sich nunmehr jeder Gewerbetreibende, auch der Kleingewerbetreibende, in das Handelsregister eintragen lassen und damit Kaufmann werden kann. § 5 HGB paßt daher auf diese Konstellation nicht mehr. Es gibt kaum noch Situationen, in denen ein im Handelsregister eingetragener Gewerbetreibender kein Kaufmann ist.

Überblick und Bedeutung

Diskutiert wird, ob § 5 HGB einschlägig ist, wenn sich ein Kleingewerbetreibender irrtümlich als Ist-Kaufmann im Handelsregister eintragen lässt, obwohl er keine kaufmännische Organisation benötigt[17]. Für eine Anwendung des § 5 HGB und nicht des § 2 HGB spricht, dass ein Gewerbetreibender, der sich in das Handelsregister eintragen lässt, weil er sich verpflichtet fühlt, nicht gleichzeitig sein Wahlrecht gemäß § 2 HGB (Eintragung als Kleingewerbetreibender) ausübt[18].

Irrtümliche Eintragung

Ein weiterer Anwendungsfall von § 5 HGB betrifft den Kaufmann, der ursprünglich gemäß § 1 HGB ein Handelsgewerbe betrieb und der sich deshalb entsprechend seiner gesetzlichen Verpflichtung mit deklaratorischer Wirkung im Handelsregister eintragen ließ. Verliert dieser Unternehmer nun seine Kaufmannseigenschaft nach § 1 HGB dadurch, dass sein Gewerbebetrieb keinen nach Art oder Umfang in

Absinken zu einem Kleingewerbetreibenden

---

[16] Der Begriff hat sich nicht einheitlich durchgesetzt (dafür: *Canaris*, § 3 Rdnr. 47; Brox, Rdnr. 85), teils wird auch vom Scheinkaufmann kraft Eintragung gesprochen oder ganz im Gegenteil dezidiert vertreten, dass der Kaufmann nach § 5 HGB „echter" Kaufmann ist, so dass sich sowohl die Bezeichnung Schein- als auch Fiktivkaufmann verbietet, siehe *Karsten Schmidt*, 10 III 1 a.
[17] *Lettl*, § 2 Rdnr. 55.
[18] *Canaris*, § 3 Rdnr. 50.

kaufmännischer Weise eingerichteten Geschäftsbetrieb mehr erfordert und bleibt er dennoch weiterhin im Handelsregister eingetragen, so stellt sich die Frage, ob er dennoch gemäß § 2 HGB oder § 5 HGB Kaufmann ist. Entscheidet sich der Gewerbetreibende dafür, weiterhin im Handelsregister eingetragen zu bleiben, so hätte er dieses Recht – nunmehr als Kleingewerbetreibender – zweifellos. Fraglich ist aber, ob in dem bloßen Unterlassen des Gewerbetreibenden, eine Löschung der ursprünglichen Eintragung vorzunehmen, gleichzeitig „das Bekenntnis" des Kaufmanns erblickt werden kann, nunmehr als Kleingewerbetreibender im Handelsregister eingetragen zu bleiben[19].

Stellungnahme

Die Option nach § 2 HGB ist ein materiell-rechtliches Gestaltungsrecht, das durch bloßes Unterlassen wohl nicht ausgeübt werden kann. Sachgerecht erscheint es daher, die Kaufmannseigenschaft in diesen Fällen durch eine Heranziehung des § 5 HGB zu begründen. Da der Gewerbetreibende trotz Wegfalls des Handelsgewerbes seine Handelsregistereintragung nicht löscht, kann er demjenigen, der sich auf die Eintragung beruft, nicht entgegenhalten, dass er doch gar kein Handelsgewerbe „mehr" betreibe[20]. Sobald der Gewerbetreibende in der Zukunft Anmeldungen gegenüber dem Handelsregister vornimmt (z.B. eine Änderung seiner Firma oder die Bestellung eines Prokuristen), erklärt er damit, weiterhin Kaufmann sein zu wollen, so dass sich ab diesem Zeitpunkt eine Kaufmannseigenschaft aus § 2 HGB begründen lässt.

Keine Rechtsscheinsvorschrift

§ 5 HGB ist keine Rechtsscheins- bzw. Gutglaubensvorschrift, sie gilt auch dann, wenn die Beteiligten die wahren Umstände kennen. Sowohl der Eingetragene selbst als auch jeder Dritte darf sich auf die Eintragung berufen[21].

Dem eingetragenen Gewerbetreibenden, der sich zu seinem Vorteil auf die Eintragung beruft, z.B. indem er die nur einem Kaufmann gemäß § 353 Satz 1 HGB zustehenden Fälligkeitszinsen in Höhe von 5 % verlangt, kann ggf. der Einwand des Rechtsmissbrauchs gemäß § 242 BGB entgegenhalten werden.

Gewerbe muss vorliegen

Nicht unter § 5 HGB fällt derjenige, der fälschlich im Handelsregister eingetragen ist, jedoch gar kein Gewerbe betreibt, wie z.B. ein Freiberufler. Gleiches gilt für denjeni-

---

[19] Für eine Beibehaltung der Kaufmannseigenschaft nach § 2 HGB: *Jung*, Kap. 3 Rdnr. 27; dagegen *Lieb*, NJW 1999, 35, 36; *Oetker*, § 2 D; *Koller/Roth/Morck*, § 5 Rdnr. 1.
[20] Siehe zu der Problematik *Lieb*, NJW 1999, 35, 36.
[21] Strittig, siehe *Karsten Schmidt*, § 10 III 1 a.

gen, der seine gewerbliche Tätigkeit bereits wieder eingestellt hat. Dies begründet die herrschende Lehre mit dem Wortlaut des § 5 HGB, der voraussetzt, dass unter der Firma ein Gewerbe betrieben wird[22]. Wer sein Gewerbe eingestellt hat, ohne die Firma im Handelsregister löschen zu lassen, haftet allerdings nach § 15 I HGB.

3. Scheinkaufmann

Der Scheinkaufmann, der auch „Kaufmann kraft Rechtsscheins" genannt wird, ist im Handelsgesetzbuch nicht geregelt. Er ist genau genommen auch gar kein Kaufmann. Lediglich gegenüber gutgläubigen Dritten wird er so behandelt, als sei er Kaufmann, weil er bei ihnen zurechenbar den unrichtigen Rechtsschein gesetzt hat, Kaufmann zu sein. *(Keine gesetzliche Regelung)*

Die Lehre vom Scheinkaufmann ist eine besondere Ausprägung der allgemeinen Rechtsscheinshaftung. Nach der allgemeinen Rechtsscheinslehre muss sich derjenige, der zurechenbar den Anschein einer unrichtigen Tatsache gesetzt hat, an diesem Umstand so festhalten lassen, als entspräche er der Wahrheit. Bezogen auf den Scheinkaufmann bedeutet dies: Wer so auftritt, als sei er Kaufmann, muss sich ggf., wenn der Dritte darauf besteht, auch so behandeln lassen. Der Dritte hat die Wahl, ob er sich auf den Rechtsschein beruft oder aber Ansprüche entsprechend der tatsächlichen Rechtslage geltend macht. *(Grundlagen)*

Die Voraussetzungen der Lehre vom Scheinkaufmann sind: *(Voraussetzungen)*

➢ Bestehen des Anscheins, dass es sich um einen Kaufmann handelt;

➢ Erwecken dieses Anscheins durch zurechenbares Verhalten, wobei der Verursacher den Rechtsschein nicht schuldhaft veranlasst haben muss (Veranlassungshaftung statt Verschuldenshaftung);

➢ Gutgläubigkeit des Dritten; diese entfällt, wenn der Dritte von der Unrichtigkeit des Rechtsscheins Kenntnis hat oder seine fehlende Kenntnis auf grober Fahrlässigkeit beruht[23];

➢ Treffen von Dispositionen des Dritten aufgrund des gesetzten Rechtsscheins.

---

[22] Siehe *Koller/Roth/Morck*, § 5 Rdnr. 3.
[23] Ob auch einfache Fahrlässigkeit schadet, ist strittig, siehe zum Streitstand *Karsten Schmidt*, § 10 VIII 3 b aa.

Praktische Bedeutung Die Bedeutung der Grundsätze des Scheinkaufmanns sind nach der Handelsrechtsreform gesunken, da sich seitdem auch der Kleingewerbetreibende in das Handelsregister eintragen lassen darf. Tritt allerdings der nicht im Handelsregister eingetragene Kleingewerbetreibende so auf, als sei er Kaufmann, indem er beispielsweise Prokuristen bestellt, so muss er sich nach den Grundsätzen des Scheinkaufmanns wie ein Kaufmann behandeln lassen. Gleiches gilt z.B. auch für einen Land- oder Forstwirt, der, ohne Kaufmann zu sein, Dritten suggeriert, er sei ein solcher.

Auch einer Privatperson können die Grundsätze des Scheinkaufmanns entgegengehalten werden, wenn sie sich kaufmännischer Instrumente oder Geschäftsmethoden bedient. Bestellt beispielsweise ein Beamter für sich privat bei einem Großhändler drei Personalcomputer und gibt er dabei wahrheitswidrig vor, seinerseits Computer-Einzelhändler und damit Kaufmann gemäß § 1 HGB zu sein, so erweckt er diesen Anschein. Dann muss er sich auch an den handelsrechtlichen Vorschriften, wie etwa an der kaufmännischen Rüge- und Anzeigeobliegenheit, festhalten lassen. Unterlässt es der Beamte, die bei ihm angelieferten Computer sofort zu inspizieren und fallen ihm erkennbare Mängel daher erst nach einigen Monaten auf, so hat er keine Gewährleistungsrechte mehr, weil er solche Mängel als Kaufmann sofort hätte rügen müssen (§ 377 HGB). Es kann also sehr gefährlich sein, den Anschein eines Kaufmanns zu erwecken.

4. Handelsgesellschaften und Formkaufleute

Gesellschaften Ebenfalls unter das HGB fallen Handelsgesellschaften und Formkaufleute. Für Handelsgesellschaften ist dies in § 6 HGB, für Formkaufleute in § 6 II HGB geregelt.

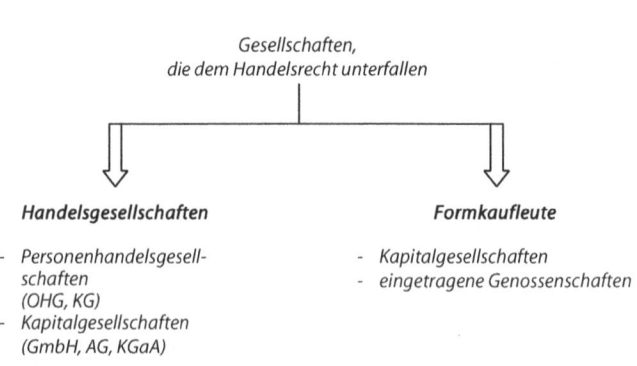

Abb. 5. Gesellschaften

a) Handelsgesellschaften

In § 6 I HGB heißt es, dass die in betreff der Kaufleute gegebenen Vorschriften auch auf die Handelsgesellschaften Anwendung finden. Ist also eine Gesellschaft Handelsgesellschaft, so unterfällt sie automatisch dem Handelsgesetzbuch. Bei den Handelsgesellschaften wird zwischen den Personenhandelsgesellschaften und den Kapitalgesellschaften unterschieden.

§ 6 I HGB

Die *Personenhandelsgesellschaften* sind im HGB selbst geregelt, und zwar im zweiten Buch. Dies lässt sich bereits aus der Überschrift des zweiten Buchs entnehmen („Handelsgesellschaften und stille Gesellschaft"). Hierbei handelt es sich um die offene Handelsgesellschaft (OHG) und um die Kommanditgesellschaft (KG). Eine OHG bzw. KG muss grundsätzlich ein *Handelsgewerbe* betreiben.

Personenhandelsgesellschaften

Auch ein *kleingewerbliches* Unternehmen kann sich der Rechtsform der OHG bzw. KG bedienen, sofern es sich für die Handelsregistereintragung und damit für die Kaufmannseigenschaft entscheidet. Es gibt somit jetzt auch die kleinunternehmerische OHG bzw. KG. Dies war vor der Handelsrechtsreform nicht zulässig, seinerzeit musste eine KG oder OHG immer vollkaufmännisch angelegt sein.

„Kleine OHG oder KG"

Seit der HGB-Reform mit Wirkung ab 1. Juli 1998 lässt das HGB auch eine *vermögensverwaltende* OHG bzw. KG zu (§ 105 II HGB für die OHG; § 105 II HGB in Verbindung mit § 161 II HGB für die KG). Dadurch sind nunmehr beispielsweise Immobilienverwaltungs-, Besitz-, und Holdinggesellschaften auch in diesen Rechtsformen statthaft. Eine Personenhandelsgesellschaft kann damit ausnahmsweise auch auf einen Zweck gerichtet sein, der nicht mehr den Betrieb eines Handelsgewerbes beinhaltet.

Vermögensverwaltende OHG bzw. KG

Die kleingewerbetreibenden und die vermögensverwaltenden Gesellschaften können sich also entscheiden, ob sie Handelsgesellschaft, d.h. OHG oder KG, werden möchten. Tun sie das nicht, so sind sie automatisch BGB-Gesellschaft gemäß § 705 BGB. Entscheiden sie sich für eine Ausübung der Option, also für die Eintragung in das Handelsregister, erfolgt ein identitätswahrender Rechtsformwandel zur OHG oder KG.

Alternative BGB-Gesellschaft

Sowohl die vermögensverwaltende als auch die kleingewerbetreibende Personenhandelsgesellschaft haben nach der Ausübung der Option die Möglichkeit, dies wieder rückgängig zu machen, indem sie die Löschung im Handelsregister veranlassen und damit den Verlust ihrer Kaufmannseigenschaft herbeiführen. Gleichzeitig erfolgt dadurch eine

(Rück-)Umwandlung kraft Gesetzes in die Rechtsform der BGB-Gesellschaft.

Kapitalgesellschaften — Zu den *Kapitalgesellschaften* gehören die Aktiengesellschaft (AG), die Kommanditgesellschaft auf Aktien (KGaA) sowie die Gesellschaft mit beschränkter Haftung (GmbH). Für die AG ist in § 3 AktG geregelt, dass sie als Handelsgesellschaft gilt. § 3 AktG wird gemäß § 278 III AktG auch für die KGaA angewandt. Für die GmbH hat der Gesetzgeber in § 13 III GmbHG festgelegt, dass diese als Handelsgesellschaft im Sinne des Handelsgesetzbuchs eingeordnet wird.

Kapitalgesellschaften sind Handelsgesellschaften unabhängig davon, auf welchen Zweck ihre Tätigkeit gerichtet ist. Sie können auch karitative Zwecke verfolgen, ohne dass sie dadurch ihre Eigenschaft als Handelsgesellschaft einbüßen. Dies unterscheidet sie von den Personenhandelsgesellschaften, die grundsätzlich ein Handelsgewerbe betreiben müssen. Eine Ausnahme ist die lediglich vermögensverwaltende OHG bzw. KG, deren Gründung der Gesetzgeber mit der Handelsrechtsreform mit Wirkung zum Juli 1998 erstmals zugelassen hat (siehe § 105 II HGB).

b) Formkaufleute

§ 6 II HGB — Formkaufleute sind in § 6 II HGB geregelt. Es handelt sich um Vereine, denen kraft Gesetzes die Kaufmannseigenschaft ohne Rücksicht auf den Gegenstand des Unternehmens zukommt. Vereine sind körperschaftlich strukturiert, weshalb die GmbH, die KGaA und die Aktiengesellschaft hierunter fallen.

Kapitalvereine — Es handelt sich um sog. Kapitalvereine, die sich aus dem in § 21 BGB geregelten eingetragenen Verein ableiten. Eine körperschaftliche Struktur zeichnet sich durch mehrere Organe mit festen Zuständigkeiten (z.B. Vorstand, Aufsichtsrat und Hauptversammlung bei AG) und eine gewisse Unabhängigkeit vom Mitgliederbestand (bei der AG z.B. vom Aktionärskreis) aus. Die drei Kapitalgesellschaften sind sowohl Handelsgesellschaften als auch Formkaufleute. Die Formkaufmannseigenschaft wird ebenfalls über die genannten gesetzlichen Vorschriften begründet (§ 3 AktG [bei der KGaA i.V.m. § 278 III AktG]; § 13 III GmbHG).

Genossenschaft — Die eingetragene Genossenschaft ist als körperschaftlich strukturierter Verband dagegen nur Formkaufmann, nicht jedoch gleichzeitig auch Handelsgesellschaft. Für sie gilt gemäß § 17 II Genossenschaftsgesetz ebenfalls das Handelsgesetzbuch.

Der Versicherungsverein auf Gegenseitigkeit zählt nicht zu den Formkaufleuten. Das maßgebliche Gesetz, das Versicherungsaufsichtsgesetz (VAG), ordnet in § 16 lediglich an, dass das Handelsgesetzbuch partiell gilt, d.h. nur einige Vorschriften zur Anwendung kommen.

Versicherungsverein auf Gegenseitigkeit

Die OHG und die KG sind hingegen nach traditioneller Auffassung lediglich Handelsgesellschaften, nicht aber gleichzeitig auch Formkaufleute, da sie keine Vereine sind und grundsätzlich ein Gewerbe betreiben müssen, so dass sie schon deswegen und nicht kraft ihrer Rechtsform in den Genuss der Kaufmannseigenschaft kommen.

OHG und KG

Diese Auffassung wird durch die mit Wirkung zum 1. Juli 1998 eingefügte Regelung in § 105 II HGB in Frage gestellt, da nunmehr der OHG und i.V.m. § 161 II HGB auch der KG die Verwaltung eigenen Vermögens gestattet ist, so dass das Betätigungsfeld nicht mehr auf das Betreiben eines Gewerbes beschränkt ist. *Karsten Schmidt* legt § 105 II HGB weit aus und argumentiert, dass eine Personen*handels*gesellschaft nunmehr zu jedem zulässigen Zweck nach außen auftreten könne, selbst eine Freiberufler-OHG oder KG sei nunmehr statthaft. Daraus folge, dass nunmehr auch der OHG und der KG die Formkaufmannseigenschaft zukomme[24]. Es bleibt abzuwarten, ob sich diese Ansicht durchsetzt. Gegen sie spricht der Wortlaut des § 6 II HGB, der an den Verein anknüpft, die OHG und KG leiten sich jedoch von der BGB-Gesellschaft und nicht vom eingetragenen Verein ab.

---

[24] *Karsten Schmidt*, § 10 VII 1 f und § 10 II 3.

| Klausur 2: | „Internationale vereinigte Assekuranzmakler" | * |

Schwerpunkt: Recht der Firma

Siegmund Seehund (S) ist Geschäftsführer der Gesellschaft „Internationale vereinigte Assekuranzmakler GmbH". Die GmbH betreibt ein Ver-sicherungsmaklerbüro in München. Das Unternehmen arbeitet aber weder grenzüberschreitend noch haben sich in ihm mehrere Versicherungsmakler zusammengeschlossen. S hat die GmbH mit drei Freunden gegründet, die er vom Hochseeangeln kennt. Die drei Mitgesellschafter kommen aus Mailand, Madrid und Paris und gehen keiner geregelten Arbeit nach. Alle drei haben S zum Oktoberfest besucht, wobei dieser Anlass mit einem Notarbesuch verbunden wurde, bei dem man die Gesellschaft errichtete.

Die GmbH hat keine Mitarbeiter. S betreibt die Geschäfte vom häuslichen Wohnzimmer aus und betreut ca. 40 überwiegend private Versicherungsnehmer in der näheren Umgebung. Im Handelsregister hat er eine Eintragung unter der genannten Firma erreicht, da er wahrheitswidrig angab, es handele sich um einen Zusammenschluss von vier international tätigen Versicherungsmaklern, die im industriellen und gewerblichen Geschäft tätig seien.

Der renommierte Industriemakler Robert Robbe (R) ist S auf die Schliche gekommen und will gegen die Firmierung der GmbH vorgehen. Er fragt, welche Möglichkeiten ihm dazu nach dem Handelsrecht zustehen.

Lösung: „Internationale vereinigte Assekuranzmakler"

Anspruch des R gegen die GmbH auf Unterlassung der Firmierung „Internationale vereinigte Assekuranzmakler" aus § 37 II HGB

Unterlassungsanspruch

Als Anspruchsgrundlage kommt § 37 II HGB in Betracht. Nach dieser Vorschrift kann derjenige, der in seinen Rechten dadurch verletzt wird, dass ein anderer eine Firma unbefugt gebraucht, von diesem Unterlassung des Gebrauchs der Firma verlangen.

Rechtsverletzung des R

Erforderlich ist also zunächst, dass R durch den Gebrauch der Firmierung in seinen Rechten verletzt wird. Hierfür reicht aus, dass eine unmittelbare Verletzung rechtlicher Interessen mit wirtschaftlichem Bezug möglich ist[25]. Ein Konkurrent darf danach *immer* gegen eine formell unrichtige Firmierung vorgehen. Die Vorschrift des § 37 II HGB dient der Durchsetzung des formellen Firmenrechts im öffentlichen Interesse, wobei zugleich auch private Interessen, insbesondere diejenigen der Konkurrenten, geschützt werden.

Unbefugter Gebrauch der Firma

S müsste die Firmierung „Internationale vereinigte Assekuranzmakler" unbefugt gebrauchen. Dies ist der Fall, wenn das Auftreten unter dieser Bezeichnung nicht statthaft ist.

Kennzeichnungskraft

Die verwendete Firmierung könnte gemäß § 18 I HGB unwirksam sein. Danach muss eine Firma zur Kennzeichnung des Kaufmanns geeignet sein und Unterscheidungskraft besitzen.

‚Zur Kennzeichnung geeignet' bedeutet, dass die Firma einer Individualisierung des Kaufmanns dient. Damit soll eine Verwechslungsgefahr ausgeschlossen werden. Die Firmierung „Internationale vereinigte Assekuranzmakler" individualisiert allerdings nur teilweise: Einerseits wird der Beruf genannt und der Hinweis erteilt, dass die Tätigkeit international erfolgt sowie eine Vereinigung mehrerer Makler vorliegt. Die Verwendung „Assekuranz", die gleichbedeutend mit „Versicherung" ist, ist andererseits im deutschsprachigen Raum so verbreitet, dass durch sie keine Individualisierungsfunktion erreicht wird. Gegebenenfalls könnte durch die Kombination der drei Begriffe allerdings eine Kennzeichnungskraft gegeben sein.

---

[25] BGH, NJW 1991, 2023.

Ob dies der Fall ist, kann offenbleiben, wenn die Firmierung aus anderen Gründen unzulässig ist. Die Bezeichnung könnte auch nicht hinreichend unterscheidungskräftig sein, da sie ausschließlich beschreibend ist. Die Firma enthält die Information, dass die Tätigkeit eines Versicherungsmaklers vorliegt, dessen Geschäft international ausgeübt wird. Dadurch wird keine Unterscheidungskraft erzeugt. Lediglich der Zusatz „vereinigte" ermöglicht eine Unterscheidung von den Konkurrenten. Eine Firmierung allein mit der Berufsbezeichnung – mag auch das Wort „Vereinigte internationale" ergänzend vorangestellt werden – ist nicht hinreichend unterscheidungskräftig. Vielmehr besteht für einen derartigen Gattungsbegriff ein Freihaltungsbedürfnis, da auch andere Makler daran interessiert sind, ihre Berufsbezeichnung sowie derartige Zusätze in die Firma mit aufzunehmen. Die Firma ist daher mangels hinreichender Unterscheidungskraft unzulässig.

Unterscheidungskraft

Darüber hinaus könnte der Firmierung der Grundsatz der *Firmenwahrheit* entgegenstehen. Dieses in § 18 II HGB enthaltene Prinzip besagt, dass die Firma keine Angaben enthalten darf, die geeignet sind, über geschäftliche Verhältnisse, die für die angesprochenen Verkehrskreise wesentlich sind, irre zu führen. Hier könnten die Zusätze „internationale" und „vereinigte" eine täuschende Wirkung entfalten.

Grundsatz der Firmenwahrheit

Durch den Zusatz „internationale" wird vorgetäuscht, dass die GmbH international arbeitet, obwohl sie nur den regionalen Markt versorgt. Das Wort „vereinigte" suggeriert einen Zusammenschluss von Berufskollegen, der ebenfalls nicht gegeben ist, da die drei Mitgesellschafter gar nicht auf dem Versicherungsvermittlungsmarkt agieren. Die Verwendung dieser Zusätze ist folglich irreführend, ihre Verwendung nach § 18 II HGB unzulässig.

Der Anspruch des R auf Unterlassung ist somit begründet.

Anspruch: (+)

Basiswissen: Die Firma

I. Begriff und Funktion

Die Firma ist der Name, unter dem der Kaufmann seine Geschäfte betreibt und seine Unterschrift abgibt. Dies ist in § 17 I HGB geregelt. Dort heißt es in Absatz 2 weiter, dass der Kaufmann unter seiner Firma klagen und verklagt werden kann.

Name des Kaufmanns

Wenn jemand umgangssprachlich sagt, er ginge in seine Firma, so meint er damit, dass er seinen Betrieb aufsucht; mit dem Namen des Kaufmanns, also der Firma im handelsrechtlichen Sinne, hat dies nichts zu tun. Daher muss zwischen der umgangssprachlichen Verwendung des Wortes Firma und der handelsrechtlichen Bedeutung der Firma als dem Namen des Kaufmanns unterschieden werden.

Nur der Kaufmann darf eine handelsrechtliche Firma führen. Den sonstigen Unternehmern steht dieses Recht nicht zu. Diese dürfen aber selbstverständlich unter ihrem Namen oder unter einer Geschäftsbezeichnung im Rechtsverkehr auftreten.

Geschäftsbezeichnung

Beispiel: „Siegmund wird Sicuro"
Die in der Klausur 2 genannte GmbH wird auf Unterlassung der Firmierung „Internationale vereinigte Assekuranzmakler" verklagt. Sie steht den kostenintensiven Prozeß nicht durch und wird insolvent. Nunmehr tritt Siegmund Seehund (S) als nicht im Handelsregister eingetragener Kleingewerbetreibender unter der „Geschäftsbezeichnung" Sicuro Versicherungsmakler auf. Diese Bezeichnung genießt als Name seines Unternehmens den Schutz des Namensrechts gemäß § 12 BGB. Tritt ein anderer Makler unter gleicher Bezeichnung im selben räumlich und gegenständlich relevanten Markt auf, kann S seinerseits auf Unterlassung klagen.

Die Firma weist auf den Unternehmensträger hin, sie hat damit eine Hinweis- und Informationsfunktion. Durch den Hinweis auf die Rechtsform des Unternehmensträgers kommt ihr ferner eine Warnfunktion zu, da sie dadurch über die Haftungsverhältnisse aufklärt. Besonders hervorzuheben ist die Identifizierungsfunktion der Firma, durch die eine Zuordnung des Unternehmens zu einem Rechtsträger ermöglicht wird.

Funktionen im Überblick

II. Firmenbildung

1. Grundsatz der freien Firmenwahl

Bildung der Firma

Die Firma kann entweder an die Person des Inhabers, d.h. an die des Kaufmanns, angelehnt sein oder sich auf den Gegenstand des Handelsgewerbes beziehen. Im ersten Fall handelt es sich um eine Personen-, im zweiten Fall um eine Sachfirma. Denkbar sind aber auch reine Phantasiebezeichnungen, die weder etwas mit der Person des Inhabers noch mit dem Betrieb des Handelsgewerbes zu tun haben. Ergänzend werden häufig geographische Bezeichnungen angefügt. Möglich sind selbstverständlich auch Mischfirmen.

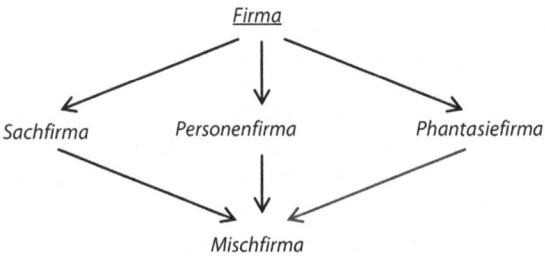

Abb. 6. Arten der Firma

Die Firma *Kurt König* ist beispielsweise eine reine Personenfirma. Tritt Kurt König als *Fahrradhaus Kurt König* auf, weist er bereits auf den Unternehmensgegenstand hin, da er mit dieser Firmierung seine Personenfirma mit einer Sachfirma kombiniert. Nimmt er zudem eine geographische Bezeichnung hinzu, z.B. *Berliner Fahrradhaus Kurt König*, so hat er einen geographischen Firmenzusatz ergänzt.

Nennt Kurt König sein Unternehmen beispielsweise originell *Quo Radis*, so hätte er sich für eine Phantasiebezeichnung entschieden, was nach dem Grundsatz der freien Firmenwahl möglich ist.

2. Grenzen

Der *Grundsatz der freien Firmenwahl* erfährt jedoch in dreierlei Hinsicht Grenzen:

> durch das Erfordernis der Kennzeichnungs- und Unterscheidungskraft der Firma,

➢ durch das Erfordernis der Beifügung des Rechtsformzusatzes,

➢ durch den Grundsatz der Firmenwahrheit.

a) Kennzeichnungs- und Unterscheidungskraft

Das Handelsgesetzbuch schreibt in § 18 I HGB vor, dass die Firma zur Kennzeichnung des Kaufmanns geeignet sein und Unterscheidungskraft besitzen muss.

,Zur Kennzeichnung des Kaufmanns geeignet' bedeutet, dass die Firma den Inhaber hinreichend individualisieren muss. Der vollständige bürgerliche Name des Kaufmanns ist stets geeignet, ihn zu individualisieren. Auch ein Pseudonym kann *Kennzeichnungskraft* besitzen. Bei Sach- und Phantasiebezeichnungen können hingegen Probleme auftreten, insbesondere wenn die Firma sehr kurz ist. Einige Handelsregister vertreten die „Vier-Buchstaben-Theorie". Danach muss die Firma mindestens aus vier Buchstaben bestehen. Schwierig wird es bei der Verwendung von sonstigen Zeichen in der Firmierung, z.B. bei Firmen, die aus Zahlen, Fragezeichen, Bildern oder ausländischen Schriftzeichen bestehen. Hier kommt es darauf an, ob das Ergebnis wie ein Name wirkt. Die Firma muss aussprechbar sein. Eine Firma, die aus einem Bild besteht oder die auf „?-!" lautet, ist dies beispielsweise nicht. Es fehlt daher an der Kennzeichnungskraft[26].

Individualisierungsfunktion

Ferner muss die Firma *Unterscheidungskraft* besitzen. Der Unterschied zur Kennzeichnungskraft ist nicht ohne

Freihaltebedürfnis

---

[26] OLG Celle, GmbHR 1999, 412 zur Firmierung „AAA AAA AAA AB ins Lifesex-TV.de GmbH": *Eine Buchstabenzusammenstellung, die lautlich nicht ausgeschrieben ist und die kein aussprechbares (und sei es auch Fantasie-) Wort ergibt, wird vom Verkehr nicht als Name gewertet.* Siehe auch BayObLG, GmbHR 2001, 476 zum @-Zeichen, woanch dies in seiner Funktion und in seiner Aussprache in der angemeldeten Firma mehrdeutig sei. Diese vorgenannte Auffassung wird sich nicht durchsetzen, auch andere Zeichen lassen mehrere Aussprachen zu, wie z.B. das +-Zeichen „plus" oder „und" ausgesprochen wird, für eine Eintragungsfähigkeit des @-Zeichens daher zu Recht LG Berlin NZG 2004, 532. Gegen das OLG Celle hat auch das OLG Hamm entschieden, siehe OLGR Hamm 2008, 351, wonach auch Buchstabenkombinationen namensfähig sind, sofern sie nur artikulierbar sind, grundsätzlich muss die Firma aber aus lateinischen Schriftzeichen oder anerkannten Zeichen, wie z.B. dem kaufmännischen & bestehen.

weiteres ersichtlich. Unterscheidungskraft bedeutet, dass die Firma geeignet ist, wie ein Name zu wirken und sich damit im Verkehr als Hinweis auf den Kaufmann durchsetzen kann. Die Firmierung darf nicht ausschließlich beschreibend sein. Reine Gattungsbegriffe sind beispielsweise nicht unterscheidungskräftig. Ein Kaufmann könnte daher sein Unternehmen nicht einfach *Möbelhaus* ohne weitere Zusätze nennen, da sich eine solche Firma nicht hinreichend von anderen Unternehmen, die ebenfalls das Möbelgeschäft betreiben, unterscheiden würde. Für solche Bezeichnungen besteht ein Freihaltebedürfnis. Sie dürfen nicht von einzelnen Kaufleuten blockiert werden, da sie als Firmenzusätze auch von Dritten benötigt werden.

b) Rechtsformzusatz

Hinweis erforderlich

Der Gesetzgeber hat nunmehr in § 19 I Nr. 1 HGB angeordnet, dass die Einzelkauffrau oder der Einzelkaufmann auf die entsprechende Rechtsform in der Firma hinweisen muss. Hierbei hat sie bzw. er sich der Bezeichnung „eingetragene Kauffrau" oder „eingetragener Kaufmann" oder einer allgemein verständlichen Abkürzung dieser Bezeichnung zu bedienen. Das Gesetz schlägt die Abkürzungen „e.K.", „e.Kfm." oder „e.Kfr." vor.

Bei einer OHG bzw. KG muss jetzt explizit die Rechtsform in der Firmenbezeichnung genannt werden (§ 19 I Nr. 2 HGB), vor der Handelsrechtsreform genügte ein Hinweis, der das Vorhandensein einer Gesellschaft andeutete, ohne dass die Rechtsform erwähnt werden musste.

Bei den Kapitalgesellschaften war es schon vor der Handelsrechtsreform Pflicht, auf die Rechtsform hinzuweisen (§ 4 II GmbHG; § 4 AktG).

Flankierende Vorschriften

Der zwingende Hinweis auf die Rechtsform schon in der Firmenbezeichnung dient der schnellen Information des Verkehrs. Ergänzend hat der Gesetzgeber in § 37 a HGB für den Einzelkaufmann und in § 125 a HGB für die Personenhandelsgesellschaften angeordnet, dass auf den Geschäftsbriefen die Rechtsform, der Sitz der Gesellschaft, das Registergericht sowie die Nummer, unter der die Gesellschaft im Handelsregister eingetragen ist, vermerkt werden müssen. Bei der GmbH und AG enthalten das AktG und GmbHG vergleichbare Vorschriften, wobei dort auch zusätzlich die Vorstands- bzw. Geschäftsführungsmitglieder sowie ggf. der Aufsichtsratsvorsitzende namentlich benannt werden müssen (§ 35 a GmbHG; § 80 AktG).

c) Grundsatz der Firmenwahrheit

Die freie Firmenwahl wird ferner durch den *Grundsatz der Firmenwahrheit* begrenzt. Dieser ist in § 18 II HGB verankert. Danach darf die Firma keine Angaben enthalten, die geeignet sind, über geschäftliche Verhältnisse irrezuführen, die für die angesprochenen Verkehrskreise wesentlich sind. Entscheidend ist allein, ob die Firma zur Täuschung geeignet ist, auf eine Täuschungsabsicht des Kaufmanns kommt es nicht an. Oberstes Prinzip des Firmenrechts

Täuschend können beispielsweise Hinweise auf die Art des Geschäfts sein, so etwa die Verwendung von Begriffen wie „Universität," „Land" oder „Kammer". Nennt sich ein Kaufmann *Kammer für gewerblichen Handel*, so suggeriert er hiermit das Vorhandensein einer berufsständischen Organisation, die er in Wirklichkeit gar nicht verkörpert. Er täuscht einen amtlichen Charakter vor, der tatsächlich nicht vorliegt. Ebensowenig darf etwa eine wissenschaftliche Ausrichtung vorgegeben werden, wenn diese in Wirklichkeit nicht besteht. Dies betrifft Bezeichnungen wie „Institut" oder „Akademie". Entscheidend sind allerdings immer die Umstände des Einzelfalls. Ein Beerdigungs*institut* kann selbstverständlich so bezeichnet werden, ebenfalls darf sich eine Gaststätte Bier*akademie* nennen, weil offensichtlich ist, dass dort keine Wissenschaft im akademischen Sinne betrieben wird. Es kommt somit immer auf die Täuschungseignung aus Sicht des Publikums an. Einzelfälle

Ebenfalls unzulässig sind Täuschungen über die Größe und den Umfang des Geschäfts. Wer von seiner Wohnung aus Gebrauchtwagen verkauft, die er auf der Straße abstellt, darf sich nicht „Autohaus" nennen. Gleiches gilt für Begriffe wie „Center" oder „Zentrale". Auch geographische Hinweise können täuschen. Die Verwendung etwa des Zusatzes „international" ist nur dann zulässig, wenn auch tatsächlich eine grenzüberschreitende Tätigkeit entfaltet wird.

Auch darf der Kaufmann nicht über seine persönlichen Verhältnisse täuschen. Betreibt er beispielsweise ein pharmazeutisches Unternehmen, promovierte er jedoch nicht in diesem Bereich, sondern auf dem Gebiet des Rechts, so hätte die Firmierung mit dem Doktortitel ohne Zusatz, in welcher Disziplin der akademische Grad erlangt wurde, irreführenden Charakter.

3. Firmengrundsätze

Der soeben angesprochene Grundsatz der Firmenwahrheit ist das grundlegende Prinzip des Firmenrechts.

Daneben bestehen jedoch weitere Firmengrundsätze:

Ein Unternehmen = eine Firma

So regelt der *Grundsatz der Firmeneinheit*, dass für jedes Handelsgeschäft nur eine Firma geführt werden darf. Unterhält ein Einzelkaufmann allerdings mehrere völlig voneinander getrennte Unternehmen, so darf er auch hierfür verschiedene Firmen führen.

Die Firma lebt weiter!

Von Bedeutung ist des weiteren der *Grundsatz der Firmenbeständigkeit* – auch *Grundsatz der Firmenkontinuität* genannt. Er besagt, dass eine bestehende Firma trotz Änderung in den Verhältnissen des Inhabers fortgeführt werden kann. Dadurch bleibt der Wert, den eine am Markt eingeführte Firma verkörpert, erhalten. Die entscheidenden Vorschriften sind die §§ 21, 22 und 24 HGB.

Der Grundsatz der Firmenbeständigkeit steht mit dem Prinzip der Firmenwahrheit im Spannungsverhältnis. Dies betrifft insbesondere den Fall, in dem eine Personenfirma fortgeführt wird, obwohl der Namensgeber nicht mehr Inhaber oder Gesellschafter des Unternehmens ist. Aber auch dann, wenn eine Sachfirma fortgeführt wird, obwohl der Erwerber den Gegenstand des Unternehmens ändert, ist der Grundsatz der Firmenwahrheit betroffen.

Grenzen

Dieses Spannungsverhältnis ist jeweils im Einzelfall zu lösen. Im Grundsatz gilt: Die Firma des Unternehmens stellt einen Vermögenswert dar, so dass ein schützenswertes Interesse daran besteht, den Namen – auch wenn Änderungen in den Verhältnissen eingetreten sind – fortzuführen. Dies gilt allerdings nicht schrankenlos, so ist auf die geänderte Rechtsform hinzuweisen, täuschende Zusätze sind zu entfernen. Wird beispielsweise ein einzelkaufmännisches Unternehmen mit der Firma „Peterchens Flugreisen" übernommen und veranstaltet der Erwerber nach der Übernahme mit dem Unternehmen überhaupt keine Flugreisen mehr, ist der Hinweis auf den Unternehmensgegenstand zur Täuschung geeignet und daher zu entfernen bzw. zu ändern. Die Beibehaltung des Namens einer Person in der Firma ist hingegen unbedenklich, da dem Publikum geläufig ist, dass der Namensgeber nicht unbedingt weiterhin an dem Unternehmen beteiligt sein muss. Der Gesetzgeber ordnet in § 19 HGB bei einer zulässigen Firmenfortführung ferner an, dass in jedem Fall der Rechtsformzusatz angebracht werden muss. Ändert sich also nach Firmenfortführung auch die Rechtsform des Unternehmens, so muss auf die jetzt aktuelle Rechtsform hingewiesen werden. Insoweit erfährt der Grundsatz der Firmenkontinuität eine Einschränkung.

Die §§ 21, 22 und 24 HGB enthalten Sondervorschriften für die Firmenfortführung bei einer Personenfirma. § 21 HGB regelt, dass die bloße Namensänderung des Inhabers einer Fortführung der Firma nicht im Wege steht. Heiratet also beispielsweise ein Kaufmann und nimmt den Namen seiner Ehefrau an, so kann er sein Handelsgeschäft dennoch unter der alten Firma, d.h. unter seinem „Jungennamen" fortführen. Einzelne Regelungen

§ 22 HGB gestattet, dass bei dem Erwerb des Handelsgeschäfts unter Lebenden oder von Todes wegen die bisherige Firma fortgeführt wird, wenn entweder bisherige Inhaber oder sein Erbe in die Fortführung der Firma ausdrücklich einwilligen[27]. Wechsel des Inhabers

Schließlich betrifft § 24 HGB die Konstellation, in der ein Wechsel im Gesellschafterbestand einer Personenhandelsgesellschaft eintritt. Dies führt in keinem Fall dazu, dass die Firma geändert werden muss. Lediglich wenn ein Gesellschafter ausscheidet, dessen Name in der Firma enthalten ist, bedarf es zur Fortführung der Firma der ausdrücklichen Einwilligung des ausscheidenden Gesellschafters bzw. im Todesfall der Einwilligung der Erben (§ 24 II HGB). Wechsel im Gesellschafterbestand

Der *Grundsatz der Firmenausschließlichkeit* ist in § 30 HGB verankert. Er schreibt vor, dass sich jede neue Firma von allen bereits bestehenden Firmen an demselben Ort bzw. derselben Gemeinde deutlich unterscheiden muss. Keine Doubletten

§ 30 HGB ist in erster Linie eine Ordnungsvorschrift und soll verhindern, dass beim Rechtsverkehr Irritationen auftreten. Soll z.B. ein Kaufmann verklagt werden, könnte es zu Verwechslungen führen, wenn dieselbe Firma in einem Handelsregister mehrmals für unterschiedliche Kaufleute einge-

---

[27] Siehe OLG Hamm, Urt. 22.04.2005, 15 U 227/04, juris.de, 2. Orientierungssatz: *Mit „ausdrücklich" i.S.d. §22 Abs. 1 HGB ist zweifelsfrei gemeint. Allein aus der Übertragung des Handelsgeschäfts ist auf eine Übertragung der Firma nicht zu schließen, weil ein Handelsgeschäft auch ohne Firma übertragen werden kann. Auch die jahrelange Ausübung der Firmenrechte/Namensrechte des Übertragenden durch den Erwerber des Handelsgeschäfts genügt angesichts der in § 22 HGB verlangten ausdrücklichen Einwilligung in die Fortführung der Firma nicht.*

tragen ist. Hier bestünde die Gefahr, dass der falsche Kaufmann verklagt wird.

Ein überregionaler, über den Bezirk eines Handelsregisters hinausgehender Schutz wird über § 30 HGB nicht erreicht. Ein solcher kann sich aus den Bestimmungen des gewerblichen Rechtsschutzes sowie nach den allgemeinen Grundsätzen des Namensschutzes ergeben.

Markenschutz

Insbesondere das Markengesetz bietet hier Schutz vor der Verwendung fremder Unternehmenskennzeichen, wozu auch die Firma gehört. Die Firma selbst kann nämlich auch, ohne dass sie im Markenregister eingetragen ist, als nicht eingetragene Marke Schutz genießen, wenn sie Verkehrsgeltung hat. Greifen Dritte in diese Marke ein, indem sie diese gleichfalls verwenden, können sie auf Unterlassung und ggf. auf Schadensersatz in Anspruch genommen werden. Ist die Firma als Marke im Markenregister eingetragen, ergibt sich hieraus ein überregionaler Schutz.

Wettbewerbsrecht

Ein weiterer Schutz der Firma wird schließlich über das Gesetz gegen den unlauteren Wettbewerb (UWG) erreicht. Wer sich etwa an den guten Ruf eines Dritten anlehnt, indem er beispielsweise die fremde Firma verwendet, kann nach allgemeinem Wettbewerbsrecht auf Unterlassung in Anspruch genommen werden.

Publizität der Firma

Der *Grundsatz der Firmenöffentlichkeit* schließlich besagt, dass die Firma sowie jede Änderung einschließlich ihres Erlöschens im Handelsregister publik zu machen sind. Dies regeln §§ 29, 31, 33, 34, 106 ff. HGB, § 7 GmbHG, §§ 36 ff., 278 III AktG und §§ 10 ff. GenG.

Klausur 3: „Richards Reiseläden" **

Schwerpunkt: Haftung bei Firmenfortführung

Ausgangsfall

Richard Reis (R) betreibt unter dem Namen „Richards Reiseläden" überregional 20 Reisebüros mit insgesamt 110 Mitarbeitern. Er vermittelt für mehrere namhafte Reiseveranstalter Pauschalreisen, wovon er seit über 20 Jahren nicht schlecht lebt. Da in diesem Bereich jedoch immer mehr Preisdumping betrieben wird und das Buchen über das Internet größere Bedeutung erlangt, sinken seit einigen Jahren die Gewinne des R. Er möchte deshalb, so lange es ihm wirtschaftlich noch einigermaßen gut geht, das Geschäft veräußern.

R verkauft daher die Reisebüros an Horst Hoffnung (H), der sie unter dem bisherigen Namen fortführt. H stellt fest, dass R nicht im Handelsregister eingetragen war und holt dies nach. Nunmehr tritt der Vermieter Erich Eigentum (E) an H heran und verlangt von diesem die Zahlung rückständiger Mieten, die bereits vor der Übernahme des Geschäfts fällig waren. Besteht der Anspruch des E zu Recht?

1. Variante

R verkauft wie im Ausgangsfall die Reisebüros an H. Mit H wird vereinbart, dass die Verbindlichkeiten des R von diesem nicht übernommen werden. H meldet unverzüglich sein Unternehmen sowie die Vereinbarung, dass Altverbindlichkeiten nicht auf ihn übergehen, beim Handelsregister an. H wird sodann als Einzelkaufmann gleichzeitig mit der haftungsausschließenden Vereinbarung eingetragen und bekanntgemacht. Prüfen Sie nunmehr den Anspruch des E auf Zahlung der vor der Übernahme aufgelaufenen Mieten.

2. Variante

Der Reiseveranstalter Vincenzo Viaggio (V) hat Interesse an einer Übernahme der Reisebüros des R. Er erwirbt daher das Unternehmen für 3.000.000 Euro und führt die Büros einstweilen unter dem alten Namen fort, da der Kundenstamm gehalten werden soll. V stellt hierbei fest, dass R nicht im Handelsregister eingetragen ist. V, der seinerseits als Einzelkaufmann im Handelsregister eingetragen ist, behandelt die Reisebüros als unselbständige Geschäftsabteilung seines Unternehmens. Er verwendet Briefbögen, auf denen es heißt, dass V unter der Firma „Vincenzo Viaggio e.K." Inhaber von Richards Reiseläden ist. Dies wird auch an den Türschildern der Läden so vermerkt. E hatte an R Ladenräume vermietet. E fragt nun, ob V ihm hinsichtlich des Mietzinses auch für die Zeit vor der Übertragung einstehen muss. V ist lediglich bereit, die Mietverträge für die Zukunft zu übernehmen.

3. Variante

R kommt – bevor er die Läden veräußern kann – bei einem Flugzeugabsturz ums Leben. Er wird von seinem Sohn Thomas (T) beerbt. T sondiert die Lage und überlegt, ob er die Geschäfte fortführt, das Unternehmen veräußern oder aber die Geschäfte einstellen soll.

a) T führt die Geschäfte fort, wobei er den bisherigen Namen zu Ehren seines Vaters beibehält. Vermieter E verlangt – wie in den vorangegangenen Varianten – die Zahlung rückständiger Mieten, die vor dem Tod des R aufgelaufen sind. Zu Recht?

b) T entschließt sich zur Fortführung der Geschäfte unter bisherigem Namen und meldet dies beim Handelsregister an. Gleichzeitig lässt er eintragen und bekanntmachen, dass er für Altverbindlichkeiten nicht einsteht. Hat E dennoch eine Möglichkeit, sich an T zu halten?

c) T betreibt das Unternehmen noch zwei Monate nach dem Tod seines Vaters unter bisherigem Namen weiter und veräußert es dann an H. Muss T jetzt für die Mietansprüche des E einstehen?

Lösung: „Richards Reiseläden"

Ausgangsfall

Anspruch des E gegen H auf Zahlung der Miete gemäß § 535 II BGB i.V.m. § 25 I 1 HGB

Voraussetzung für einen solchen Anspruch ist das Bestehen eines Mietvertrags. E kann die Miete grundsätzlich zunächst nur von seinem Vertragspartner R verlangen.

Nach § 25 I 1 HGB haftet jedoch derjenige für die Verbindlichkeiten des bisherigen Unternehmers, der dessen Handelsgeschäft unter Beibehaltung der Firma fortführt. Da H das Geschäft unter dem Namen des R fortführt, könnte ihn diese Haftungsregelung treffen.

Haftung bei Firmenfortführung

Die Haftungsregelung setzt zunächst voraus, dass ein *kaufmännisches* Unternehmen erworben wird. Dies folgt bereits aus dem Wortlaut des § 25 I 1 HGB, wonach vom Erwerber eine Firma fortgeführt und ein Handelsgeschäft erworben werden muss. Die Firma ist der Name, das Handelsgeschäft das Unternehmen eines Kaufmanns.

Erwerb eines Handelsgeschäfts

R könnte Kaufmann kraft Handelsgewerbes gemäß § 1 HGB sein. Er vermittelt für Reiseveranstalter Reisen gegen Provision und übt damit eine gewerbliche Tätigkeit aus. Da sein Betrieb schon wegen der zahlreichen Mitarbeiter und Filialen, aber auch wegen der aufwendigen Abrechnungen mit den Kunden und den Veranstaltern einen nach Art und Umfang in kaufmännischer Weise eingerichteten Geschäftsbetrieb erfordert, betreibt R zudem ein Handelsgewerbe gemäß § 1 II HGB. R ist damit Kaufmann kraft Handelsgewerbes gemäß § 1 HGB und führt eine Firma. Eine Handelsregistereintragung ist zur Begründung der Kaufmannseigenschaft nicht erforderlich.

Kaufmannseigenschaft des R

Folglich hat H ein unter Lebenden erworbenes Handelsgeschäft fortgeführt und muss für die im Betriebe des früheren Inhabers begründeten Verbindlichkeiten einstehen.

Fortführung durch H

E kann daher von H Zahlung der rückständigen Miete begehren.

Anspruch: (+)

1. Variante

Anspruch des E gegen H auf Zahlung der Miete gemäß § 535 II BGB i.V.m. § 25 I 1 HGB

Haftungsausschluss

Hier scheidet der Anspruch aus, da ein Haftungsausschluss zwischen R und H vereinbart ist und dies gemäß § 25 II HGB im Handelsregister eingetragen und bekanntgemacht wurde. Der Umstand, dass H erstmals in das Handelsregister eingetragen wird, ändert nichts daran, dass ein kaufmännisches Unternehmen bestand, dessen Firma er mit haftungsausschließender Vereinbarung fortführt.

Anspruch: (–)

Der Vermieter kann daher von H nicht Zahlung der rückständigen Mieten verlangen.

2. Variante

I. Anspruch des E gegen V auf Zahlung der Miete gemäß § 535 II BGB i.V.m. § 25 I 1 HGB

Fraglich ist, ob auch hier die Voraussetzungen der Haftung für Altverbindlichkeiten gemäß § 25 I 1 HGB – speziell das Erfordernis der „Fortführung des Handelsgeschäfts eines anderen" – vorliegen.

Fortführung als Geschäftsabteilung

V hat zwar die Läden unter der alten Bezeichnung, jedoch als unselbständige Geschäftsabteilung seines bisherigen Unternehmens fortgeführt. V ist also bereits als Kaufmann mit eigener Firma tätig und bleibt dies auch weiterhin. Nach dem Grundsatz der Firmeneinheit darf für ein Handelsgeschäft nur *eine* Firma geführt werden. Da die Läden in das bisherige Unternehmen des V integriert worden sind, führt V insoweit nicht die Firma des R fort. Er verwendet den Namen des R lediglich als Geschäftsbezeichnung. Hieraus folgt jedoch keine haftungsrechtliche Verantwortlichkeit[28].

Anspruch: (–)

Folglich liegen die Voraussetzungen des § 25 I 1 HGB nicht vor und der Anspruch des V ist nicht begründet.

Anmerkung: Es ist auch vertretbar, wegen der vergleichbaren Sachlage eine analoge Anwendung des § 25 I 1 HGB zu bejahen.

---

[28] *Koller/Roth/Morck*, § 25 Rdnr. 6; OLG Hamm NJW-RR 1997, 733.

II. Aus den allgemeinen Grundsätzen der Rechtsscheinshaftung

Nach den allgemeinen Grundsätzen der Rechtsscheinshaftung kann derjenige, der zurechenbar einen Rechtsschein gesetzt hat, ggf. von demjenigen, der auf die Richtigkeit dieses Rechtsscheins vertraute, auf Schadensersatz in Anspruch genommen werden. Hier liegt der Fall jedoch nicht so, dass E im Vertrauen auf die Fortführung der Geschäfte durch V irgendwelche Dispositionen traf. Er beruft sich auf Altverbindlichkeiten aus der Zeit, in der R noch Inhaber des Handelsgeschäfts war. Bei E hat sich deswegen keinerlei Vertrauen gebildet, so dass hier keine Grundlage für eine Rechtsscheinshaftung besteht.

Kein Vertrauen

E kann sich nicht an V, sondern nur an seinen Vertragspartner R halten.

Anspruch: (−)

3. Variante

Teil a)

I. Anspruch des E gegen T auf Zahlung des Mietzinses gemäß § 535 II BGB i.V.m. §§ 27, 25 I 1 HGB

E kann hier seinen Anspruch gemäß § 535 II BGB i.V.m. §§ 27, 25 I 1 HGB an den Erben T richten, da dieser den väterlichen Betrieb unter Beibehaltung der Firma fortführt.

Handelsrechtliche Haftung

Der Anspruch ist somit begründet.

Anspruch: (+)

Anmerkung: Die Haftung würde nicht eingreifen, wenn T das Handelsgeschäft unter einer anderen Firma fortführt.

II. Anspruch des E gegen T auf Zahlung des Mietzinses gemäß § 535 II BGB i.V.m. §§ 1922, 1967 BGB

Als weitere Haftungsgrundlage kommt § 535 II BGB i.V.m. mit den erbrechtlichen Vorschriften in Betracht, die eine Haftung des Erben für die Nachlassverbindlichkeiten anordnen (§§ 1922, 1967 BGB). Ein Erbe haftet grundsätzlich mit dem Nachlass und mit seinem sonstigen gesamten Vermögen für die Verbindlichkeiten des Erblassers. Allerdings hat der Erbe die Möglichkeit, die Haftung gemäß §§ 1973, 1975 ff. BGB auf den Nachlass zu beschränken. Die Anspruchsteller können dann nicht auf sonstige Vermögen des Erben zurückgreifen.

Erbrechtliche Haftung

Von der Möglichkeit der Haftungsbeschränkung hat T hier jedoch keinen bzw. noch keinen Gebrauch gemacht, so

Anspruch: (+)

dass er mit seinem gesamten ererbten und sonstigen Vermögen für die Mietschulden seines Vaters gegenüber E einstehen muss.

Anmerkung: Eine erbrechtliche Beschränkung der Haftung auf den Nachlass lässt übrigens die persönliche unbeschränkte Haftung nach §§ 27, 25 HGB unberührt. Hierin liegt die Bedeutung des § 27 HGB, der eine eigenständige Haftungsgrundlage für den Fall der Firmenfortführung darstellt.

Teil b)

I. Anspruch des E gegen T auf Zahlung der Miete gemäß § 535 II BGB i.V.m. §§ 27, 25 I 1 HGB

§ 25 II HGB anwendbar?

Dem Anspruch des E gegen T könnte entgegenstehen, dass T einen Haftungsausschluss für Altverbindlichkeiten im Handelsregister hat eintragen lassen. Die Wirksamkeit des Haftungsausschlusses hängt davon ab, ob § 25 II HGB Anwendung findet. Dafür spricht, dass § 27 I HGB auf die Vorschrift des § 25 HGB vollumfänglich verweist, so dass keine Veranlassung besteht, Absatz 2 dieser Norm nicht einzubeziehen[29].

Dagegen lässt sich anführen, dass eine haftungsausschließende Vereinbarung, wie sie in § 25 II HGB gefordert wird, nur zwischen zwei Personen getroffen werden kann, so dass der Erbe schlechterdings nicht mit sich selbst eine solche Vereinbarung schließen kann. Doch sind die Voraussetzungen entsprechend anzupassen, so dass eine einseitige unverzügliche Anmeldung des Erben gegenüber dem Handelsregister oder Mitteilung gegenüber den Gläubigern für den Haftungsausschluss ausreichen muss. Für eine Anwendung des Haftungsausschlusses spricht auch, dass die Interessenlage in beiden Fällen identisch ist[30].

T kann daher gemäß § 25 II HGB seine Haftung für die Altverbindlichkeiten durch die Eintragung und Bekanntmachung eines Haftungsausschlusses ausschließen, wobei bei § 25 II HGB der Haftungsausschluss unverzüglich und nicht erst binnen drei Monaten wie im Fall des § 27 II HGB angemeldet werden muss.

Anspruch: (–)

Der Anspruch des E gegen T ist somit nicht begründet.

---

[29] Zum Streitstand siehe *Canaris*, § 7 Rdnr. 111.
[30] *Canaris*, § 7 Rdnr. 111, zustimmend auch *Koller/Roth/Morck*, § 27 Rdnr. 8 m.w.N. auch zur Gegenansicht.

II. Anspruch des E gegen T auf Zahlung des Mietzinses gemäß § 535 II BGB i.V.m. §§ 1922, 1967 BGB

Der Haftungsausschluss nach § 25 II HGB erstreckt sich jedoch nicht auf die Verantwortlichkeit nach erbrechtlichen Vorschriften. Diese besteht hier uneingeschränkt fort.

Eine Begrenzung der Erbenhaftung ließe sich nur nach den §§ 1975 ff. BGB erreichen. Danach könnte die Haftung auf den Nachlass beschränkt werden, was aber die Anordnung einer Nachlassverwaltung mit der Einsetzung eines Nachlassverwalters zur Folge hätte. Im Falle der Nachlassverwaltung hätte T in dem Unternehmen nicht mehr das Sagen. Eine weitere Möglichkeit wäre die Ausschlagung der Erbschaft. Dann würde T jedoch das Unternehmen überhaupt nicht erben, so dass sich diese Lösung nur bei einem eindeutig überschuldeten Nachlass anböte.

E kann jedenfalls nach dieser Anspruchsgrundlage Zahlung der Miete von T verlangen.

Erbrechtliche Haftung bleibt unberührt

Anspruch: (+)

Teil c)

I. Anspruch des E gegen T auf Zahlung der Miete gemäß § 535 II BGB i.V.m. §§ 27, 25 I 1 HGB

Hier käme ggf. gemäß § 27 II HGB ein Haftungsausschluss in Betracht. Danach tritt eine Haftung nicht ein, wenn das Geschäft binnen drei Monaten eingestellt wird. Hier hat T jedoch das Geschäft nicht eingestellt, sondern veräußert.

Fraglich ist, ob der Fall der Veräußerung dem der Einstellung des Unternehmens gleichzustellen ist. Dies ist umstritten[31]. Gegen eine Erstreckung des Haftungsausschlusses lässt sich anführen, dass das Unternehmen mit der Firma fortgeführt wird. Für Dritte ergibt sich dadurch ein Bild einer haftungsrechtlichen Kontinuität, als hätte der Erbe die Firma selbst fortgeführt. Der Erbe als „Interimsinhaber", so wird geschlussfolgert, hafte daher ebenfalls nach § 27 I HGB i.V.m. § 25 I 1 HGB[32].

Für eine analoge Anwendung spricht hingegen, dass der Erbe letztlich nie eigenständig nachhaltig unternehmerisch

Haftungsausschluss gemäß § 27 II HGB

Veräußerung für Haftungsausschluss ausreichend?

Stellungnahme

---

[31] Das RG hat eine Anwendung des § 27 II HGB auf die Veräußerung abgelehnt (RGZ 56, 196, 199); eine Entscheidung des BGH liegt nicht vor, die h.L. wendet § 27 II HGB an, *Canaris*, § 7 Rdnr. 110; siehe zum Meinungsstand: *Ammon* in: Röhricht/Graf von Westphalen, § 27 Rdnr. 31 und *Karsten Schmidt*, § 8 IV 3 b.

[32] RGZ 56, 196, 199, *Hopt/Mössle*, Rdnr. 222.

tätig geworden ist, so dass er das Haftungsprivileg schon deshalb verdient hätte. Da es sowohl bei der Einstellung als auch bei der Veräußerung zu einer völligen Lösung des Erben vom Unternehmen kommt, bietet sich eine Gleichbehandlung an. Hätte der Erbe das Handelsgeschäft *sofort* veräußert, so träfe ihn die Haftung nach dem Wortlaut des § 27 I HGB i.V.m. § 25 I 1 HGB nicht, da er das Unternehmen nicht fortgeführt hätte. In vielen Fällen wird dem Erben eine sofortige Veräußerung kaum möglich sein. Entweder benötigt der Erbe eine Bedenkzeit oder aber er muss erst einmal einen Käufer finden. Eine übergangsweise Fortführung lässt sich daher kaum vermeiden. In der vom Gesetz eingeräumten Frist von drei Monaten sollte der Erbe frei darüber entscheiden können, ob er den Geschäftsbetrieb einstellt oder veräußert, ohne durch unterschiedliche haftungsrechtliche Konsequenzen beeinflusst zu werden[33]. Es ist volkswirtschaftlich wünschenswert, wenn das Unternehmen mit seinen Arbeitsplätzen und seinem Steueraufkommen erhalten bleibt. Daher kann und darf es auch nicht darauf ankommen, ob das Unternehmen mit oder ohne Firma weiterveräußert wird. Für den Erben wird hierdurch keine handelsrechtliche Haftung ausgelöst. Zwar liegt es bei einer Veräußerung ohne Firma näher, von einer Einstellung im Sinne des § 27 II HGB zu sprechen, doch stehen die genannten Gründe gegen eine Differenzierung. Damit musste also keine unverzügliche Veräußerung durch T erfolgen, ihm wird vielmehr die gesetzlich vorgesehene Bedenkzeit zugebilligt.

Anspruch: (–)

Eine Inanspruchnahme des T aus den handelsrechtlichen Vorschriften scheidet damit aus.

II. Anspruch des E gegen T auf Zahlung der Miete gemäß § 535 II BGB i.V.m. §§ 1922, 1967 BGB

Anspruch: (+)

Eine Haftung nach erbrechtlichen Vorschriften besteht hier ebenso wie in der vorherigen Variante, so dass E nach dieser Anspruchsgrundlage Zahlung der Miete verlangen kann.

---

[33] Siehe zum Streitstand *Canaris*, § 7 Rdnr. 110.

Basiswissen: Inhaberwechsel und haftungsrechtliche Konsequenzen

I. Überblick

Wechselt der Inhaber eines Unternehmens, so ist zu klären, inwieweit sich dies auf die Haftungs- und Rechtsverhältnisse auswirkt. Veräußert beispielsweise ein Kaufmann sein Einzelhandelsunternehmen, stellt sich die Frage, ob der Erwerber für alle bestehenden Verbindlichkeiten einstehen muss. Gleiches gilt, wenn die Erben im Falle des Todes des Kaufmanns das Geschäft fortführen oder wenn ein Kaufmann eine Gesellschaft gründet, indem er einen Partner als Komplementär oder als Kommanditisten in sein Handelsgeschäft aufnimmt. Diese Fallgruppen sind im HGB in den §§ 25, 27 und 28 geregelt. Weitere Vorschriften finden sich vor allem im Umwandlungsgesetz, auf das hier jedoch nicht eingegangen werden kann.

Firma und Haftung

II. Erwerb des Handelsgeschäfts unter Lebenden (§ 25 HGB)

1. Überblick

Veräußert der Einzelkaufmann sein Unternehmen, so ist er daran interessiert, für dieses einen möglichst hohen Preis zu erzielen. Die Firma, d.h. der Name des Unternehmens, stellt einen zusätzlichen Vermögensgegenstand dar, dessen Übertragung sich der bisherige Inhaber gern vergüten lässt. Soll ein Unternehmen entgeltlich übertragen werden, ist es zunächst üblich, das Unternehmen zu bewerten. Hierbei wird auch der Firmenwert ermittelt. Die Veräußerung des Unternehmens erfolgt dann nach kaufrechtlichen Grundsätzen: Die Parteien schließen einen Kaufvertrag über das Unternehmen.

Ablauf eines Unternehmenskaufs

Die Firma kann, muss aber nicht mitveräußert werden. Der Erwerber darf die Firma nur dann fortführen, wenn der bisherige Inhaber hierfür seine ausdrückliche Einwilligung erteilt (siehe § 22 I HGB).

Firma ist nicht automatisch inbegriffen

Nebenpflichten des Verkäufers und Haftung

Der Veräußerer hat die kaufrechtliche Nebenpflicht, den Erwerber in die Organisation des Unternehmens einzuführen. Dies kann auch einschließen, ihn wichtigen Kunden vorzustellen. Daneben trifft ihn die kaufrechtliche Gewährleistung, wobei das Unternehmen der Kaufgegenstand ist und es deshalb auf Mängel des Unternehmens als solches ankommt und strittig ist, inwieweit Mängel einzelner zum Unternehmen gehörender Gegenstände „durchschlagen" und Gewährleistungsansprüche auslösen[34]. Auch Ansprüche gegen den Verkäufer aus *culpa in contrahendo* gemäß §§ 311 II, 241 II BGB sind denkbar, z.B. wenn fehlerhafte Angaben über die Umsätze oder die Ertragslage des Unternehmens getätigt wurden.

2. Voraussetzungen

Haftung bei Firmenfortführung

§ 25 HGB ordnet an, dass der Erwerber eines Handelsgeschäfts, der die Firma fortführt, für sämtliche Altverbindlichkeiten einstehen muss. Diese Vorschrift möchte die Teilnehmer des Geschäftsverkehrs schützen, die wegen der Beibehaltung des Namens davon ausgehen, dass eine haftungsrechtliche Kontinuität vorliegt.

Abweichende Vereinbarung

Eine abweichende Vereinbarung kann allerdings zwischen Veräußerer und Erwerber geschlossen werden. Diese hat jedoch nur dann Wirkung zu Lasten Dritter, d.h. zum Nachteil der Gläubiger, wenn sie diesen mitgeteilt oder aber in das Handelsregister eingetragen und bekanntgemacht worden ist (§ 25 II HGB). Wird die Firma nicht fortgeführt, so haftet der Erwerber nur dann, wenn ein besonderer Verpflichtungsgrund vorliegt (§ 25 III HGB). Ein solcher wäre die Erklärung einer Bürgschaft oder eine Vertragsübernahme.

Fortführung mit Änderungen

§ 25 I HGB setzt voraus, dass der Erwerber die Firma fortführt. Entscheidend ist hierbei die Fortführung des Firmenkerns, Abweichungen von der ursprünglichen Firma sind durchaus möglich. Abgestellt wird auf die objektive Perspektive der Teilnehmer des Geschäftsverkehrs. Stellt sich aus dessen Sicht die Situation so dar, als handele es sich um dieselbe Firma, wird von einer Fortführung ausgegangen[35]. Nicht relevant ist, ob der Erwerber in Täuschungsabsicht auftritt. Selbst wenn der Erwerber guten Gewissens die Firma ändert und meint, damit läge keine Firmenfortführung mehr vor, kann sich bei objektiver Betrachtung er-

---

[34] Ausführlich *Canaris*, § 8 Rdnr. 26 ff.
[35] BGH, NJW 1982, 1647, 1648; BGH, WM 1992, 55, 57.

geben, dass im Kern durchaus die ursprüngliche Firma weiterhin benutzt wird.

Beispiel: „TransAllreisen ist noch aktiv"
Horst Holiday (H) betreibt ein einzelkaufmännisches Unternehmen unter der Firma „TransAllreisen". Aufgrund langjähriger Dumping-Preis-Politik ist das Unternehmen wirtschaftlich in die Schieflage geraten. H zieht sich daher vom Markt zurück und veräußert sein Handelsgeschäft an Norbert Newcomer (N), der das Unternehmen fortführt und die Firma von „TransAllreisen" in „Aktives TransAllreisen" ändert. Maria Mäklig (M), die bei H eine Reise gebucht hatte, jedoch unzufrieden war, da die Reiseleistungen weit hinter den Anpreisungen im Katalog zurückblieben, hat diesen erfolglos zu einer anteiligen Rückzahlung des Reisepreises aufgefordert. Der Swimmingpool war verdreckt, das Wasser trüb, es schwammen Haarbüschel herum, die Toilette war schon bei der Ankunft nicht gereinigt, auf der Brille befand sich ein Urinfleck, im Becken Kotreste, das Essen war lieblos zubereitet, es fehlten die angekündigte Klimaanlage, der Telefonanschluss sowie der Videorecorder. Kurzum, M möchte den Reisepreis mindern und tritt nun an N heran. Dieser lehnt eine Verantwortlichkeit ab, da er die Reise nicht verkauft habe. Die Reise sei von H veräußert und veranstaltet worden. M möge sich bitte an H halten.

N irrt, wenn er meint, nicht haften zu müssen. Er hat das Handelsgeschäft unter Lebenden erworben. Da N zudem die Firma im Kern fortführt, ist er auch einstandspflichtig. Dritte, die dieses Unternehmen betrachten, identifizieren die alte Firma mit der neuen, da sie der ursprünglichen Firma gleicht.

Nicht entscheidend ist übrigens, ob ein Unternehmenskaufvertrag besteht, es kommt vielmehr darauf an, ob eine tatsächliche Übernahme erfolgt. Selbst wenn N also lediglich in den Räumen mit dem Personal und Inventar das Handelsgeschäft fortsetzte, ohne dass ihm der Betrieb förmlich verkauft wurde, würde dies für die Haftung nach § 25 HGB ausreichen. Entscheidend ist, dass sich der Vorgang aus Sicht des objektiven Beobachters als Übernahme darstellt[36].

Veräußert der Insolvenzverwalter den Betrieb samt Firma im Rahmen eines Insolvenzverfahrens, greift § 25 HGB nicht ein. Die Veräußerung der Firma führt zu einer Erhöhung des Werts der Insolvenzmasse und kommt damit den Gläubigern des alten Inhabers zugute. Hat die Firma somit noch einen Marktwert, so kann dieser vom Insolvenzverwalter realisiert werden, ohne dass der Erwerber mit einer Haftung nach § 25 HGB trotz Firmenfortführung rechnen muss[37].

Bei Kauf vom Insolvenzverwalter keine Haftung

---

[36] Siehe BGH, WM 1992, 55, 56.
[37] BGHZ 66, 217, 228; BGH, NJW 1988, 1912, 1913.

Fortführung ohne Einwilligung

§ 25 I 1 HGB setzt nicht voraus, dass der bisherige Inhaber mit der Firmenfortführung einverstanden war. Auch wenn der Erwerber abredewidrig die Firma fortführt, greift § 25 I 1 HGB ein. Hingegen muss bei § 25 I 2 HGB, der die Forderungen des Altinhabers betrifft, dessen Einwilligung vorliegen.

3. Rechtsfolgen

a) Gesamtschuldnerische Haftung des bisherigen Inhabers sowie des Erwerbers

Gesetzlicher Schuldbeitritt

Die Rechtsfolge des § 25 HGB ist die unbeschränkte persönliche Haftung des Erwerbers. Alle im Betrieb begründeten Verbindlichkeiten, auch Vertragsstrafen, Gewährleistungsansprüche, deliktische Ansprüche, Bereicherungsansprüche und Steuerschulden, muss sich der Erwerber entgegenhalten lassen. Die dogmatische Konstruktion der Haftung ist strittig, die h.M. nimmt diesbezüglich einen gesetzlichen Schuldbeitritt an[38].

Forthaftung des Altinhabers

Der Veräußerer selbst haftet allerdings für die von ihm begründeten Verbindlichkeiten weiter. Hiervon kann er sich nicht durch Übertragung des Unternehmens auf einen Dritten befreien. Beide – Alt- und Neuinhaber – sind Gesamtschuldner.

b) Enthaftung des bisherigen Inhabers

Keine Endloshaftung

Der Veräußerer, der für die Altverbindlichkeiten bis zur Übernahme einstehen muss, hat ein Interesse daran, dass er irgendwann einmal aus der Haftung entlassen wird. Dies betrifft insbesondere Verbindlichkeiten aus Dauerschuldverhältnissen, wie z.B. aus Mietverträgen, die er selbst begründet hat. Meldet sich ein Vermieter 20 Jahre nach dem Unternehmensübergang beim Altinhaber, weil jetzt rückständige Mieten aufgelaufen sind, so wäre es für den Veräußerer sehr nachteilig, wenn er hierfür noch haften müsste. Da das Mietverhältnis während seiner Inhaberschaft begründet wurde, ist das Stammrecht entstanden, so dass grundsätzlich eine Einstandspflicht des ehemaligen Inhabers für die Mietzinsansprüche bestünde.

---

[38] BGHZ 42, 381, 384; *Oetker*, § 4 D II 1 a; a.A. siehe ausführlich *Karsten Schmidt*, § 8 I 6 (Vertragshaftung unter Mithaftung des bisherigen Inhabers).

Das Gesetz sieht jedoch in § 26 I HGB eine Enthaftung des Altinhabers vor. Danach ist der frühere Geschäftsinhaber für Altverbindlichkeiten nur dann haftbar, wenn sie vor Ablauf von fünf Jahren fällig und daraus Ansprüche gegen ihn gerichtlich geltend gemacht sind. Der gerichtlichen Geltendmachung steht ein schriftliches Anerkenntnis des früheren Inhabers gleich. Bei öffentlich-rechtlichen Verbindlichkeiten genügt der Erlass eines Verwaltungsakts.

Fünf-Jahres-Frist

Der Altinhaber wird also nach fünf Jahren aus seiner Haftung entlassen, wobei die Frist mit der Handelsregistereintragung des Inhaberwechsels beginnt. Für Ansprüche aus Arbeitsverhältnissen ist – nach bestrittener Auffassung – § 613 a BGB *lex specialis* und verdrängt insoweit § 25 HGB (siehe hierzu die Ausführungen bei Klausur 4 unter 3. Variante A.I.).

c) Schutz der Schuldner des bisherigen Inhabers

Wer ein Unternehmen erwirbt und die Firma fortführt, übernimmt grundsätzlich auch die offenen betriebsbezogenen Forderungen des Altinhabers. Diese Forderungen werden dazu vom Veräußerer an den Erwerber abgetreten. Die Schuldner zahlen somit an den richtigen Gläubiger, wenn sie ihre Schuld an den neuen Inhaber begleichen.

Forderungen des bisherigen Inhabers

Ist allerdings eine Forderung ausnahmsweise nicht abgetreten, so ordnet § 25 I 2 HGB an, dass die in dem Betrieb begründeten Forderungen den Schuldnern gegenüber als auf den Erwerber übergegangen gelten.

§ 25 I 2 HGB

Diese Vorschrift dient dem Schutz des Schuldners, der wegen der unveränderten Firmenfortführung den Inhaberwechsel nicht erkennen muss und der nicht überblicken kann, ob auch die gegen ihn gerichtete Forderung an den neuen Erwerber abgetreten wurde. Der Schuldner läuft Gefahr, an den Falschen zu zahlen, wovor ihn das Gesetz schützen will.

Schutz des Schuldners

Der dogmatische Ansatz des § 25 I 2 HGB ist strittig. Weitgehend Einigkeit besteht lediglich darüber, dass die Vorschrift nur relativ zwischen dem Schuldner auf der einen und dem Alt- bzw. Neuinhaber auf der anderen Seite gilt. Denkbar wäre es, die Vorschrift als Anwendungsfall eines relativ wirkenden gesetzlichen Forderungsübergangs aufzufassen – dann bedürfte zur Übertragung der Forderungen keiner Abtretung mehr – oder die in dieser Norm enthaltene Regelung als Fiktion, widerlegbare oder nicht widerlegbare Vermutung des Forderungsübergangs einzustufen. Vorzugs-

Unwiderlegbare Vermutung

würdig ist die Ansicht, die von einer *unwiderlegbaren* Vermutung einer rechtsgeschäftlichen Abtretung ausgeht, da dadurch der Schuldner bei Zahlung an den nichtberechtigten Erwerber umfassend geschützt wird, was dem Zweck des § 25 I 2 HGB am ehesten gerecht wird[39].

Einwilligung in Firmenfortführung erforderlich

Zum Schutz des Veräußeres wird dieser Forderungsübergang jedoch nur dann vermutet, wenn der Veräußerer in die Firmenfortführung eingewilligt hat (siehe § 25 I 2 HGB).

Befreiung des Schuldners

Es sind vier Konstellationen zu entscheiden:

➢ Der Schuldner zahlt an den Erwerber, der Forderungsinhaber ist.

➢ Der Schuldner zahlt an den Erwerber, der nicht Forderungsinhaber ist.

➢ Der Schuldner zahlt an den Altinhaber, der Forderungsinhaber ist.

➢ Der Schuldner zahlt an den Altinhaber, der nicht mehr Forderungsinhaber ist.

Zahlung an den berechtigten Erwerber

Der Schuldner, der von der Firmenfortführung nichts wusste, wird dennoch an den neuen Inhaber zahlen, wenn dieser die Geschäftskonten des bisherigen Inhabers übernommen hat. Ist seine Forderung an den neuen Inhaber abgetreten worden, so hat der Schuldner an den richtigen Empfänger geleistet, weshalb er von seiner Verpflichtung befreit wird.

Zahlung an den nicht berechtigten Erwerber

Ist die Forderung nicht auf den neuen Inhaber übertragen worden, kann sich der Schuldner auf die unwiderlegbare Vermutung der Forderungsabtretung gemäß § 25 I 2 HGB berufen, so dass er auch in diesem Fall Befreiung von seiner Schuld erlangt. Die unwiderlegbare Vermutung greift aber dann nicht ein, wenn die Forderungsabtretung, wie beispielsweise bei einer in einem Hypotheken- oder Grundschuldbrief verbrieften Forderung formbedürftig ist (siehe §§ 1154 I 1, 1192 BGB, danach bedarf die Abtretungserklärung der Schriftform). Hatte der Schuldner sichere Kenntnis, dass die Forderung nicht an den neuen Inhaber abgetreten wird, so sollte ihm ebenfalls der Schutz des § 25 I 2 HGB versagt werden[40].

---

[39] Für eine unwiderlegbare Vermutung: BGH, WM 92, 736, 738; für eine widerlegbare Vermutung: *Ammon* in: Röhricht/Graf von Westphalen, § 25 Rdnr. 34, für einen echten Forderungsübergang: *Karsten Schmidt*, § 8 I 4 b.aa; für eine Fiktion: *Nickel* in: GK-HGB, § 25 Rdnr. 21.

[40] *Koller/Roth/Morck*, § 25 Rdnr. 14 m.w.N. zum Streitstand.

Leistet der Schuldner in Unkenntnis der Firmenfortführung und des Forderungsübergangs an den alten Inhaber, so leistet er an den nicht mehr Berechtigten. Selbst wenn die Forderung nicht an den Erwerber abgetreten worden ist, wird dies nach h.M. dennoch unwiderlegbar vermutet, so dass die Zahlung an den Altgläubiger den Schuldner nicht befreien würde. Dieses Ergebnis wäre jedoch nicht sachgerecht. Ist der Altinhaber tatsächlich noch Inhaber, zahlt der Schuldner an den materiell Berechtigten, so dass er meines Erachtens von seiner Schuld befreit werden muss. Die unwiderlegbare Vermutung des Forderungsübergangs steht dem nicht entgegen. Da es sich um eine Schuldnerschutzvorschrift handelt, muss sich der Schuldner entscheiden können, ob er sich auf die unwiderlegbare Vermutung beruft oder nicht.

Zahlung an den Altinhaber

Zahlt der Schuldner an den bisherigen Inhaber, obwohl dieser nicht mehr Inhaber der Forderung ist, weil er diese an den Erwerber abgetreten hat, greift zu Gunsten des Schuldners die Vorschrift des § 407 BGB ein (strittig[41]). Der Schuldner wird dann von seiner Verpflichtung befreit, wenn er vom Forderungsübergang nichts wusste. Hat der Schuldner Kenntnis von der Firmenfortführung, muss er sich meines Erachtens wegen der in § 25 I 2 HGB enthaltenen unwiderlegbaren Vermutung als bösgläubig behandeln lassen. § 407 BGB wird aber im übrigen nicht von § 25 I 2 HGB verdrängt, da beide Vorschriften gleichermaßen dem Schutz des Schuldners dienen.

Zahlung an den unberechtigten Altinhaber

Der alte Inhaber kann nach h.M. wegen der in § 25 I 2 HGB verankerten unwiderlegbaren Vermutung des Forderungsübergangs vom Schuldner nur dann die Zahlung an sich durchsetzen, wenn er zuvor den Ausschluss des Forderungsübergangs mit dem Erwerber unter den Voraussetzungen des § 25 II HGB vereinbart[42]. Das setzt voraus, dass der Ausschluss des Forderungsübergangs entweder den Schuldnern gesondert mitgeteilt oder in das Handelsregister eingetragen und anschließend bekanntgemacht wird. Liegen die Voraussetzungen des § 25 II HGB vor, ist die Wirkung der unwiderlegbaren Vermutung zerstört.

Rechte des Altinhabers

Die Wirkung des § 25 I 2 HGB kann also ebenfalls gemäß § 25 II HGB ausgeschlossen werden. Dies bietet sich dann an, wenn der Veräußerer sämtliche Forderungen behalten möchte, was selbstverständlich bei der Bemessung des Prei-

Ausschluss möglich

---

[41] *Canaris*, § 7 Rdnr. 78 f.
[42] BGH, WM 92, 736, 738, *Hopt/Mössle*, Rdnr. 293.

ses für das Unternehmen berücksichtigt wird. Es kann durchaus auch im Interesse des Erwerbers liegen, mit den alten Forderungen und der damit verbundenen aufwendigen Geltendmachung nicht konfrontiert zu werden. Dann wird sich der Veräußerer weiterhin um den Forderungseinzug kümmern, weil dies so vereinbart ist. Hier sollte eine entsprechende Eintragung der Vereinbarung im Handelsregister mit anschließender Bekanntmachung erfolgen, damit der Altinhaber Zahlung an sich verlangen kann.

III. Fortführung durch die Erben (§ 27 HGB)

Übergang auf die Erben

Auch die Erben haben die Möglichkeit, ein zum Nachlass gehörendes Handelsgeschäft fortzuführen. Behalten sie die Firma bei, so findet § 25 HGB entsprechende Anwendung, so dass die Erben auch für die Altverbindlichkeiten einstehen müssen.

Ausschluss der Haftung nach HGB

Die Erben haben nach Handelsrecht vier Möglichkeiten, um diese Haftung zu vermeiden:

Sie stellen das Gewerbe binnen drei Monaten nach dem Zeitpunkt, zu welchem sie vom Anfall der Erbschaft Kenntnis erlangt haben, ein (§ 27 II HGB).

Sie erklären einen Haftungsausschluss und lassen diesen im Handelsregister eintragen. Da § 27 HGB komplett und damit auch auf Absatz 2 des § 25 HGB verweist, besteht diese Möglichkeit eines Haftungsausschlusses, der im Handelsregister eingetragen und bekanntgemacht ist (h.M[43]).

Die Erben veräußern das Unternehmen *sofort*. Ganz gleich, ob der Erwerber die Firma fortführt oder nicht, haften die Erben in dieser Situation nicht selbst, da sie das Unternehmen nicht fortgeführt haben. Gleiches gilt für die Verpachtung des Unternehmens einschließlich der Firma. Ob der Fall der Veräußerung innerhalb von drei Monaten analog § 27 II HGB zu behandeln ist, wird strittig diskutiert[44].

Die Erben führen zwar das Geschäft, nicht jedoch die Firma fort.

Erbrechtliche Haftung folgt BGB-Grundsätzen

Von der Haftung aufgrund der Firmenfortführung ist die Erbenhaftung zu unterscheiden. Aufgrund der Gesamtrechtsnachfolge beim Tod des Erblassers gehen sämtliche Rechte und Pflichten, also auch Verbindlichkeiten, auf die

---

[43] Siehe oben die Ausführungen Klausur 3, 3. Variante Teil b. I.
[44] Siehe hierzu die Ausführungen bei Klausur 3, 3. Variante unter Teil c).

Erben über (§ 1967 BGB). Die Erben haben allerdings die Möglichkeit, die Haftung auf den Nachlass zu beschränken (§§ 1973, 1975 ff., 1990, 2013 BGB). Dies geschieht, indem die Anordnung der Nachlassverwaltung oder die Durchführung eines Nachlassinsolvenzverfahrens (bei Zahlungsunfähigkeit oder Überschuldung) beantragt wird.

§ 27 I HGB begründet eine eigenständige Haftung, für die die erbrechtliche Haftungsbeschränkung keine Anwendung findet. Gilt § 27 I HGB, ist daher ein Zugriff auf das gesamte Vermögen der Erben möglich.

Wirkung des § 27 I HGB

Schlagen die Erben allerdings die Erbschaft aus, so gilt auch § 27 I HGB nicht, da diese Vorschrift voraussetzt, dass die *Erben* das Handelsgeschäft fortführen. Die Ausschlagung muss innerhalb einer Frist von sechs Wochen ab Kenntnis vom Erbfall erfolgen. Die Ausschlagung ist gegenüber dem Nachlassgericht vorzunehmen.

Wirkung der Ausschlagung

Klausur 4: „Balduin in Geldnöten" ***

Schwerpunkt: Firmenfortführung und Eintritt als Gesellschafter

Ausgangsfall

Balduin Beton (B) ist Inhaber des unter der Firma „Balduin Beton Bauausführungen e.K." im Handelsregister eingetragenen Einzelunternehmens. Zu seinen Spezialitäten gehört unter anderem die Verklinkerung von Einfamilienhäusern. Sein wichtigster Vertragspartner ist ein bundesweit agierendes Bauunternehmen, das Einfamilienhäuser herstellt und B als Subunternehmer mit der Verklinkerung der Fassaden beauftragt. Dieses Bauunternehmen ist in die Krise geraten, so dass B keine neuen Aufträge mehr erhält und zudem zahlreiche Forderungen wegen bereits durchgeführter Arbeiten uneinbringlich werden. B gerät dadurch in starke Liquiditätsschwierigkeiten. Er benötigt für die Restrukturierung seines Unternehmens einen Betrag in Höhe von ca. 1 Mio. Euro. Da er sein privates Immobilienvermögen lediglich mit 500.000 Euro beleihen kann, sucht er nach weiteren Finanzquellen.

Carl Capital (C) ist bereit, als Gesellschafter den benötigten Betrag in Höhe von 500.000 Euro zur Verfügung zu stellen. B und C gründen hierfür zunächst eine GmbH mit einem Stammkapital von 1 Mio. Euro. Hiervon übernehmen B und C jeweils eine Stammeinlage über 500.000 Euro. Die Einlagen werden in das Gesellschaftsvermögen geleistet.

Die GmbH tritt sodann als persönlich haftende Gesellschafterin in das Handelsgeschäft des B ein. B wird gleichzeitig Kommanditist der durch den Eintritt der GmbH errichteten KG. Die Haftsumme und Pflichteinlage des B werden auf 10.000 Euro festgesetzt. Die Kommanditeinlage soll derzeit nicht in das Gesellschaftsvermögen eingezahlt werden. Die Firma wird wie folgt geändert: „Balduin Natursteinbauausführungen GmbH & Co. KG" (N-KG).

Die N-KG setzt die Geschäfte fort. Die Veränderungen werden im Handelsregister eingetragen und bekanntgemacht.

Natursteinhändler Kurt Klinker (K) hat gegen B noch eine offene Rechnung wegen gelieferter Natursteine in Höhe von 100.000 Euro. Er fragt, ob er das Geld nunmehr von B, der N-KG oder gar von C bekommt. Prüfen Sie, ob K Ansprüche zustehen.

1. Variante

B und die N-KG haben vereinbart, dass die N-KG nicht für Altverbindlichkeiten des B haften soll. Diese Vereinbarung wurde im Handelsregister eingetragen und bekanntgemacht. Wie sind nun die Ansprüche des K zu beurteilen?

2. Variante

B hatte gegen den Generalübernehmer Gerald Groß (G) noch eine Forderung in Höhe von 500.000 Euro wegen durchgeführter Natursteinarbeiten. Die N-KG möchte wissen, ob auch sie den Anspruch gegen G ohne weitere Maßnahmen durchsetzen kann oder ob G zur Zahlungsverweigerung berechtigt ist. Prüfen Sie, ob der N-KG ein Anspruch auf Zahlung des Werklohns zusteht!

3. Variante

Alfons Acker (A) war seit 1.1.1999 bei B als Maurer beschäftigt. Nun wird ihm mitgeteilt, dass sein Arbeitgeber die N-KG sei. Robert Rentner (R) hat 35 Jahre lang bei B gearbeitet und bezieht von diesem eine monatliche Betriebsrente in Höhe von 500 Euro aufgrund einer ihm wirksam erteilten Pensionszusage. Da A und R davon gehört haben, dass eine GmbH & Co. KG leicht insolvent werden kann, fragen sie sich, wie lange B, der über erhebliches privates Immobilienvermögen verfügt, ihnen noch für ihre monatlichen Gehalts- bzw. Rentenzahlungen haften muss. Die KG ist am 4.5.2009 in das Handelsregister eingetragen worden. Prüfen Sie die Ansprüche des A und R!

Lösung: „Balduin in Geldnöten"

Ausgangsfall

I. Ansprüche des K auf Zahlung seiner offenen Rechnung in Höhe von 100.000 Euro

1. Gegen B als Vertragspartner aus dem Kaufvertrag gemäß § 433 II BGB

K könnte sich zunächst an seinen ursprünglichen Vertragspartner B halten. Mit diesem wurde ein Kaufvertrag über die Lieferung der Natursteine geschlossen. Damit entstand ein Anspruch des K gegen B auf Zahlung des Kaufpreises gemäß § 433 II BGB.

Durch die Gründung der KG hat sich hieran nichts geändert. Es gibt keine Rechtsvorschrift, die anordnet, dass ein Einzelkaufmann von seinen Verpflichtungen durch Gründung einer Personengesellschaft frei wird.

Der bisherige Inhaber B haftet vielmehr unverändert weiter.

Verpflichtung des Vertragspartners

Anspruch: (+)

2. Gegen die N-KG aus dem Kaufvertrag gemäß § 433 II BGB i.V.m. §§ 161 II, 124 I, 28 I 1 HGB

K könnte ggf. seine Kaufpreisforderung auch gegen die N-KG durchsetzen.

Der Kaufvertrag besteht zwar grundsätzlich nur mit B, die Gesellschaft könnte jedoch dieser Schuld kraft gesetzlicher Anordnung beigetreten sein. Ein solcher Haftungsbeitritt ergibt sich aus § 28 I 1 HGB. Dort heißt es, dass in dem Fall, in dem Dritte in das Handelsgeschäft eines Einzelkaufmann eintreten, die Gesellschaft für alle früheren Verbindlichkeiten haftet, unabhängig davon, ob sie die Firma fortführt oder nicht.

„Rechtstechnisch" geschieht beim Eintritt eines Dritten in das Handelsgeschäft des Einzelkaufmanns folgendes: Der Einzelkaufmann gründet mit dem Dritten eine Personenhandelsgesellschaft, wobei das einzelkaufmännische Unternehmen als Sacheinlage eingebracht wird[45]. Der Kaufmann wird bei Gründung einer OHG persönlich haftender Gesellschafter; bei Errichtung einer KG können die Gesellschafter

Haftung gemäß § 28 I 1 HGB

Rechtliche Konstruktion

---

[45] *Ammon* in: Röhricht/Graf von Westphalen, § 28 Rdnr. 2.

wählen, ob der Einzelkaufmann die Position eines Komplementärs oder eines Kommanditisten übernimmt.

Eintritt einer Komplementärin

Fraglich ist, ob die Voraussetzungen des § 28 I 1 HGB hier vorliegen. Danach muss zunächst ein Dritter als persönlich haftender Gesellschafter oder als Kommanditist in das Geschäft des B eingetreten sein. Hier ist die GmbH als Komplementärin eingetreten. Mit ihr wurde eine Kommanditgesellschaft gegründet. Unerheblich ist hierbei, dass die GmbH eine juristische Person ist, denn das Gesetz fordert nicht, dass es sich bei dem persönlich haftenden Gesellschafter um eine natürliche Person handeln muss.

Firmenfortführung nicht erforderlich

Die Firma wurde hier zwar ausdrücklich geändert, gemäß § 28 I 1 HGB ist dies jedoch unerheblich, da diese Vorschrift nicht an die Firmenidentität, sondern an die Inhaberkontinuität anknüpft.

Anspruch: (+)

K kann daher auch von der N-KG die Zahlung des Kaufpreises verlangen.

3. Gegen B als Kommanditist der N-KG aus dem Kaufvertrag gemäß § 433 II BGB i.V.m. §§ 124 I, 161 II, 171, 173 HGB

Kommanditistenhaftung des B

B ist nunmehr Kommanditist der N-KG. Der Kommanditist haftet gemäß § 171 HGB für die Verbindlichkeiten der KG, soweit er die von ihm versprochene und im Handelsregister eingetragene Haftsumme noch nicht in das Gesellschaftsvermögen geleistet hat.

Haftung für Altverbindlichkeiten

Die Haftung erstreckt sich gemäß § 173 HGB auch auf Altverbindlichkeiten, die vor der Begründung der Kommanditistenstellung entstanden sind. Von der Kommanditistenhaftung werden damit auch Verbindlichkeiten erfasst, die gemäß § 28 I 1 HGB auf die KG übergegangen sind.

Haftsumme noch nicht geleistet

Da B seine Haftsumme noch nicht geleistet hat, haftet er in Höhe von 10.000 Euro.

Anspruch: (+)

K kann also seinen Anspruch anteilig in dieser Höhe auf die Kommanditistenhaftung stützen und sich bei B befriedigen.

Anmerkung: Die von C und B gegründete GmbH ist Komplementärin der KG und haftet daher ebenfalls für die Verbindlichkeiten der KG gemäß § 433 II BGB i.V.m. §§ 124 I, 128, 161 II HGB. Nach diesem Anspruch war jedoch nicht gefragt.

4. Gegen C aus § 433 II BGB wegen seiner Stellung als GmbH-Gesellschafter

Kein Durchgriff auf Gesellschafter der Komplementärin

Ein Anspruch des K gegen C kommt hingegen unter keinem Gesichtspunkt in Betracht. C ist lediglich Gesellschafter der

Komplementär-GmbH. Einen GmbH-Gesellschafter trifft grundsätzlich keine Außenhaftung. Den Gläubigern gegenüber haftet vielmehr nur das Gesellschaftsvermögen (§ 13 II GmbHG). K ist jedoch noch nicht einmal Gläubiger der GmbH, sondern hat lediglich Ansprüche gegen B bzw. gegen die N-KG.
Eine Inanspruchnahme des C ist daher ausgeschlossen.   Anspruch: (−)

1. Variante

I. Ansprüche des K auf Zahlung seiner offenen Rechnung

1. Gegen B aus dem Kaufvertrag gemäß § 433 II BGB

Hinsichtlich der Verantwortlichkeit des B bestehen gegenüber dem Ausgangsfall keine Unterschiede, dieser ist Vertragspartner und hat daher für die Zahlung des Kaufpreises einzustehen.   Anspruch: (+)

2. Gegen die N-KG aus dem Kaufvertrag gemäß § 433 II BGB i.V.m. §§ 124 I, 28 I 1 HGB

Die KG haftet in dieser Konstellation allerdings nicht, weil gemäß § 28 II HGB ein wirksamer Haftungsausschluss für Altverbindlichkeiten zwischen dem Altschuldner B und der Neuschuldnerin, der N-KG, vereinbart wurde und dieser auch gegenüber Dritten Wirksamkeit entfaltet, da er im Handelsregister eingetragen und bekanntgemacht worden ist.   Haftungsausschluss

K kann sich daher nur an B, nicht jedoch an die KG und schon gar nicht an C halten.   Anspruch: (−)

2. Variante

Anspruch der N-KG gegen G auf Zahlung des Werklohns aus dem Werkvertrag gemäß § 631 I BGB i.V.m. § 398 BGB

Ein Anspruch der N-KG gegen G kommt in Betracht, wenn die N-KG Inhaberin der Werklohnforderung des B geworden ist.   N-KG berechtigt?

Forderungen werden gemäß § 398 BGB durch Abtretung übertragen. Ob hier eine Abtretung der Forderung zwischen B und der N-KG erfolgte, wird durch den Sachverhalt nicht ausdrücklich mitgeteilt. Da jedoch B sein einzelkaufmännisches Unternehmen einbrachte, ist davon auszugehen, dass er sämtliche Vermögensgegenstände auf die KG   Abtretung zweifelhaft übertragen hat. Es wird daher zu einer Abtretung aller Forderungen an die N-KG gekommen sein. Ob tatsächlich eine Abtretung erfolgt ist, kann allerdings offenbleiben, wenn die KG unter Berufung auf § 28 I 2 HGB Zahlung an sich verlangen könnte.

§ 28 I 2 HGB

Nach § 28 I 2 HGB gelten die in dem Betrieb begründeten Forderungen den Schuldnern gegenüber als auf die Gesellschaft übergegangen. Damit kann G an die N-KG zahlen, ohne dass er befürchten muss, damit nicht von seiner Schuld befreit zu werden.

Dogmatische Konstruktion

Die dogmatische Einordnung dieser Vorschrift ist strittig. Teils wird sie als Tatbestand des gesetzlichen Forderungsübergangs[46] oder als Fiktion aufgefasst[47]. Dagegen sieht die herrschende Ansicht in ihr eine widerlegbare Vermutung des Forderungsübergangs[48]. Dies überzeugt, da es danach entscheidend auf die materielle Rechtslage ankommt.

Widerlegbare Vermutung

Diese Vermutung schützt den Schuldner, hier also G, für den Fall, dass es zu keiner Abtretung gekommen ist. B hätte dann die Möglichkeit, den Beweis dafür anzutreten, dass kein Übergang der Forderung erfolgte und könnte in diesem Fall Zahlung an sich verlangen. Als Beweismittel dient vor allem der Gesellschaftsvertrag der N-KG. Da dort die Sacheinlage des B beschrieben sein muss, wird man auch die Frage regeln, ob und welche Forderungen auf die KG als Bestandteil der Einlage übergehen sollen. G könnte ebenfalls den Gegenbeweis antreten, indem er auf B als Zeugen bzw. auf den Gesellschaftsvertrag als Beweismittel verweist. Da hier jedoch weder B noch G die Vermutung des Forderungsübergangs widerlegen, muss davon ausgegangen werden, dass die KG Forderungsinhaberin ist.

Anspruch: (+)

Die KG hat somit einen Anspruch auf Zahlung des Werklohns gegenüber G.

3. Variante

I. Anspruch des A gegen B auf Zahlung seines Gehalts

1. Aus dem Arbeitsvertrag i.V.m. §§ 611 BGB, 613 a II BGB

B noch Arbeitgeber?

Da A seinen Arbeitsvertrag ursprünglich mit B geschlossen hatte, schuldete B ihm Zahlung der Gehälter.

---

[46] *Karsten Schmidt,* 8 III 2 d.
[47] *Nickel* in: GK-HGB, § 28 Rdnr. 12.
[48] *Ammon* in: Röhricht/Graf von Westphalen, § 28 Rdnr. 34; *Koller/Roth/Morck,* 28 Rdnr. 18.

Im Rahmen der Gründung der N-KG ist das Handelsgeschäft des Einzelkaufmanns B und damit dessen Betrieb als Sacheinlage in das Gesellschaftsvermögen eingebracht worden. Dadurch könnte auch das Arbeitsverhältnis des A gemäß § 613 a I BGB auf die KG übergegangen sein[49.]

Übergang des Arbeitsverhältnisses

In § 613 a I BGB wird angeordnet, dass im Fall des Übergangs eines Betriebs oder Betriebsteils auf einen neuen Inhaber dieser in die bestehenden Arbeitsverhältnisse eintritt. Entscheidend ist, dass der Rechtsträger des Betriebs wechselt. Dies ist durch die Einbringung des Betriebs in das Gesellschaftsvermögen der KG geschehen. Die Gesellschaft nimmt als Betriebsinhaberin nunmehr die Arbeitgeberfunktionen wahr. Eine Anwendung des § 613 a I BGB auf diese Konstellation entspricht dem Zweck dieser Norm, den Arbeitnehmer vor Nachteilen infolge des Betriebsübergangs zu schützen. Das Arbeitsverhältnis des A ist somit auf die KG übergegangen.

§ 613 a BGB

In § 613 a II BGB ist eine Haftung des bisherigen Arbeitgebers für Ansprüche aus dem Arbeitsverhältnis verankert. Diese betrifft jedoch nur Ansprüche, die aus der Zeit vor dem Übergang stammen und vor Ablauf eines Jahres nach dem Übergang fällig werden. Aus dieser Anspruchsgrundlage lässt sich daher eine Nachhaftung von maximal einem Jahr begründen. In Satz 2 des § 613 a II BGB wird die Haftung des ehemaligen Arbeitgebers weiter eingeschränkt. Danach erstreckt sich die Haftung im Ergebnis nur auf nach dem Übergang fällig werdende Ansprüche, die den Zeitraum vor dem Betriebsübergang betreffen. Damit besteht eine Nachhaftung des B nur für die Gehälter des A, die auf den Zeitraum bis zu dem Betriebsübergang entfallen.

Enthaftung des B

B als bisheriger Arbeitgeber muss daher gegenüber A nach arbeitsrechtlichen Prinzipien nicht mehr für zukünftig auflaufende Gehälter einstehen. Eine Haftung könnte sich allerdings aus handelsrechtlichen Grundsätzen ergeben.

Anspruch: (–)

Anmerkung: A könnte zwar dem Betriebsübergang mit der Folge widersprechen, dass sein Arbeitsverhältnis weiterhin zu B bestehen würde. Da B jedoch nicht mehr unternehmerisch tätig ist und für A keine Beschäftigungsmöglichkeit hat, könnte er A sofort ordentlich betriebsbedingt kündigen. A wird im Ergebnis nichts anderes übrigbleiben, als den Betriebsübergang hinzunehmen.

---

[49] Zur Anwendung des § 613 a BGB auf § 28 HGB siehe *Ammon* in: Röhricht/Graf von Westphalen, § 28 Rdnr. 40.

2. Aus dem Arbeitsvertrag i.V.m. § 611 BGB i.V.m. §§ 28 III, 26 HGB

Handelsrechtliche Enthaftung?

Eine Nachhaftung ließe sich ggf. aus §§ 28 III, 26 HGB herleiten. Dort wird angeordnet, dass in dem Fall, in dem der frühere Geschäftsinhaber Kommanditist wird, im wesentlichen § 26 HGB gilt. Nach § 26 I HGB haftet der frühere Geschäftsinhaber für die Verbindlichkeiten nur, wenn sie vor Ablauf von fünf Jahren fällig und daraus Ansprüche gegen ihn gerichtlich geltend gemacht werden.

Berechnung

Die Fünfjahresfrist beginnt mit Eintragung der neuen Gesellschaft in das Handelsregister (§ 26 III 1 a.E. HGB), also mit dem 4.5.2009. Die Ansprüche aus dem Arbeitsverhältnis entstehen dem Grunde nach bereits mit Abschluss des Arbeitsvertrags. Sie werden jedoch sukzessive fällig, d.h. jeden Monat ist eine erneute Gehaltszahlung zu leisten. B müsste daher nach dieser Vorschrift noch für die Gehaltszahlungen, die fünf Jahre nach der Eintragung der Gesellschaft in das Handelsregister fällig werden, einstehen, sofern innerhalb dieser Fünfjahresfrist gegen ihn der Anspruch gerichtlich geltend gemacht wird.

Verhältnis zu § 613 a II BGB

Fraglich ist jedoch, ob bei Arbeitsverhältnissen die §§ 28 III, 26 HGB neben § 613 a II BGB noch anwendbar sind[50].

Die Regelung in § 613 a BGB ist wegen des kurzen Nachhaftungszeitraums im Verhältnis zu der Enthaftungsbestimmung in § 26 HGB, die eine Nachhaftung für eine Zeitspanne von fünf Jahren festlegt, zwar in dieser Hinsicht für den Arbeitnehmer nachteilig.

§ 613 a BGB bringt dem Arbeitnehmer jedoch einen entscheidenden Vorteil: Der Übergang des Arbeitsverhältnisses kann vom Arbeitgeber nicht verhindert werden. Bei Anwendung des § 28 HGB wäre hingegen nach Absatz 2 dieser handelsrechtlichen Vorschrift ein Ausschluss der Haftung der Gesellschaft und damit eine Verhinderung des Übergangs des Arbeitsverhältnisses möglich. Dies ist wegen der in § 613 a BGB verankerten gesetzlichen Wertung nicht hinnehmbar. Da somit ein Ausschluss für arbeitsrechtliche Ansprüche nach § 28 II HGB nicht statthaft ist, sollte konsequent die gesamte Vorschrift des § 28 HGB für Arbeits-

---

[50] Dagegen siehe: *Ammon* in: Röhricht/Graf von Westphalen, § 25 Rdnr. 47; *Lieb* in: Münchener Komm. zum HGB, § 25 Rdnr. 93 und § 26 Rdnr. 7; *Karsten Schmidt*, § 8 II 4, jeweils zu § 25 HGB; a.A. siehe aber BAG, Entscheidungsammlung zum Arbeitsrecht, § 28 HGB Nr. 1, LAG Köln, Urt. vom 6.8.1993, 13 Sa 327/93, juris.de § 28 verdrängt § 613 a II BGB.

verhältnisse – auch soweit sie für den Arbeitnehmer von Vorteil wäre – nicht angewandt werden. Die arbeitsrechtlichen Rechtsfolgen hinsichtlich der Nachhaftung sind abschließend in der Spezialnorm des § 613 a II BGB geregelt, ein Rückgriff auf die allgemeinen Regeln des HGB sollte sich verbieten.

Danach muss B also nicht mehr für die Gehaltsansprüche des A einstehen.

Anspruch: (–)

3. Aus dem Arbeitsvertrag gemäß §§ 611, 613 a II BGB i.V.m. §§ 28 I 1, 124 I, 161 II, 171 HGB wegen der Stellung des B als Kommanditist

B haftet nunmehr als Kommanditist der N-KG für sämtliche Gesellschaftsverbindlichkeiten, soweit er seine Einlage in Höhe der Haftsumme noch nicht erbracht hat.

Damit besteht derzeit eine Haftung des B in Höhe von 10.000 Euro gegenüber A.

Anspruch: (+)

II. Anspruch des R gegen B auf Zahlung seiner Pension aus der Zusage

Gegenüber R könnte B hingegen ggf. auch in Zukunft die Zahlung der zugesagten Rente schulden. Anspruchsgrundlage ist die Pensionszusage selbst, die eine entsprechende Verpflichtung des B begründet hat.

Pensionszusage des B

§ 613 a BGB erfasst nach Wortlaut und Zweck nicht Pensionszusagen hinsichtlich nicht mehr bestehender Arbeitsverhältnisse[51]. Ein Übergang der Verpflichtung aus der Pensionszusage auf die KG findet daher nach § 613 a BGB nicht statt. B bleibt daher weiterhin verpflichtet.

§ 613 a BGB (–)

Die KG tritt jedoch im Wege des gesetzlichen Schuldbeitritts gemäß § 28 I 1 HGB der Schuld bei und haftet damit zusätzlich für die Erfüllung der Pensionszusage.

§ 28 I 1 HGB (+)

Für B tritt jedoch gemäß §§ 28 III, 26 HGB wegen der Verpflichtung zur Erfüllung der Pensionszusage erst eine Enthaftung nach fünf Jahren ein.

Enthaftung (–)

B haftet damit grundsätzlich noch für die monatlichen Renten, die fünf Jahre nach der Handelsregistereintragung fällig werden, sofern sie binnen dieser Frist gegen ihn gerichtlich geltend gemacht werden[52].

Anspruch: (+)

---

[51] BAG, AP Nr. 1 zu § 26 HGB. Der alte Arbeitgeber haftet weiter, so auch BAG NZA 1990, 685.
[52] Im Falle einer Insolvenz des Arbeitgebers sind unverfallbare Betriebsrenten durch § 7 des Betriebsrentengesetzes (= Gesetz

Eine Inanspruchnahme aus seiner Stellung als Kommanditist ist entsprechend den obigen Erwägungen (siehe 3. Variante, A.III) hier ebenfalls gegeben.

---

zur Verbesserung der betrieblichen Altersversorgung [BetrAVG]) besonders geschützt. Der Pensionssicherungsverein garantiert grundsätzlich die Erfüllung der Renten, sofern diese unverfallbar geworden sind. Die Unverfallbarkeit richtet sich u.a. nach dem Alter des Betroffenen und der Dauer seiner Betriebszugehörigkeit.

Basiswissen: Aufnahme in ein einzelkaufmännisches Unternehmen

In § 28 HGB wird angeordnet, dass eine Gesellschaft, die durch Aufnahme eines Partners in ein einzelkaufmännisches Unternehmen entsteht, für die Altverbindlichkeiten haftet.

§ 28 HGB

§ 28 HGB betrifft den Fall, in dem durch Aufnahme eines Partners entweder eine offene Handelsgesellschaft oder eine Kommanditgesellschaft entsteht. Die Vorschrift setzt allerdings nicht voraus, dass die Firma fortgeführt wird. Es handelt sich um einen *gesetzlichen Schuldbeitritt* der Gesellschaft unabhängig davon, ob die Firma beibehalten oder geändert wird.

Anwendungsbereich

Bei der Haftungserstreckung auf die KG ist gemäß § 28 II HGB eine abweichende Vereinbarung zwischen dem bisherigen Inhaber und der Gesellschaft als Neuschuldnerin möglich, die allerdings unverzüglich zu ihrer Wirksamkeit im Handelsregister eingetragen und bekanntgemacht oder betroffenen Dritten unverzüglich mitgeteilt werden muss.

Haftungsausschluss möglich

Der bisherige Inhaber des Einzelhandelsgeschäfts haftet unabhängig von der haftungsausschließenden Vereinbarung auf jeden Fall weiter. Für seine Enthaftung gilt § 26 HGB.

Forthaftung und Enthaftung des alten Inhabers

Kommt es zu einer Haftung der KG und wird der bisherige Geschäftsinhaber Kommanditist, so trifft ihn die frühere unbeschränkte Haftung nur noch nach Maßgabe des § 26 HGB, d.h. seine Enthaftung richtet sich nach diesen Grundsätzen (§ 28 III HGB).

Altinhaber als Kommanditist

Klausur 5: „Buchführung für alle" ***

Schwerpunkt: Publizität des Handelsregisters

Carl Calculos (C) betreibt ein im Handelsregister eingetragenes Unternehmen, das für 500 kleinere Gewerbetreibende die Buchführung erledigt. Hierfür beschäftigt er 20 Mitarbeiter in vier Buchführungsbüros, die jeweils monatlich die Bücher der Klienten aktualisieren. C beschränkt sich auf die Buchführungshilfe. Von seinem Team werden die Buchhaltungsbelege der Kunden sortiert und die entsprechenden Geschäftsvorfälle gebucht. Die Jahresabschlüsse sowie sämtliche Erklärungen zu steuerrechtlichen Zwecken muss C Steuerberatern überlassen, da ihm diese Tätigkeit gesetzlich verboten ist.

Eines Tages legt C selbst die Steuerberaterprüfung ab, so dass er die Aufgaben des Steuerberaters jetzt auch erledigen kann. In Zukunft möchte er nur noch als unabhängiger Freiberufler arbeiten und die reine Buchführungshilfe hiervon abtrennen. Er überträgt deshalb seinen Bestand an Buchführungsmandaten mit Zustimmung der Klienten auf eine eigens hierfür gegründete GmbH, die im Handelsregister unter der Firma „Calculos GmbH" (C-GmbH) eingetragen wird. C selbst arbeitet mit seinem Unternehmen fortan nur noch freiberuflich als Steuerberater.

C vergisst allerdings, bei der Abteilung A des zuständigen Handelsregisters, in dem er als Einzelkaufmann eingetragen ist, die Veränderungen anzumelden. Dort wird somit nichts Neues vermerkt.

Als C wieder einmal in seinem Domizil auf Sylt weilt, bekommt er einen dringenden Anruf seines Mandanten Kurt Klamm (K), der ihm mitteilt, dass am folgenden Tag seine Bank, das Bankhaus Dr. Best Banking (B), eine Betriebsprüfung bei ihm durchführe und erwarte, dass die Buchhaltung auf dem aktuellen Stand ist. Ansonsten werde das Kreditengagement nicht verlängert. Da es schon aus technischen Gründen nicht möglich ist, in solch kurzer Zeit die Buchhaltung auf den neuesten Stand zu bringen, ruft C bei B an und teilt mit, dass die Buchhaltung in vierzehn Tagen in Ordnung gebracht werde und er sich persönlich für den

Kredit des K selbstschuldnerisch verbürge. Daraufhin hält die Bank das Kreditengagement zunächst aufrecht. Da K jedoch weiterhin finanzielle Schwierigkeiten hat, stellt die Bank B schließlich den Kredit fällig und verlangt von C, dass dieser wegen seiner mündlich abgegebenen Bürgschaft zahlt. Dies lehnt C ab, da er sich nicht verpflichtet fühlt. Wie ist die Rechtslage?

1. Variante

C hat wie im Ausgangsfall die Buchführungsmandate auf die C-GmbH übertragen und diesmal auch alles korrekt hinsichtlich seines Einzelunternehmens beim Handelsregister angemeldet. Zehn Tage nachdem die Löschung der Einzelfirma im Gemeinsamen Registerportal der Länder bekanntgemacht wurde, gibt C wie im Ausgangsfall gegenüber der Bank eine Bürgschaft zugunsten des K ab. Muss C nunmehr für die Erfüllung der Kreditverbindlichkeit des Mandanten K einstehen?

Die Bank trägt vor, dass ihre Mitarbeiterin, die ansonsten die Handelsregisterbekanntmachungen studiert, unerwartet aufgrund einer durch einen Hundebiss hervorgerufenen Verletzung für zwölf Tage ausfiel. Deshalb wurde die in dieser Zeit im Gemeinsamen Registerportal der Länder erfolgten Bekanntmachungen, in dem die Löschung der Einzelfirma des C bekanntgemacht wurde, nicht bearbeitet.

Die Bank beruft sich daher darauf, dass sie die Veränderung im Handelsregister nicht zur Kenntnis nehmen konnte. Sie möchte deshalb C an seiner Bürgschaft festhalten und verlangt Zahlung. Zu Recht?

2. Variante

Nach der Umstrukturierung vergisst C – wie im Ausgangsfall – die notwendigen Anmeldungen beim Handelsregister vorzunehmen. Statt dessen bestellt er seine Steuerfachgehilfin Paula Pool zur „Prokuristin" seiner GmbH. Dies wird versehentlich bei der Abteilung des Handelsregisters zur Eintragung angemeldet, bei der C noch als Einzelkaufmann eingetragen ist. Infolge eines Übertragungsfehlers des Handelsregisters wird ferner bei Einzelkaufmann C eingetragen und bekanntgemacht, dass *Paul* Pool (P) zum Prokuristen bestellt worden ist. Bei P handelt es sich um den Ehemann von Paula, der im Geschäft des C überhaupt nicht arbeitet und von dem sich Paula wegen seiner Unzuverlässigkeit schon vor längerem getrennt hat.

P wird in seiner Stammkneipe zufällig von einem Kumpel auf die Handelsregistereintragung hingewiesen und erfährt von diesem – einem ehemaligen Jurastudenten, der gelegentlich in Reminiszenz an sein Wahlfach „Handelsrecht" online in den Handelsregisterbekanntmachungen schmökert –, dass er nunmehr als Prokurist eine weitgehende Vollmacht hat. Daraufhin wirft sich P „in Schale", zieht seinen besten, noch in seinem Besitz befindlichen Anzug an und geht in den nächstgelegenen Autosalon für exklusive Automobile des Arno Amber (A). In einem längeren Gespräch erläutert P dem Autoverkäufer, dass er für repräsentative Zwecke ein exzellentes Auto benötige, da er nun Prokurist eines größeren Unternehmens sei. Dem Verkäufer zeigt er stolz online auf dem PC des Verkäufers die Bekanntmachung der Handelsregistereintragung unter www.handelsregisterbekanntmachungen.de. Er dürfe sich nunmehr auf Kosten seines Chefs ein repräsentatives Dienstfahrzeug zulegen. Sogleich wird über einen Maserati im Namen des C ein Kaufvertrag über 100.000 Euro geschlossen. P fährt mit dem Auto von dannen, und C bekommt die Rechnung zugeschickt. Muss C zahlen?

3. Variante

C strukturiert wie im Ausgangsfall das Unternehmen um, indem er den Bereich ‚Buchführungshilfe' auf die C-GmbH überträgt. Da C die steuerberatende Tätigkeit haftungsrechtlich „zu heiß" wird, bringt er sämtliche Steuerberatungsmandate als Sacheinlage in die GmbH ein. Zugleich wird er Geschäftsführer der GmbH, die nunmehr unter seinem Namen mit dem Zusatz „GmbH" firmiert. Sämtliche Veränderungen werden beim Handelsregister korrekt eingetragen und bekanntgemacht.

C erwirbt jetzt selbst, wie in der vorangegangenen Variante, den exklusiven Maserati als Dienstwagen für sich in seiner Position als Geschäftsführer der GmbH. Gegenüber dem Autoverkäufer tritt er jedoch nur als Steuerberater C auf, so dass dieser zwar weiß, dass das Fahrzeug für ein Unternehmen erworben wird, jedoch nicht vermutet, dass C für eine GmbH handelt. Als C den schriftlichen Kaufvertrag ausfüllt, gibt er bei der Rubrik Käufer zwar die Anschrift der GmbH an, auch kreuzt er an, dass es sich um einen unternehmerischen Käufer handelt, er vergisst jedoch der Bezeichnung „Calculos" den Zusatz „GmbH" hinzuzufügen.

Vom Kaufpreis werden 10.000 Euro angezahlt, der Rest wird wegen des guten Rufs, den der Berufsstand der Steuerberater genießt, gestundet. Der Inhaber des Automobilsalons A fragt nun, ob er das Geld von der GmbH oder auch von C persönlich bekommt.

Lösung: „Buchführung für alle"

Ausgangsfall

Anspruch der Bank gegen C auf Zahlung aus dem Bürgschaftsvertrag gemäß § 765 I BGB

Ein Anspruch der Bank setzt voraus, dass zwischen ihr und C ein wirksamer Bürgschaftsvertrag zustande gekommen ist.

Eine Willenserklärung, die auf die Abgabe eines Bürgschaftsversprechens gerichtet war, hat C mündlich am Telefon gegenüber der Bank abgegeben.

Dieses Bürgschaftsversprechen könnte jedoch mangels Einhaltung der gesetzlich in § 766 Satz 1 BGB vorgeschriebenen Schriftform i.V.m. § 125 Satz 1 BGB nichtig sein.

Nach § 350 HGB ist eine Bürgschaft jedoch formlos, d.h. mündlich möglich, wenn das Bürgschaftsversprechen für den Kaufmann ein Handelsgeschäft darstellt und nicht etwa seinen privaten Bereich betrifft.

Dies setzt zunächst voraus, dass C Kaufmann ist. Kaufmann ist gemäß § 1 I HGB, wer ein Handelsgewerbe ausübt. Nicht jeder Unternehmer ist zugleich Kaufmann, sondern nur derjenige, der ein Handelsgewerbe betreibt. Damit muss C zunächst mit seiner Tätigkeit den allgemeinen Gewerbebegriff erfüllen. Seine Steuerberatertätigkeit müsste sich als Ausübung eines Gewerbes einordnen lassen.

Ein Gewerbe ist jede selbständige, am Markt ausgeübte, planmäßige Tätigkeit mit Gewinnerzielungsabsicht, sofern es sich nicht um eine freiberufliche Tätigkeit handelt oder lediglich eigenes Vermögen verwaltet wird. Ein Steuerberater ist Freiberufler, so dass er gerade kein Gewerbe ausübt. C ist Steuerberater und als solcher tätig. Er war aber ursprünglich ein Gewerbetreibender, als er ein Büro für Buchführungshilfe betrieb. Ab dem Zeitpunkt, ab dem er die Buchführungsmandate auf die GmbH ausgliederte und sich auf die freiberufliche Tätigkeit des Steuerberaters beschränkte, übte er jedoch kein Gewerbe mehr aus. Die freiberufliche Tätigkeit wird traditionell vom Gewerbe abgegrenzt und als besondere Form der unternehmerischen Tätigkeit qualifiziert (siehe oben Basiswissen: Grundlagen der Kaufmannseigenschaft, nach Klausur 1, II).

Damit war C bei der Abgabe des Bürgschaftsversprechens kein Kaufmann mehr, so dass die formlose Abgabe einer Bürgschaftserklärung nach § 350 HGB grundsätzlich ausgeschlossen ist.

Marginalien:
- Wirksamer Bürgschaftsvertrag?
- Telefonische Bürgschaftserklärung
- Form? § 766 Satz 1 BGB
- Ausnahme § 350 HGB
- C Kaufmann nach § 1 I HGB?
- Gewerbe?
- § 1 I HGB (–)

84 Lösung: „Buchführung für alle"

Fraglich ist jedoch, ob sich C weiterhin als Kaufmann behandeln lassen muss, da er als solcher noch im Handelsregister eingetragen ist. Er hat sein einzelkaufmännisches Gewerbe, das er als Buchführungshelfer betrieb, bisher nicht beim Handelsregister abgemeldet.

Kaufmann nach § 5 HGB?

Die Bank könnte sich wegen der Handelsregistereintragung des C ggf. auf § 5 HGB berufen. Nach § 5 HGB kann der im Handelsregister eingetragene Unternehmer den Einwand, dass es sich bei dem betriebenen Gewerbe nicht um ein Handelsgewerbe handele, Dritten nicht entgegenhalten. § 5 HGB setzt jedoch schon vom Wortlaut voraus, dass überhaupt ein *Gewerbe* betrieben wird. Da C als Steuerberater freiberuflich tätig ist, übt er jedoch gerade kein Gewerbe aus. Über § 5 HGB lässt sich daher eine Inanspruchnahme des C nicht herleiten.

Behandlung als Kaufmann nach § 15 I HGB?

Schließlich ist zu erwägen, ob sich die Bank auf § 15 I HGB mit der Folge berufen könnte, dass sich C wegen der Bürgschaftserklärung wie ein Kaufmann behandeln lassen muss. In dieser Vorschrift ist die sog. negative Publizität des Handelsregisters verankert. Dies bedeutet, dass man sich auf das Schweigen des Handelsregisters verlassen kann, solange eine eintragungspflichtige Tatsache nicht im Handelsregister eingetragen und bekanntgemacht worden ist. In diesem Fall kann sie von demjenigen, in dessen Angelegenheiten sie einzutragen war, einem Dritten nicht entgegengesetzt werden. Etwas anderes gilt nur, wenn sie dem Dritten bekannt war.

Eintragungspflichtige Tatsache?

Läge hier also eine *eintragungspflichtige* Tatsache vor, die entgegen den handelsrechtlichen Vorschriften nicht eingetragen und bekanntgemacht worden ist, so käme der Schutz des § 15 I HGB grundsätzlich in Betracht.

Erlöschen der Firma

In dem Augenblick, in dem C sein Gewerbe eingestellt hat, verlor er das Recht, eine Firma zu führen. Dies folgt aus den firmenrechtlichen Vorschriften: Nach § 17 HGB ist die Firma eines Kaufmanns der Name, unter dem er im Handel seine Geschäfte betreibt und die Unterschrift abgibt. Die Firma ist gemäß § 29 HGB zur Eintragung beim Handelsregister anzumelden. Indem C durch Übertragung der Buchführungsmandate seine gewerbliche Tätigkeit einstellte, entfiel sein Recht, eine Firma zu führen, da seine Kaufmannseigenschaft endete. Damit erlosch auch seine Firma. Das Erlöschen einer Firma ist gemäß § 31 II 1 HGB i.V.m. § 31 I HGB als *eintragungspflichtige* Tatsache beim Handelsregister anzumelden. Da das Erlöschen hier jedoch nicht eingetragen und bekanntgemacht wurde, liegt diese erste Voraussetzung des § 15 I HGB vor.

Auch die weitere notwendige Voraussetzung, nämlich dass die Bank keine Kenntnis vom Erlöschen der Firma hat, ist hier gegeben.

Kenntnis der Bank (–)

Damit kann der Bank das Erlöschen der Firma gemäß § 15 I HGB nicht entgegengehalten werden. C muss sich also so behandeln lassen, als sei er noch Kaufmann.

§ 350 HGB setzt weiter voraus, dass die Bürgschaft auf Seiten des Kaufmanns ein Handelsgeschäft ist. Dass die Abgabe des Bürgschaftsversprechens für C ein Handelsgeschäft darstellt, wird gemäß § 344 I HGB vermutet. C hat diese Vermutung nicht widerlegt, so dass vom Vorhandensein eines Handelsgeschäfts ausgegangen werden kann. Die Voraussetzungen des § 350 HGB sind somit erfüllt.

Handelsgeschäft (+)

Die telefonisch abgegebene Bürgschaftserklärung ist wirksam. Damit ist ein Bürgschaftsvertrag zwischen der Bank und C zustande gekommen. Die weiteren Voraussetzungen liegen ebenfalls vor, insbesondere ist dem C die Einrede der Vorausklage gemäß § 773 I Nr. 1 BGB abgeschnitten, da C sich selbstschuldnerisch verbürgte. Ein Anspruch der Bank gegen C aus dem Bürgschaftsversprechen in Verbindung mit § 765 BGB besteht.

Anspruch: (+)

Anmerkung: Es kommt für die Geltung des § 15 I HGB übrigens nicht darauf an, ob der Dritte das Handelsregister tatsächlich eingesehen bzw. die Bekanntmachung zur Kenntnis genommen hat, er darf nur keine positive Kenntnis von der eintragungspflichtigen Tatsache gehabt haben.

1. Variante

Anspruch der Bank gegen C auf Zahlung aus dem Bürgschaftsvertrag gemäß § 765 I BGB

Die Begründetheit des Zahlungsanspruchs hängt wiederum davon ab, ob eine formlos abgegebene Bürgschaftserklärung wirksam ist. C war zum Zeitpunkt der Abgabe des Bürgschaftsversprechens – wie ausgeführt – kein Kaufmann mehr, so dass sich nur über die Publizität des Handelsregisters ein Schutz erreichen ließe. Hier hat C jedoch das Erlöschen der Firma korrekt beim Handelsregister angemeldet, dies wurde auch eingetragen und bekanntgemacht.

Bürgschaft formlos wirksam?

Gemäß § 15 II 2 HGB muss sich ein Dritter eine im Handelsregister eingetragene und anschließend bekanntgemachte Tatsache entgegenhalten lassen. Eine Ausnahme

Beweis nach § 15 II 2 HGB?

besteht nach Satz 2 nur für Rechtshandlungen, die innerhalb von 15 Tagen nach der Bekanntmachung vorgenommen werden, sofern der Dritte beweist, dass er die Tatsache weder kannte noch kennen musste. Hier wurde die Bürgschaft zehn Tage nach der Bekanntmachung abgegeben. Damit käme grundsätzlich ein Entlastungsbeweis innerhalb der 15-Tage-Frist in Frage.

Kennenmüssen?

Die Bank trägt nun vor, dass die Handelsregisterbekanntmachungen krankheitsbedingt unbearbeitet blieben, weshalb sie keine Kenntnis hatte. § 15 II HGB lässt jedoch nicht nur Unkenntnis, sondern auch fahrlässige Unkenntnis (Kennenmüssen) genügen. Auch bei fahrlässiger Unkenntnis kommt damit eine Entlastung nicht in Betracht. Eine solche fahrlässige Unkenntnis der Bank kann man angesichts ihres Vorbringens wohl annehmen. Die Erkrankung einer Mitarbeiterin allein genügt nicht, um ausreichend Unkenntnis zu entschuldigen.

Teufelsbeweis (–)

Vielmehr hätte die Bank durch organisatorische Maßnahmen dafür Sorge tragen müssen, dass im Krankheitsfall andere Personen die Bekanntmachungen bearbeiten. Entscheidend ist, dass die Bank eine Kenntnisnahmemöglichkeit hatte. Ob sie diese genutzt hat, ist nicht erheblich. Selbst wenn sie mangels Internetzugangs die Bekanntmachungen nicht einsehen könnte, wäre ihr die Kenntnis des Inhalts grundsätzlich zuzurechnen. Der Gegenbeweis nach § 15 II 2 HGB wird prägnant als sog. *Teufelsbeweis* bezeichnet, da es nahezu unmöglich ist, die Annahme einer fahrlässigen Unkenntnis zu entkräften. Es wird vom Kaufmann erwartet, dass er Handelsregistereintragungen zur Kenntnis nimmt. Lediglich, wenn es einmal Zugangsschwierigkeiten gibt, z.B. ein Breitbandkabel gekappt wurde, weshalb Nutzer vom Internet abgeschnitten sind, kann der Entlastungsbeweis gelingen. In der vorliegenden Konstellation bleibt es jedoch dabei, dass sich die Bank die Handelsregistereintragung und Bekanntmachung entgegenhalten lassen muss.

Anspruch: (–)

Ein Anspruch aus einem Bürgschaftsversprechen besteht daher nicht.

2. Variante

Anspruch des A gegen C auf Zahlung des Kaufpreises in Höhe von 100.000 Euro aus dem Kaufvertrag i.V.m. § 433 II BGB

Ein Anspruch des A gegen C auf Zahlung des Kaufpreises für das Auto setzt voraus, dass zwischen den beiden ein Kaufvertrag geschlossen wurde. A hat eine entsprechende Willenserklärung abgegeben.

Eine Willenserklärung des C persönlich fehlt. Im Namen des C ist aber P aufgetreten. Eine Willenserklärung des P könnte den C jedoch nur dann verpflichten, wenn sie im Rahmen einer wirksamen Stellvertretung erfolgte.

P war jedoch gerade nicht von C zu irgendwelchen Geschäften bevollmächtigt, er war noch nicht einmal bei diesem angestellt. Statt seiner wurde seine Frau Paula bevollmächtigt, die jedoch nicht aufgetreten ist. P hatte daher keine Vertretungsmacht.

Es ist fraglich, ob sich C nicht so behandeln lassen muss, als hätte P Vollmacht, da dieser als Prokurist im Handelsregister eingetragen und bekanntgemacht wurde.

C könnte sich zunächst darauf berufen, dass er zum Zeitpunkt des Kaufvertragsschlusses kein Kaufmann mehr gewesen war, da er das Gewerbe ausgegliedert hatte.

Hier muss er sich jedoch wie im Ausgangsfall gemäß § 15 I HGB so behandeln lassen, als wäre er noch Kaufmann, da das Erlöschen der Firma weder eingetragen noch bekanntgemacht worden ist und A von dieser Tatsache keine Kenntnis hatte.

Fraglich ist nun, wie sich der Umstand auswirkt, dass P als Prokurist im Handelsregister eingetragen war.

Möglicherweise könnte sich A hier auf die positive Publizität des Handelsregisters gemäß § 15 III HGB berufen. Dort heißt es, dass sich ein Dritter in dem Fall, in dem eine einzutragende Tatsache unrichtig bekanntgemacht ist, auf die unrichtige Bekanntmachung berufen kann, sofern ihm nicht die Unrichtigkeit bekannt war. Hier ist unrichtig bekanntgemacht worden, dass P Prokura erteilt wurde. A wusste nichts von der Unrichtigkeit, so dass ein Schutz nach § 15 III HGB grundsätzlich in Betracht kommt.

§ 15 III HGB setzt als ungeschriebenes Tatbestandsmerkmal aber zudem voraus, dass die unrichtige Eintragung von dem Kaufmann, dem sie entgegengehalten werden soll, veranlasst worden ist. Hier hat C eine Handelsregisteranmeldung vorgenommen, so dass er die Unrichtigkeit veranlasst

Wirksame Stellvertretung durch P?

Keine Vollmacht an P

Abweichende Registerlage

Erlöschen der Firma nicht eingetragen und bekanntgemacht

Schutz des A über § 15 I HGB

Bekanntmachung des P als Prokurist

Berufung auf § 15 III HGB?

Veranlassung durch C?

hat. Daran ändert sich auch dadurch nichts, dass C seine Mitarbeiterin *Paula* korrekt anmeldete, da er sich den Fehler des Handelsregisters entgegenhalten lassen muss. Er hätte allenfalls Ansprüche gegen die das Handelsregister führende Behörde aus Amtshaftung (§ 839 BGB i.V.m. Art. 34 GG)[53].

Rechtsfolge

Das Gesetz trifft in § 15 III HGB eine Risikoabwägung und rechnet dem Anmeldenden die fehlerhafte Bekanntmachung zu. Danach muss sich C so behandeln lassen, als hätte er P Prokura erteilt. P hätte somit im Rahmen des § 49 HGB auch Einkäufe tätigen können, da die Vollmacht auch den Erwerb des Kraftfahrzeugs einschließt.

Über § 15 III HGB muss sich C also so behandeln lassen, als sei der Kaufvertrag wirksam durch den Prokuristen begründet worden.

Anspruch: (+)

Ein Anspruch auf Kaufpreiszahlung des A gegen C besteht daher.

Anmerkung: § 15 III HGB stellt auf die unrichtige *Bekanntmachung* ab. Ob die Eintragung richtig oder auch schon falsch ist, spielt keine Rolle (h.M.). Bei unrichtiger Eintragung ohne oder mit richtiger Bekanntmachung gilt nach h.M. nicht § 15 III HGB, sondern das Institut der allgemeinen Rechtsscheinshaftung.

3. Variante

I. Anspruch des A gegen die GmbH auf Zahlung des Kaufpreises in Höhe von 100.000 Euro aus dem Kaufvertrag i.V.m. § 433 II BGB

Vertrag mit der GmbH geschlossen?

Der Autohändler kann sich zunächst an die GmbH halten, da sie seine Vertragspartnerin geworden ist. Dass dabei C als Vertreter für die GmbH gehandelt und diese wirksam vertreten hat, folgt aus den Grundsätzen des unternehmensbezogenen Handelns.

Denn C hat hier deutlich gemacht, dass er für ein Unternehmen auftreten will, da er das Fahrzeug für den geschäftlichen Gebrauch bzw. für einen Unternehmer erwarb. In solchen Fällen wird daher nach den Grundsätzen des unternehmensbezogenen Handelns der Rechtsträger des Unternehmens, hier also die GmbH, verpflichtet.

Anspruch: (+)

Die GmbH – und nicht C als Privatperson – ist somit *als Vertragspartnerin* verpflichtet, den Kaufpreis zu zahlen.

---

[53] Die Amtshaftung ist allerdings nachrangig (839 I 2 BGB), so dass C gezwungen ist, anderweitige Ersatzmöglichkeiten zu nutzen. Hier kommt ein Anspruch gegen P in Betracht.

II. Anspruch des A gegen C auf Zahlung des Kaufpreises in Höhe von 100.000 Euro aus dem Kaufvertrag i.V.m. § 433 II BGB und den Grundsätzen der allgemeinen Rechtsscheinshaftung

Es kommt jedoch eine zusätzliche Haftung des C nach den allgemeinen Grundsätzen der Rechtsscheinshaftung in Betracht. Nach diesen Grundsätzen haftet derjenige, der zurechenbar einen Rechtsschein verursacht hat, wenn aufgrund dieses Rechtsscheins bei Dritten Vertrauen hervorgerufen wurde, das diese zu bestimmten Dispositionen veranlasste.

Veranlassung eines Rechtsscheins?

Beim Autohändler entstand der Rechtsschein, dass C Einzelunternehmer und zwar Steuerberater sei. In Wirklichkeit kontrahierte er jedoch mit einer GmbH. Der Einzelunternehmer haftet unbeschränkt persönlich mit seinem gesamten Privatvermögen, bei der GmbH steht nicht das Vermögen einer natürlichen Person als Haftungsmasse zur Verfügung. Somit besteht bei der GmbH die Gefahr, dass die Gläubiger bei einer Vermögenslosigkeit der Gesellschaft leer ausgehen. A hat deshalb zu Recht Wert darauf gelegt, dass er die persönliche Haftung einer natürlichen Person erhält. Er hat den Kaufpreis gestundet und ist dadurch in Vorleistung getreten.

Anschein eines Einzelkaufmanns?

Nach § 4 II GmbHG muss die Firma einer GmbH zwingend den Zusatz enthalten, dass es sich um eine GmbH handelt. Auf die Rechtsform muss also schon in der Firmierung hingewiesen werden. Nach § 35 a GmbHG ist auf allen Geschäftsbriefen sowie nach § 35 a III GmbHG auch auf den Bestellscheinen der GmbH-Zusatz anzugeben. Das Handelsregister kann nach § 79 GmbHG auf die Einhaltung des § 35 a GmbHG durch Verhängung von Zwangsgeld bestehen.

Auftreten ohne GmbH-Zusatz § 4 II GmbHG

Durch den Hinweis auf die Rechtsform sollen Gläubiger gewarnt und geschützt werden. Wenn wie hier bei einer schriftlichen Bestellung der Rechtsformzusatz weggelassen wird, kann beim Vertragspartner das schutzwürdige Vertrauen entstehen, dass er mit einem Einzelkaufmann beziehungsweise mit einem sonstigen Einzelunternehmer in Kontakt tritt. Dass C Freiberufler und damit kein Kaufmann ist, spielt keine Rolle, da das Vertrauen des anderen Teils in beiden Fällen gleichermaßen schutzwürdig ist.

C ist daher verpflichtet, A so zu stellen, wie dieser stünde, wenn er auf den Rechtsschein vertraut hätte. Die Rechtsprechung nimmt an, dass der aus der Rechtsscheinshaftung Verpflichtete gesamtschuldnerisch mit dem verpflichteten Unternehmen für die Erfüllung der Schuld haften muss.

Rechtsfolge

Dem steht auch nicht die Bestimmung des § 15 II HGB entgegen. C könnte sich nicht darauf berufen, dass das Unternehmen korrekt als GmbH eingetragen ist. Dies würde nichts daran ändern, dass sich daneben ein abweichender Rechtsschein bilden kann. Das Handelsregister schützt den Rechtsverkehr, es will jedoch nicht verhindern, dass Vertrauenstatbestände außerhalb des Handelsregisters geschaffen werden. Auf einen solchen gesondert geschaffenen Vertrauenstatbestand können sich Dritte – hier also A – daher grundsätzlich berufen.

Die allgemeinen Grundsätze der Rechtsscheinshaftung scheitern daher nicht an § 15 II HGB.

Anspruch: (+)   Der Anspruch des A ist vielmehr gegeben.

Basiswissen: Das Handelsregister

I. Überblick

Alle Kaufleute und Handelsgesellschaften sind verpflichtet, sich in das Handelsregister an ihrem Sitz eintragen zu lassen. Das Handelsregister wird von den Amtsgerichten geführt. In das Handelsregister kann jedermann Einsicht nehmen, ohne dass er ein besonderes Interesse nachweisen muss. Dieses Einsichtsrecht bezieht sich auch auf sämtliche beim Handelsregister von dem Kaufmann eingereichten Schriftstücke (siehe § 9 HGB).

Überblick

Das Handelsregister unterteilt sich in zwei Abteilungen (A und B). In der Abteilung A werden die Einzelkaufleute und Personenhandelsgesellschaften (OHG und KG) eingetragen, während in Abteilung B die Kapitalgesellschaften (AG, KGaA, GmbH) sowie Versicherungsvereine auf Gegenseitigkeit (VVaG) registriert werden. Die Genossenschaften sind in einem gesonderten Verzeichnis, dem Genossenschaftsregister, vermerkt. Gleiches gilt für die Partnerschaften, für die ein Partnerschaftsregister geführt wird. Rechtsfähige Vereine schließlich findet man im Vereinsregister. Für BGB-Gesellschaften wird ein Register nicht geführt.

Erfasste Rechtsformen

Das Handelsregister hat mehrere Funktionen:

Funktionen

Wichtig ist vor allem die *Publizitätsfunktion*, nach der wichtige Tatsachen des kaufmännischen Geschäftsverkehrs bekanntgemacht werden sollen. Die Publizität erfolgt durch das Gemeinsame Registerportal der Länder (www.handelsregister.de bzw. www.handelsregisterbekanntmachungen.de), sowie auch dadurch, dass jedermann in das Handelsregister mittlerweile bezüglich jüngerer Dokumente nach Registrierung online Einsicht nehmen und sich informieren kann. Die Bekanntmachungen werden zusätzlich an das Unternehmensregister übermittelt, so dass sie über das Portal www.unternehmensregister.de einsehbar sind. Das Portal des Unternehmensregisters ist von dem Gemeinsamen Registerportal der Länder zu unterscheiden. Der elektronische Bundesanzeiger gehört zum Unternehmensregister und ist u.a für die Gesellschaftsbekanntmachungen verantwortlich,

Publizität

also jene Bekanntmachungen, die die Gesellschaften selbst vornehmen müssen, z.B. Einladungen zu Hauptversammlungen bei Aktiengesellschaften. Im Unternehmensregister werden weitere wichtige Daten veröffentlicht, u.a. auch die Jahresabschlüsse der Kapitalgesellschaften offen gelegt.

Vertrauensschutz — Teil der Publizitätsfunktion ist die *Schutzfunktion* des Handelsregisters, die dafür sorgt, dass unter bestimmten Voraussetzungen Dritte auf die Eintragungen bzw. Bekanntmachungen des Handelsregisters vertrauen dürfen.

Beweiskraft — Ferner ist noch die *Beweisfunktion* zu nennen, da über bestimmte Tatsachen dadurch Beweis angetreten werden darf, dass man auf die Handelsregistereintragung verweist. Ein Handelsregisterauszug, in dem die wichtigsten Angaben über den Kaufmann bzw. über die Handelsgesellschaft zusammengefasst sind, gilt als Beweismittel[54].

Kontrolle — Schließlich ist noch die *Kontrollfunktion* des Handelsregisters anzuführen. Diese greift beispielsweise dann ein, wenn ein unzulässiger Firmengebrauch überprüft werden soll.

Anmeldung erforderlich — Die Rechtspfleger des Handelsregisters nehmen die Eintragungen grundsätzlich nur aufgrund von Anmeldungen des Kaufmanns vor. In Ausnahmefällen können Eintragungen aber auch von Amts wegen erfolgen (z.B. die Eröffnung des Insolvenzverfahrens über das Vermögen des Kaufmanns). Sämtliche Anmeldungen müssen öffentlich beglaubigt werden, d.h. die Unterschrift des Kaufmanns unter der Anmeldung muss im Beisein eines Notars vollzogen bzw. von diesem anerkannt worden sein (siehe § 129 BGB; §§ 39, 40 Beurkundungsgesetz).

Einzelheiten — Die Anmeldung zur Eintragung im Handelsregister erfolgt elektronisch über einen Notar. Der Einzelkaufmann hat die Firma anzugeben, ferner sein Geburtsdatum die Lage der Geschäftsräume und ggf. den Unternehmensgegenstand, sofern dieser aus der Firmierung nicht ersichtlich ist. Der Anmeldung ist seit 1.1.2007 keine Unterschriftsprobe mehr beizufügen.

Eintragung — Die in der Anmeldung und den beigefügten Unterlagen enthaltenen Angaben werden nicht komplett in das Register eingetragen. Nur die wichtigsten Informationen erscheinen auf dem elektronischen Handelsregisterauszug, den jedermann einsehen bzw. anfordern kann. Die Anmeldung und die anderen Unterlagen „wandern" in die elektronische

---

[54] Siehe *Oetker*, § 3 V.

Handelsregisterakte und können dort ebenfalls von jedem Interessierten eingesehen werden.

Was im Handelsregisterauszug eingetragen wird, ist in der Regel auch Gemeinsamen Registerportal der Länder bekannt gemacht (§ 10 HGB).
Bekanntmachung

In das Handelsregister werden nur solche Tatsachen eingetragen, die auch eintragungsfähig sind. Hierbei ist zwischen eintragungspflichtigen und eintragungsmöglichen Tatsachen zu unterscheiden.
Einzutragende Tatsachen

Eintragungspflichtig ist beispielsweise die Kaufmannseigenschaft gemäß § 1 HGB. Der Kaufmann muss seine Firma nach § 29 HGB zur Eintragung zum Handelsregister anmelden. Dies gilt auch für die Änderung und das Erlöschen der Firma. Ebenfalls eintragungspflichtig ist die Erteilung einer Prokura sowie ihr Widerruf (§ 53 I und III HGB). Die OHG oder KG sind gleichfalls zur Eintragung zum Handelsregister anzumelden (siehe § 106 für die OHG sowie §§ 161 II, 106, 162 für die KG). Auch die Auflösung einer Personenhandelsgesellschaft sowie das Ausscheiden einzelner Gesellschafter sind anmelde- und eintragungspflichtig (§ 143 HGB; bei der KG i.V.m. § 161 II HGB).
Eintragungspflichtige Tatsachen

Eintragungsmöglich, d.h. fakultativ, sind beispielsweise die haftungsbegrenzenden Bekanntmachungen gemäß §§ 25 II, 28 II HGB sowie die Option des Kleingewerbetreibenden gemäß § 2 HGB. Gleiches gilt für das Wahlrecht des Forst- bzw. Landwirts gemäß § 3 HGB, der sich ja ebenso wie der Kleingewerbetreibende dafür entscheiden kann, ob er in den Stand des Kaufmanns „aufrückt".
Eintragungsmögliche Tatsachen

Hinsichtlich ihrer Wirkung bzw. Rechtsfolge unterscheidet man zwischen konstitutiven und deklaratorischen Eintragungen. *Konstitutive* Eintragungen sind solche, die erst mit Handelsregistereintragung die rechtliche Änderung herbeiführen. Konstitutive Wirkung hat etwa die Eintragung des Kleingewerbetreibenden ins Handelsregister. Erst mit der Eintragung ins Handelsregister gemäß § 2 HGB ist dieser Kaufmann. Die Handelsregistereintragung ist damit rechtsbegründend. Gleiches gilt für die Eintragung des Land- und Forstwirts gemäß §§ 3 II, 2 HGB.
Konstitutive Tatsachen

Auch eine GmbH als juristische Person entsteht erst mit Eintragung gemäß § 11 I GmbHG. Die Registereintragung ist konstitutiv. Gleiches gilt für die Aktiengesellschaft gemäß § 41 I AktG. Vor der Eintragung existiert allerdings schon eine sog. GmbH bzw. AG in Gründung, die ebenfalls verpflichtungsfähig ist, ohne eine juristische Person zu sein.

Deklaratorische Tatsachen

Bei *deklaratorischen* Eintragungen werden lediglich bereits eingetretene Änderungen publiziert. So ist die Eintragung des Ist-Kaufmanns gemäß §§ 1, 29 HGB deklaratorisch. Der Ist-Kaufmann ist Kaufmann kraft Betreibens seines Handelsgewerbes, die Handelsregistereintragung verschafft ihm die Kaufmannseigenschaft nicht erst, sie verkündet lediglich nachträglich das Vorhandensein derselben. Ebenfalls deklaratorisch sind Eintragungen, die eine Änderung bzw. das Erlöschen der Firma betreffen (§ 31 HGB). Die Firma ist bereits mit der Einstellung des Handelsgewerbes erloschen, die Eintragung ist lediglich deklaratorisch. Gleiches gilt für die Erteilung und den Widerruf der Prokura. In dem Moment, in dem die Prokura erteilt oder widerrufen wird, ist diese Maßnahme wirksam. Eine andere Frage ist es, ob über die Publizität des Handelsregisters ein Schutz gutgläubiger Dritter erreicht werden kann (dazu gleich mehr).

Ebenfalls deklaratorisch ist das Ausscheiden/Eintreten von Gesellschaftern in Handelsgesellschaften. Bereits mit Abschluss des Gesellschaftsvertrags mit dem neuen Gesellschafter erlangt dieser die Gesellschaftereigenschaft, die spätere Handelsregistereintragung ist lediglich deklaratorisch. Dies gilt auch für das Ausscheiden des Gesellschafters, das materiell-rechtlich mit der entsprechenden Vereinbarung bzw. der Kündigung oder sonstigen Rechtshandlung wirksam wird.

Für das Entstehen einer OHG bzw. KG ist hinsichtlich der Wirkung der Handelsregistereintragung zu unterscheiden: Gemäß § 123 II HGB gilt die Personenhandelsgesellschaft im Verhältnis zu Dritten grundsätzlich mit der Aufnahme ihrer Geschäfte als entstanden. Eine spätere Handelsregistereintragung ist dann lediglich deklaratorisch. Dies gilt jedoch nicht für die OHG bzw. KG, die lediglich eigenes Vermögen verwaltet, sowie ebenfalls nicht für die Personenhandelsgesellschaften von Kleingewerbetreibenden (siehe § 105 II HGB), hier ist die Handelsregistereintragung konstitutiv. Erst mit dieser entsteht die kleingewerblich oder vermögensverwaltend tätige OHG bzw. KG.

II. Publizität des Handelsregisters

1. Allgemeines

§ 15 HGB

Eine Zentralnorm zur Publizität des Handelsregisters stellt § 15 HGB dar. Die drei Absätze dieser Vorschrift sind streng voneinander zu trennen und bei der Fallprüfung jeweils immer anzugeben, welcher Absatz geprüft wird. Die Wirkungsweise des § 15 HGB mit all seinen Fallgruppen wurde in der Klausur 5 demonstriert, bei den Klausuren 6 und 7 spielt diese Vorschrift ebenfalls eine Rolle. Die Beherrschung des § 15 HGB gehört zum Pflichtprogramm, sobald Handelsrecht Prüfungsfach ist.

Daher das Wichtigste noch einmal zusammengefasst:

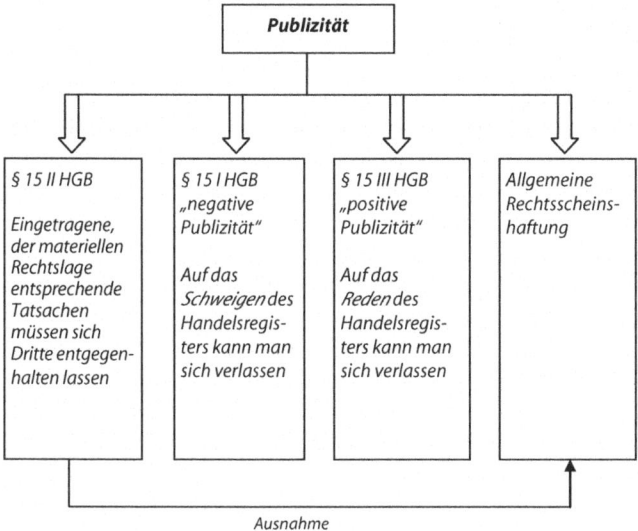

Abb. 7. Publizität des Handelsregisters

Das Handelsregister schafft Vertrauen. Es schützt unter bestimmten Voraussetzungen das Vertrauen darauf, dass seine Eintragungen und Bekanntmachungen richtig sind. Das Handelsregister zerstört jedoch auch Vertrauen, denn, was im Handelsregister eingetragen und bekanntgemacht ist, muss sich ein Dritter unter bestimmten Umständen entgegenhalten lassen, auch wenn er den Registerinhalt nicht kannte. Zu unterscheiden sind folgende Fallgruppen:

2. § 15 II HGB

§ 15 II HGB legt fest, dass sich Dritte die im Handelsregister eingetragenen und bekanntgemachten Sachen entgegenhalten lassen müssen. Eine Ausnahme besteht für Rechtshandlungen, die innerhalb von 15 Tagen nach der Bekannt-

Wirkung einer Eintragung

machung vorgenommen werden, sofern der Dritte beweist, dass er die Tatsache weder kannte noch kennen musste.

Entgegenhalten gegenüber Dritten

Diese Vorschrift beschreibt im Grunde eine Selbstverständlichkeit. Wer sich über den Kaufmann oder die Handelsgesellschaft informieren möchte, soll das Handelsregister einsehen bzw. die Bekanntmachungen verfolgen. Er kann sich grundsätzlich nicht darauf verlassen, dass die Rechtsverhältnisse so sind, wie er sie ggf. in Erinnerung behielt. Hat also der Kaufmann dafür gesorgt, dass die eintragungspflichtigen Informationen eingetragen und bekanntgemacht worden sind, so kann er sie Dritten grundsätzlich auch entgegenhalten.

Ausnahme

Eine Ausnahme ist – wie oben bereits angesprochen – in § 15 II 2 HGB festgelegt. Danach muss sich ein Dritter Rechtshandlungen, die innerhalb von 15 Tagen nach der Bekanntmachung vorgenommen worden sind, nicht entgegenhalten lassen, sofern er beweist, dass er die Tatsache weder kannte noch kennen musste. Also selbst innerhalb dieser Schonfrist von 15 Tagen ist ein Entgegenhalten von Tatsachen zu Lasten Dritter möglich.

Beweislast hat Dritter

Der Beweis, dass weder eine Kenntnis noch ein Kennenmüssen vorlag, wird als „Teufelsbeweis" bezeichnet, da dem Dritten eine weitreichende Informationsobliegenheit aufgebürdet wird. Er hat grundsätzlich von den Handelsregisterbekannt-machungen Kenntnis zu nehmen, unabhängig davon, ob er ein Blatt bezieht, in dem die Bekanntmachungen veröffentlicht werden oder nicht. Entscheidend ist, dass der Dritte sich die notwendige Kenntnis verschaffen kann. Wohnt der Dritte beispielsweise auf einer Nordseeinsel, bei der infolge der stürmischen Verhältnisse das Breitbandkabel gerissen ist, so dass mangels Internetzugangs die Bekanntmachungen nicht verfolgt werden konnten, ließe sich der Teufelsbeweis ggf. führen.

Stärkere Rechtsscheinshaftung

Trotz des richtigen Registerinhalts kann daneben eine Verantwortlichkeit nach den Grundsätzen der allgemeinen Rechtsscheinshaftung greifen, wenn ein besonderer Vertrauenstatbestand gesetzt worden ist.

Beispiel: „GmbH-Zusatz ist Pflicht"
Ist eine Gesellschaft als GmbH eingetragen, tritt der Alleingesellschafter und Geschäftsführer dieser GmbH jedoch ohne den Rechtsformzusatz „GmbH" auf und erweckt dadurch den Eindruck, als handele es sich um ein einzelkaufmännisches Gewerbe, so kann aufgrund der allgemeinen Rechtsscheinshaftung eine unbeschränkte persönliche Haftung des Alleingesellschafter-Geschäftsführers aus-

gelöst werden[55]. Der Gesellschafter-Geschäftsführer kann sich dann nicht darauf berufen, dass im Handelsregister die GmbH korrekt als solche eingetragen ist, er muss sich vielmehr daran festhalten lassen, dass er zurechenbar einen anders lautenden Rechtsschein gesetzt hat (siehe zu diesem Beispiel: Klausur 5, 3. Variante; zur allgemeinen Rechtsscheinshaftung siehe auch die Ausführungen unten unter 5.).

3. § 15 I HGB (negative Publizität)

§ 15 I HGB beschreibt die negative Publizität des Handelsregisters. Diese Vorschrift ist in Klausuren und mündlichen Prüfungen äußerst beliebt. Der Merksatz lautet:

„Auf das Schweigen des Handelsregisters kann man sich verlassen."

Schweigen des Handelsregisters

Damit ist gemeint: Jeder kann zunächst darauf vertrauen, dass der Inhalt des Handelsregisters korrekt ist und Veränderungen nicht eingetreten sind. So lange eine Veränderung nicht eingetragen und bekanntgemacht worden ist, obwohl sie hätte eingetragen werden müssen, kann jedermann, sofern er keine anderweitige Kenntnis hat, davon ausgehen, dass das, was im Handelsregister steht, auch der tatsächlichen Sachlage entspricht.

Die Vorschrift hat im Einzelnen folgende Voraussetzungen:

Voraussetzungen

Zunächst muss eine *eintragungspflichtige* Tatsache vorliegen. Dies sind solche Tatsachen, die zur Eintragung beim Handelsregister anzumelden sind, nicht jedoch diejenigen, die lediglich eintragungsfähig sind, wie beispielsweise die Haftungsausschlüsse nach § 25 II oder § 28 II HGB. § 15 I HGB bezieht sich auf sämtliche eintragungspflichtigen *deklaratorischen* Tatsachen, die Anwendung auf konstitutiv wirkende Eintragungen ist strittig und von nur geringer praktischer Bedeutung[56].

Eintragungspflichtige Tatsache

Ferner setzt der Wortlaut des § 15 I HGB voraus, dass die Tatsache noch nicht eingetragen und bekanntgemacht worden ist. Wie erläutert, erfolgt zunächst die Eintragung im Handelsregister und sodann die Bekanntmachung im Gemeinsamen Registerportal der Länder. Anerkannt ist, dass § 15 I HGB auch dann eingreift, wenn allein die Bekanntmachung fehlt, d.h. die Tatsache zwar eingetragen, nicht jedoch

Fehlende Eintragung und Bekanntmachung

---

[55] BGH, NJW 1981, 2569 f.; BGH, GmbHR 1991, 360, 361.
[56] Zum Streitstand siehe: *Koller/Roth/Morck*, § 15 Rdnr. 6.

bekanntgemacht worden ist. Wird also beispielsweise der Widerruf einer Prokura schon im Handelsregister eingetragen, ist jedoch die Bekanntmachung noch nicht erfolgt, so kann sich ein Dritter noch auf die negative Publizität des § 15 I HGB, also auf das Schweigen des Handelsregisters, berufen.

Entgegenhalten gegenüber Kaufmann

§ 15 I HGB betrifft lediglich das Verhältnis des Unternehmensträgers, also des Kaufmanns oder der Handelsgesellschaft, zu Dritten, die auf die Richtigkeit der Registerlage vertrauen. Diese Vorschrift greift daher nicht zu Lasten Dritter ein, diese können sich stets auf die tatsächliche Rechtslage berufen und müssen sich nicht die Registerlage entgegenhalten lassen[57].

Keine Kenntnis des Dritten

Schließlich ist § 15 I HGB eine Vertrauensvorschrift, d.h. der Dritte muss darauf vertraut haben, dass der Registerinhalt richtig ist. Zum Ausschluss der Wirkung des § 15 I HGB ist positive Kenntnis vom Gegenteil des im Handelsregister Eingetragenen erforderlich. Ein Kennenmüssen, d.h. die grob fahrlässige Unkenntnis, schadet dem Dritten bei § 15 I HGB nicht (anders war dies ja bei § 15 II HGB, siehe oben unter 1.).

Organisations- und Verzögerungsrisiko

Das Organisations- und Verzögerungsrisiko des Registergerichts trifft den Unternehmer. Liegen Versäumnisse des Handelsregisters vor, trägt dieses beispielsweise die Tatsache falsch ein oder vergisst es, die Bekanntmachung vorzunehmen, so kommen grundsätzlich Ansprüche aus der Amtshaftung gemäß § 839 BGB in Verbindung mit Art. 34 GG in Betracht.

Geschäftsfähigkeit

§ 15 I HGB findet nach h.M. auch zu Lasten beschränkt geschäftsfähiger oder geschäftsunfähiger im Handelsregister eingetragener Unternehmer Anwendung. Auch diese müssen sich das Schweigen des Handelsregisters über zwischenzeitlich eingetretene Veränderungen entgegenhalten lassen[58].

Abstraktes Vertrauen

§ 15 I HGB gewährt ferner ein sog. abstraktes Vertrauen, d.h. es kommt nicht darauf an, ob der Dritte, der sich auf die Registerlage, also auf das Schweigen des Handelsregisters beruft, das Handelsregister tatsächlich eingesehen bzw. die Bekanntmachungen gelesen hat. Eine Ursächlichkeit zwischen dem Studium der Bekanntmachungen und dem gebildeten Vertrauen muss nur abstrakt möglich sein[59].

---

[57] BGHZ 55, 267, 273.
[58] Siehe BGHZ 115, 78, 80; *Karsten Schmidt*, § 14 II 2 c.
[59] BGHZ 65, 309, 311.

Betont sei noch einmal, dass es bei § 15 I HGB auf die nicht eingetragene Tatsache ankommt. Entscheidend ist, dass dem Handelsregister keine Aussage darüber zu entnehmen ist, dass sich in der Außenwelt bereits eine Änderung vollzogen hat.

Funktionsweise

Übliche Fälle sind beispielsweise:

Beispiele

➢ Eine Prokura ist bereits widerrufen, dies ist jedoch noch nicht eingetragen und bekanntgemacht; nunmehr geht es um die Wirksamkeit eines Vertrags, den der Prokurist trotz des erfolgten Widerrufs geschlossen hat;

➢ ein Gesellschafter ist aus der Gesellschaft, z.B. als persönlich haftender Gesellschafter, ausgeschieden, ohne dass dies bereits eingetragen und bekanntgemacht ist; jetzt soll er für Verbindlichkeiten, die nach seinem Ausscheiden begründet worden sind, in die Haftung genommen werden;

➢ ein Kaufmann hat seinen Geschäftsbetrieb eingestellt, die Firma ist erloschen, dies ist jedoch noch nicht eingetragen und bekanntgemacht; ein Dritter verlangt nunmehr, dass der ehemalige Kaufmann sich ihm gegenüber noch als solcher behandeln lassen muss.

§ 15 I HGB sorgt also dafür, dass der Dritte sich die nicht aus dem Handelsregister ersichtlichen Tatsachen nicht entgegenhalten lassen muss. Als abstrakte Vertrauensschutznorm gilt diese Vorschrift nicht für den sog. reinen Unrechtsverkehr, d.h. für Ansprüche Dritter aus unerlaubten Handlungen. Ist also beispielsweise ein Passant durch einen Mitarbeiter einer OHG auf einer Dienstfahrt mit einem Fahrrad verletzt worden und möchte der Dritte nunmehr einen ausgeschiedenen Gesellschafter in Anspruch nehmen, dessen Ausscheiden noch nicht im Handelsregister eingetragen und bekanntgemacht worden ist, so hilft ihm § 15 I HGB in dieser Situation nicht. Der Dritte kann sich nicht auf das Schweigen des Handelsregisters hinsichtlich des Ausscheidens berufen, da sich bei ihm ja kein abstraktes Vertrauen gebildet haben konnte, denn er ist unvermittelt über eine unerlaubte Handlung mit der OHG in Berührung gekommen, ein geschäftlicher Kontakt, aus dem ein Vertrauen entstanden sein könnte, liegt nicht vor.

Grenzen

Zu § 15 I HGB existieren eine Reihe von Einzelproblemen, die klausurträchtig sind. Insbesondere sind drei Probleme erwähnenswert:

Schwerpunkte

> das Fehlen einer voreintragungspflichtigen Tatsache,
> das Wahlrecht des Dritten,
> die sog. Rosinentheorie.

Voreintragungspflichtige Tatsache

Das Problem des Fehlens einer voreintragungspflichtigen Tatsache ist in der Klausur Nr. 6 verarbeitet. Es geht um die Frage, ob sich der Dritte auch dann auf die verschwiegene Tatsache berufen kann, wenn bereits die zeitlich zuvor einzutragende Tatsache fehlt (siehe hierzu die Ausführungen zur Klausur 6).

Wahlrecht des Dritten

Unter Wahlrecht des Dritten wird die Befugnis des Dritten verstanden, sich zu entscheiden, ob er sich auf die wahre Rechtslage oder die Registerlage beruft[60]. Aufgrund des Wahlrechts kann sich der Dritte überlegen, ob er den Vertrauensschutz des Registers für sich beansprucht oder nicht. Ist beispielsweise eine Prokura widerrufen, dies jedoch noch nicht im Handelsregister eingetragen und bekanntgemacht, so kann sich der Dritte entscheiden, ob er über § 15 I HGB von einer noch wirksamen Vertretungsmacht zu Lasten des Unternehmers ausgeht, oder ob er akzeptiert, dass er es mit einem Vertreter ohne Vertretungsmacht zu tun gehabt hat, den er nun nach § 179 BGB selbst in Anspruch nehmen kann.

Rosinentheorie

Die sog. Rosinentheorie (bzw. das Prinzip der Meistbegünstigung) baut auf der Lehre vom Wahlrecht auf. Das Wahlrecht wird bei der Rosinentheorie selektiv ausgeübt: Aus einer widersprüchlichen Registerlage pickt sich der Betroffene die Rosinen heraus.

Die Rosinentheorie ist vom *Bundesgerichtshof* in seiner Entscheidung BGHZ 65, 309 angewandt worden. Der Entscheidung lag folgender vereinfachter Sachverhalt zugrunde:

Schulfall

Eine Kommanditgesellschaft hatte zwei persönlich haftende Gesellschafter (Komplementäre). Es bestand Gesamtvertretung, d.h. die beiden Komplementäre durften die Gesellschaft nur gemeinschaftlich vertreten. Einer der Komplementäre schied aus, wodurch der andere Alleinvertretung erhielt. Der verbliebene Komplementär schloss namens der KG mit einem Dritten einen Kaufvertrag über Warenlieferungen. Später nahm der Dritte den ausgeschiedenen Komplementär aus dem Kaufvertrag gemäß § 433 II BGB

---

[60] BGHZ 65, 309, 310; BGH, NJW-RR 1987, 1318, 1319; *Oetker* § 3 D II 4; das Wahlrecht mit ausführlicher Begründung ablehnend: *Karsten Schmidt*, § 14 II 4 b.

i.V.m. §§ 124 I, 128 HGB auf Zahlung in Anspruch. Im Handelsregister wurde hierzu nichts eingetragen und bekanntgemacht.

Der ausgeschiedene Gesellschafter, der jetzt haften soll, könnte daher gegenüber dem Dritten wie folgt argumentieren:

Einwand des ausgeschiedenen Gesellschafters

„Hättest du in das Handelsregister geschaut, so hättest du festgestellt, dass ich zwar dort noch als Gesellschafter eingetragen bin, jedoch Gesamtvertretung bestand. Mein Mitgesellschafter hätte also nicht allein den Vertrag schließen können. Daher besteht kein wirksamer Kaufvertrag, deshalb hafte ich dir gegenüber nicht."

So plausibel diese Argumentation klingt, die herrschende Ansicht billigt dem Dritten dennoch das Recht zu, sich selektiv auf die nicht eingetragenen Tatsachen zu berufen, die für ihn günstig sind. Dafür spricht, dass niemandem zugemutet werden kann, stets alle Eintragungen zur Kenntnis zu nehmen.

Selektion durch Dritten möglich

Bei der Begründung des Vertragsverhältnisses beruft sich der Dritte daher auf die tatsächlich infolge des Ausscheidens des Mitgesellschafters bestehende Alleinvertretungsmacht, so dass danach ein wirksamer Kaufvertrag besteht. Die falsche Registerlage muss sich der Dritte nicht entgegenhalten lassen.

Bei der Inanspruchnahme des ausgeschiedenen Gesellschafters pocht der Dritte hingegen auf das Schweigen des Handelsregisters. Dort ist das Ausscheiden nicht eingetragen, weshalb er sich diese Tatsache auch nicht entgegenhalten lassen muss. Der ausgeschiedene Gesellschafter muss sich so behandeln lassen, als sei er bei Vertragsschluss noch persönlich haftender Gesellschafter gewesen.

Im Ergebnis steht der Dritte nach der Rosinentheorie besser da, als er stünde, wenn er sich lediglich auf den tatsächlichen Sachverhalt berufen hätte – dieses Ergebnis wird jedoch von der herrschenden Ansicht hingenommen[61].

4. § 15 III HGB (positive Publizität)

§ 15 III HGB bildet einen gesetzlich geregelten Fall der Rechtsscheinshaftung, hier gilt der Spruch:

Überblick

---

[61] Siehe zur Rosinentheorie siehe *Karsten Schmidt*, § 14 II 4 c, mit ausführlicher Darstellung des Streitstandes.

„Auf das Reden des Handelsregisters kann man sich verlassen."

Ist eine eintragungspflichtige Tatsache unrichtig bekanntgemacht, so kann sich ein Dritter bei Unkenntnis auf die falsche Eintragung berufen.

Voraussetzungen

Zu den Voraussetzungen im einzelnen:

Unrichtige Bekanntmachung

Zunächst muss eine eintragungspflichtige Tatsache fehlerhaft bekanntgemacht worden sein.

Dabei ist die *Bekanntmachung* nicht die *Eintragung* entscheidend. Wie der Wortlaut des § 15 III HGB unmissverständlich ausführt, muss die Bekanntmachung unrichtig sein. Hierbei genügt die Bekanntmachung in einem der Publikationsorgane. Eine Unrichtigkeit liegt vor, wenn die Bekanntmachung von der wahren Sach- und Rechtslage abweicht. Nach herrschender Ansicht kommt es nicht darauf an, ob die Eintragung richtig oder ebenfalls – wie die Bekanntmachung – unrichtig ist, oder ob sie ganz fehlt[62]. Ist die Bekanntmachung richtig bzw. fehlt sie, ist jedoch die Eintragung unrichtig und vertraut ein Dritter auf die unrichtige Eintragung, so gelten die Grundsätze der allgemeinen Rechtsscheinshaftung[63] (siehe zu diesen sogleich die Ausführungen unter 5.). In der Praxis informiert man sich über die Rechtsverhältnisse des Kaufmanns durch Einsicht in das Handelsregister und nicht durch ein Studium der Bekanntmachungen. Letztere werden allenfalls von größeren Unternehmen, etwa Banken oder Versicherungen, kontinuierlich ausgewertet und erfasst.

Veranlassung

§ 15 III HGB setzt nach h.M. ferner voraus, dass die unrichtige Bekanntmachung von dem Unternehmensträger veranlasst worden ist. Dieser muss also zumindest einen Eintragungsantrag beim Handelsregister gestellt haben. Die positive Publizität soll nicht zu Lasten von Kaufleuten und Handelsgesellschaften wirken, die nichts zu der falschen Bekanntmachung beigetragen haben[64].

Beispiel: „Anton und Antonia"
Die Kauffrau Antonia meldet beim Handelsregister zur Eintragung an, dass Paolo zum Prokuristen bestellt worden ist. Diese Eintragung erfolgt fälschlicherweise jedoch nicht bei der Kauffrau Anto-

---

[62] *Koller/Roth/Morck*, § 15 Rdnr. 28.
[63] Siehe *Nickel* in: GK-HGB, § 15 Rdnr. 6.
[64] Zum Veranlassungsprinzip siehe *Baumbach/Hopt*, § 15 Rdnr. 19 und *Nickel* in: GK-HGB, § 15 Rdnr. 27 mit ausführlicher Darstellung des Streitstands.

nia, sondern bei dem Kaufmann Anton. Anton muss sich ein etwaiges Handeln des Prokuristen nicht entgegenhalten lassen, da er die Handelsregistereintragung nie veranlasst hat.

§ 15 III HGB setzt ferner die Unkenntnis des Dritten voraus. Dieser darf von der Tatsache nichts gewusst haben. Eine fahrlässige Unkenntnis schadet dem Dritten nicht. Die Unkenntnis wird widerlegbar vermutet, d.h. der Unternehmer muss beweisen, dass der Dritte Kenntnis gehabt hat.

<small>Fehlende Kenntnis des Dritten</small>

Der Vertrauensschutz gemäß § 15 III HGB endet mit der berichtigten Bekanntmachung, für die dann § 15 II HGB gilt.

<small>Beendigung der Wirkung</small>

Auch bei § 15 III HGB hat der Dritte ein Wahlrecht, d.h. er kann sich wahlweise auf die bekanntgemachte oder auf die wahre Rechtslage berufen[65].

<small>Wahlrecht</small>

5. Allgemeine Rechtsscheinshaftung

Im Handelsrecht kommt die im bürgerlichen Recht entwickelte allgemeine Rechtsscheinshaftung mit besonderen Ausprägungen zur Anwendung. Bereits erwähnt wurde die Lehre vom Scheinkaufmann, die als Fallgruppe der allgemeinen Rechtsscheinshaftung anerkannt ist (siehe oben: Basiswissen zur Kaufmannseigenschaft).

<small>Schutz des Vertrauens</small>

Die allgemeine Rechtsscheinshaftung besagt:

Wer zurechenbar einen Vertrauenstatbestand schafft, muss sich gegenüber einem gutgläubigen Dritten, der in Kenntnis des Rechtsscheinstatbestands gehandelt hat, daran festhalten lassen.

Beispiel: „Antonias Umwandlung"
Die Einzelkauffrau Antonia hat ihr einzelkaufmännisches Unternehmen nach den Vorschriften des Umwandlungsgesetzes in eine GmbH umgewandelt. Sie braucht jedoch noch das alte Briefpapier auf, da sich mit Ausnahme der Rechtsform an den sonstigen Daten nichts geändert hat. Mit dem alten Briefpapier bestellt sie Waren bei einem Lieferanten, der aufgrund des Briefpapiers darauf vertraut, dass er es mit einer Einzelkauffrau zu tun hat, die unbeschränkt persönlich haftet. Da Antonia diesen Rechtsschein zurechenbar veranlasste, indem sie das Briefpapier verwendete, muss sie sich an diesem Rechtsschein festhalten lassen. Macht nun der Lieferant geltend, dass er bei Kenntnis der Rechtsform „GmbH" nicht oder nur gegen weitere Sicherheiten geliefert hätte, so kommt eine Inanspruchnahme von Antonia nach den Grundsätzen der allgemeinen Rechtsscheinshaftung in Betracht.

---

[65] BGH, WM 1990, 638, 639.

Bei der Rechtsscheinshaftung schadet übrigens schon grob fahrlässige Unkenntnis. Strittig ist, ob auch Unkenntnis, die auf einfacher Fahrlässigkeit beruht, die Rechtsscheinshaftung ausschließt. Eine Nachforschungsobliegenheit wird nur aufgrund besonderer Umstände bejaht. Der Lieferant hatte hier keine Veranlassung der Frage nachzugehen, ob ein Rechtsformwechsel eingetreten ist. Daran ändert auch der Umstand nichts, dass die Umwandlung bereits korrekt im Handelsregister eingetragen und bekanntgemacht worden ist, denn – wie oben unter 1. ausgeführt – kann die allgemeine Rechtsscheinshaftung stärker sein als § 15 II HGB. Somit war der Lieferant gutgläubig.

Da bei der allgemeinen Rechtsscheinshaftung ebenfalls ein Wahlrecht des Dritten besteht, könnte dieser auch die GmbH, die infolge der Umwandlung entstanden ist, in Anspruch nehmen. Nach den Grundsätzen des unternehmensbezogenen Handelns ist nämlich die GmbH Vertragspartnerin geworden, während Antonia lediglich nach den Grundsätzen der allgemeinen Rechtsscheinshaftung für das enttäuschte Vertrauen des Lieferanten haftet. Der Dritte soll aber im Ergebnis nicht besser gestellt werden als er bei Vertrauen auf die wahre Rechtslage stünde[66].

Lehre vom Scheingesellschafter

Eine weitere Fallgruppe der Rechtsscheinhaftung ist die Lehre vom Scheingesellschafter. Wer sich als persönlich haftender Gesellschafter geriert, muss sich hieran auch festhalten lassen[67].

---

[66] BGHZ 17, 13, 17.
[67] BGHZ 17, 13, 16 ff.

Klausur 6: „Die Rache des frustrierten Prokuristen" *

Schwerpunkt: Erteilung/Widerruf der Prokura

Kaufmann Kai Karat (K) erteilt seinem Angestellten Pierre Prolog (P) Prokura. Am nächsten Tag überlegt K es sich jedoch anders und entzieht P die Prokura wieder. P ist verärgert und veräußert den Dienstwagen des K – eine hochwertige Limousine – in dessen Namen für 80.000 Euro an August Arglos (A). K verlangt von A Herausgabe des Fahrzeugs. Zu Recht? Im Handelsregister ist überhaupt keine „Veränderung" eingetragen worden. P hat sich A gegenüber als Prokurist ausgegeben.

Lösung: „Die Rache des frustrierten Prokuristen"

I. Anspruch des K gegen A auf Herausgabe des Fahrzeugs

1. Aus § 985 BGB

Ein Anspruch auf Herausgabe könnte sich aus § 985 BGB ergeben. Dann müsste K Eigentümer des Wagens sein.

Ursprünglich war er Eigentümer des Fahrzeugs. K könnte sein Eigentum jedoch durch das Handeln des P an A verloren haben. P hat sich im Namen des K gemäß § 929 Satz 1 BGB dinglich über den Eigentumsübergang mit A geeinigt und das Fahrzeug übergeben.

Das Vertreterhandeln des P wäre aber nur dann wirksam gewesen, wenn P hierfür Vertretungsmacht gehabt hätte.

Mit der Erteilung der Prokura hatte P im Rahmen des § 49 I HGB Vertretungsmacht. Diese umfasst grundsätzlich auch die Veräußerung von Fahrzeugen.

Die Prokura wurde jedoch bereits vor dem Verkauf des Dienstwagens von K widerrufen. P war daher nach dem Widerruf der Prokura nicht mehr berechtigt, im Namen des K Geschäfte zu tätigen. Auch für die Übereignung des Fahrzeugs an A hatte P folglich keine Vertretungsmacht mehr. A war jedoch arglos und ging davon aus, dass er es mit einem Prokuristen zu tun hatte, der im Rahmen des § 49 I HGB bevollmächtigt ist. Er hatte keine Kenntnis davon, dass die Prokura widerrufen worden war.

Der Widerruf der Prokura war auch nicht im Handelsregister eingetragen. Deshalb könnte sich A ggf. auf die negative Publizität des § 15 I HGB berufen. Danach kann eine *eintragungspflichtige* Tatsache einem Dritten solange nicht entgegengehalten werden, wie sie nicht im Handelsregister eingetragen und bekanntgemacht worden ist, es sei denn, dass sie dem Dritten bekannt war.

Der Widerruf der Prokura ist gemäß § 53 III HGB eintragungspflichtig. Der Widerruf war jedoch weder im Handelsregister eingetragen noch hatte A hiervon Kenntnis. Damit ist der Tatbestand des § 15 I HGB erfüllt.

Fraglich ist jedoch, ob und wie sich der Umstand auswirkt, dass bereits die Erteilung der Prokura, die gemäß § 53 I HGB ebenfalls eintragungspflichtig ist, nicht im Handelsregister eingetragen war. Selbst wenn A das Handelsregister eingesehen hätte, wäre ihm die ursprüngliche Prokuraerteilung an P verborgen geblieben. Nach der Registerlage hätte sich ein Vertrauen auf das Bestehen einer Prokura des

P nicht aufbauen können. Hätte A also nur auf das Handelsregister vertraut, so konnte er nicht davon ausgehen, dass P vertretungsberechtigt ist.

Trotzdem nimmt die h.M. an, dass auch bei der unterbliebenen Eintragung solcher voreintragungspflichtigen Tatsachen der Schutz des § 15 I HGB eingreift[68]. Dies wird unter anderem mit dem Umstand begründet, dass das Handelsregister einen *abstrakten* Vertrauensschutz unabhängig davon gewährt, ob derjenige, der sich auf die Eintragung beruft, tatsächlich Einsicht genommen hat.

§ 15 I HGB gilt

Der Vertragspartner könne, so wird zu Recht argumentiert, auf andere Weise als durch die Einsicht des Handelsregisters Kenntnis von der Prokura erlangt haben. Hier hat sich A auf die Angaben des P verlassen, der sich ihm gegenüber als Prokurist ausgab. Auf die Geltung der Prokura darf A vertrauen, solange ihr Widerruf nicht eingetragen und bekanntgemacht ist.

Folglich kann sich A hinsichtlich der Erteilung der Prokura auf die ursprüngliche materielle Rechtslage, d.h. auf die Mitteilung des P über seine tatsächliche Prokura und für den Widerruf auf die Registerlage, also auf die fehlende Eintragung des Widerrufs, berufen.

K muss sich im Ergebnis also so behandeln lassen, als habe P noch Prokura. Dann wäre P im Rahmen der Prokura gemäß § 49 HGB auch zur Veräußerung des Fahrzeugs ermächtigt. P konnte sich daher wirksam über den Eigentumsübergang mit A einigen. Das Eigentum am Fahrzeug ist durch Einigung und Übergabe auf A übergegangen.

Vertreterhandeln entfaltet Wirksamkeit

K hat somit das Eigentum am Fahrzeug verloren, so dass der Anspruch aus § 985 BGB ausscheidet.

Anspruch: (+)

2. Aus § 812 I Satz 1 BGB

Ein Anspruch aus § 812 BGB scheidet aus, weil A das Fahrzeug mit Rechtsgrund, nämlich aufgrund eines wirksamen Kaufvertrags erlangt hat. Denn gemäß § 15 I HGB kann A beanspruchen, so gestellt zu werden, als hätte P Prokura und damit das Recht, einen Kaufvertrag über das Fahrzeug abzuschließen.

Bereicherungsrechtlicher Herausgabeanspruch (−)

---

[68] BGHZ 55, 267, 272; 116, 37, 44; *Hofmann*, C V 3 b m.w.N.

Basiswissen: Die Prokura

Die Prokura ist die weitestgehende rechtsgeschäftliche handelsrechtliche Vollmacht, die ein Kaufmann erteilen kann. Rechtsgrundlage sind die §§ 48 ff. HGB. Rechtsgeschäftliche Vollmachten, zu denen im Handelsrecht neben der Prokura die Handlungsvollmacht zählt, sind von den organschaftlichen Vertretungsverhältnissen abzugrenzen.

Überblick

Organschaftliche Vertretungsmacht haben die vertretungsberechtigten Organe von Gesellschaften, z.B. der Geschäftsführer einer GmbH, der Vorstand einer AG oder die persönlich haftenden Gesellschafter einer OHG oder KG. Kraft ihrer Stellung sind sie für die Vertretung zuständig und damit berechtigt, für die Gesellschaft Willenserklärungen abzugeben, ohne dass ihnen eine gesonderte Vollmacht erteilt werden muss.

Organschaftliche Vertretungsmacht

Die Prokura als Form der rechtsgeschäftlichen Vertretungsmacht wird durch Vollmachtserteilung erlangt. Die Einräumung der Vollmacht hat gemäß § 48 I HGB durch ausdrückliche Erklärung zu geschehen, die jedoch auch mündlich erfolgen kann.

Ausdrückliche Erklärung

Die Prokura ist die rechtsgeschäftliche Vertretungsmacht, die der Bevollmächtigte vom Kaufmann bzw. der Handelsgesellschaft im *Außenverhältnis* erhält. Von dieser Vollmacht ist das *Innenverhältnis* zwischen dem Bevollmächtigten, d.h. dem Prokuristen, und dem Vollmachtgeber zu unterscheiden.

Trennung von Außen- und Innenverhältnis

Im Innenverhältnis kann der Prokurist aufgrund eines Arbeits- oder freien Dienstverhältnisses oder auf gesellschaftsrechtlicher Grundlage tätig werden. In der Vielzahl der Fälle wird der Prokurist Arbeitnehmer sein, so dass sich seine Rechte und Pflichten im Innenverhältnis aus dem Arbeitsvertrag ergeben. Wird ein Gesellschafter, z.B. ein Kommanditist einer KG, Prokurist, so kann dies im Gesellschaftsvertrag verankert sein. Mit dem Gesellschafter könnte aber auch zusätzlich ein Arbeitsvertrag abgeschlossen werden, es sei denn, der Gesellschafter hat eine beherrschende Stellung innerhalb der Gesellschaft inne, so dass

Innenverhältnis wird durch entsprechendes Vertragsverhältnis geregelt

eine für die Arbeitnehmereigenschaft erforderliche weisungsabhängige Tätigkeit ausscheidet.

Rechtsfolgen bei Überschreitung der Kompetenzen aus dem Innenverhältnis

Überschreitet der als Arbeitnehmer angestellte Prokurist seine Befugnisse im Innenverhältnis, indem er sich beispielsweise über eine arbeitsrechtliche Weisung hinwegsetzt, so hat er seinem Vollmachtgeber den dadurch entstandenen Schaden aus § 280 I BGB zu ersetzen. Besteht etwa die strikte Anweisung, Waren an bestimmte Abnehmer nur gegen Vorkasse zu liefern, weil die Zahlungsmoral dieser Kunden schlecht ist, so macht sich der Prokurist schadensersatzpflichtig, wenn er Waren an diese Käufer ausliefert, ohne zuvor den Kaufpreis kassiert zu haben. Ist der Kaufpreis dann uneinbringlich, schuldet der Prokurist dem Kaufmann aus § 280 I BGB nach den Grundsätzen der Arbeitnehmerhaftung für den entstandenen Schaden Ersatz.

Arbeitnehmerhaftung

Anmerkung: Die Grundsätze des *Bundesarbeitsgerichts* zur Arbeitnehmerhaftung betreffen nur das Innenverhältnis zwischen Arbeitgeber und Arbeitnehmer. Es geht sowohl um Schäden, die der Arbeitnehmer am Vermögen des Arbeitgebers selbst herbeiführt hat als auch um Fremdschäden, die der Arbeitnehmer bei Dritten in Ausübung seiner Tätigkeit verursacht hat und bei denen sich das Problem stellt, ob der Arbeitgeber ihn vor einer Inanspruchnahme durch den Dritten freistellen muss. Die Grundsätze der Arbeitnehmerhaftung besagen folgendes: Danach ist bei durch den Arbeitnehmer betrieblich veranlassten Schäden ein innerbetrieblicher Schadensausgleich durchzuführen. Das *Bundesarbeitsgericht* führt aus, dass der innerbetriebliche Schadensausgleich in entsprechender Anwendung des § 254 BGB aufgrund einer Abwägung der gesamten Umstände, insbesondere des Verschuldens des Arbeitnehmers auf der einen und des Betriebsrisikos des Arbeitgebers auf er andere Seite vorzunehmen ist[69]. Entscheidend für die Frage der Haftung des Arbeitnehmers ist vor allem der Grad des Verschuldens, der diesem vorwerfbar ist. Das Bundesarbeitsgericht differenziert zwischen:

➢ grober Fahrlässigkeit und Vorsatz
➢ mittlerer Fahrlässigkeit
➢ leichtester Fahrlässigkeit

Vorsatz oder grobe Fahrlässigkeit

Bei *vorsätzlich* oder *grob fahrlässig* verursachten Schäden bleibt der Arbeitnehmer umfassend verantwortlich, bei Drittschäden muss der Arbeitgeber den Arbeitnehmer nicht freistellen bzw. Schadensersatzzahlungen erstatten. Am Vermögen des Arbeitgebers entstandene Schäden sind vom Arbeitnehmer vollständig auszugleichen. Auch bei grober Fahrlässigkeit wird aber ganz aus-

---

[69] BAG, BB 1996, 1067.

nahmsweise eine Schadensteilung vorgenommen, wenn der Verdienst des Arbeitnehmers in einem deutlichen Missverhältnis zum verwirklichten Risiko steht[70].

Im Zivilrecht unterscheiden wir zwischen grober und einfacher Fahrlässigkeit, im Arbeitsrecht existiert zusätzlich die Kategorie der mittleren Fahrlässigkeit. Die Begrifflichkeit ist nicht abschließend geklärt: Teils wird der Begriff der einfachen Fahrlässigkeit durch den Terminus der leichtesten Fahrlässigkeit ersetzt bzw. synonym mit diesem verwendet und daneben der Begriff der mittleren Fahrlässigkeit gestellt. Teils wird aber auch die einfache Fahrlässigkeit als Oberbegriff für die leichteste und mittlere Fahrlässigkeit betrachtet.

Terminologie uneinheitlich

Bei *leichtester* Fahrlässigkeit trägt der Arbeitgeber den Schaden im Innenverhältnis allein. Der Arbeitgeber hat den Arbeitnehmer daher umfassend von einer Inanspruchnahme Dritter freizustellen bzw. dem Arbeitnehmer Schadensersatzzahlungen, die dieser an Dritte geleistet hat, zu erstatten.

Leichteste Fahrlässigkeit

Bei mittlerer Fahrlässigkeit wird eine Schadensteilung vorgenommen, die nicht unbedingt eine hälftige Aufteilung des Schadens zwischen Arbeitgeber und Arbeitnehmer bedeutet, sondern sich nach den Umständen des Einzelfalls bestimmt. Kriterien sind die Versicherbarkeit des Risikos, die Höhe des Verdienstes sowie das Vorverhalten des Arbeitnehmers.

Mittlere Fahrlässigkeit

Die Prokura ermächtigt gemäß § 49 I HGB den Prokuristen zu allen Arten von gerichtlichen und außergerichtlichen Geschäften und Rechtshandlungen, die der Betrieb eines Handelsgewerbes mit sich bringt. Der Prokurist hat damit eine sehr weitgehende Vertretungsmacht, er kann sowohl gerichtlich auftreten, also Prozesse für den Kaufmann führen, als auch sämtliche außergerichtlichen Geschäfte tätigen. Aus der weiten Formulierung in § 49 I HGB wird geschlossen, dass sich die Prokura auch auf außergewöhnliche und branchenfremde Geschäfte mit Wirkung für und gegen den Kaufmann erstreckt. Hiervon ist – wie soeben erläutert – zu unterscheiden, ob der Prokurist das konkrete Geschäft auch im Innenverhältnis vornehmen darf.

Umfang der Prokura

Eine Beschränkung der Prokura ist also Dritten gegenüber unwirksam (§ 50 I HGB). Die Prokura existiert im Außenverhältnis immer im festumrissenen Umfang. Im Innenverhältnis kann der Kaufmann dem Prokuristen jedoch beliebig Weisungen erteilen oder sonstige Vorgaben machen. Missachtet der Prokurist diese internen Vorgaben, so macht er sich – wie ausgeführt – schadensersatzpflichtig.

Beschränkungen der Prokura nicht statthaft

---

[70] Siehe BAG, NZV 1999, 164.

Grenzen der Reichweite

Nicht von der Prokura gedeckt sind die in § 49 II HGB aufgeführten Tätigkeiten sowie die sog. Grundlagengeschäfte. In § 49 II HGB ist ausdrücklich klargestellt, dass der Prokurist nicht zur Veräußerung und Belastung von Grundstücken berechtigt ist, sofern ihm diese Befugnis nicht gesondert erteilt wird (sog. Immobiliarklausel; siehe zu dieser ausführlich die Klausur Nr. 8). Aus der Formulierung in § 48 HGB, wonach die Prokura vom Inhaber erteilt wird, lässt sich ferner schließen, dass der Prokurist nicht berechtigt ist, seinerseits Dritten Prokura einzuräumen.

Grundlagen- geschäfte

Zu den Grundlagengeschäften gehören jene Maßnahmen, die das Fundament des Unternehmens betreffen und die so wesentlich sind, dass der Prokurist sie nicht allein aufgrund seiner Prokura treffen kann[71]. Hierzu gehören:

➢ die Firmenänderung,

➢ die Sitzverlegung,

➢ die Einstellung des Betriebs,

➢ die Stellung des Insolvenzantrags,

➢ die Unterzeichnung des Jahresabschlusses,

➢ die Errichtung einer Zweigniederlassung,

➢ die Veräußerung des Unternehmens oder seine Verpachtung.

Erlöschen der Prokura

Die Prokura erlischt mit ihrem Widerruf oder mit Beendigung des ihr zugrundeliegenden Rechtsverhältnisses, also mit Beendigung des Arbeitsvertrags oder des gesellschaftsrechtlichen Grundverhältnisses (§ 168 Satz 1 BGB). Der Tod des Kaufmanns lässt die Prokura unberührt (§ 52 III HGB), so dass nunmehr die Erben berechtigt und verpflichtet werden.

Widerruf

Der Widerruf der Prokura ist jederzeit unbeschadet des zugrundeliegenden Rechtsverhältnisses möglich. Dabei bleibt der Bestand des Arbeitsverhältnisses, aufgrund dessen die Prokura erteilt wurde, von dem Widerruf der Prokura unberührt. Einen durchsetzbaren Anspruch auf Erteilung einer Prokura gibt es für einen Arbeitnehmer nicht, da

---

[71] *Von Westphalen*, DStR 1993, 1186, 1187, bei Handelsregisteranmeldungen wird danach differenziert, ob sich die Anmeldung auf die Grundlagen des eigenen Geschäfts bezieht, siehe BGHZ 116, 190, Joost, ZIP 1992, 463.

die Prokura ein Vertrauensverhältnis ist[72]. Eine Prokura kann der Arbeitnehmer nicht erzwingen.

Im Gesellschaftsrecht hingegen kann eine Prokura einem Gesellschafter aufgrund einer entsprechenden Klausel im Gesellschaftsvertrag als Sonderrecht zustehen. Dann ist der Entzug der Prokura nur bei Vorliegen eines wichtigen Grundes zulässig[73.] Aber auch hier ist zwischen dem Innen- und dem Außenverhältnis zu trennen: Wird beispielsweise die Prokura eines Kommanditisten, die diesem im Gesellschaftsvertrag als Sonderrecht zugebilligt worden ist, ohne wichtigen Grund vom persönlich haftenden Gesellschafter (Komplementär) widerrufen, so ist der Widerruf zunächst formal wirksam, da er von der Vertretungsmacht des Komplementärs gedeckt ist. Der Kommanditist hat jedoch im Innenverhältnis aus dem Gesellschaftsvertrag einen Anspruch auf sofortige Erteilung einer erneuten Prokura[74].

Prokura als Sonderrecht eines Gesellschafters

Die Erteilung und das Erlöschen der Prokura sind als eintragungspflichtige Tatsachen vom Kaufmann zur Eintragung in das Handelsregister anzumelden (§ 53 I, III HGB). Die Eintragungen im Handelsregister haben lediglich deklaratorische Wirkung. Die Erteilung und der Widerruf der Prokura sind jeweils mit Zugang der entsprechenden Willenserklärung beim Prokuristen wirksam.

Handelsregister

---

[72] *Von Westphalen*, DStR 1993, 1186.
[73] BGHZ 17, 392, 394 f.
[74] BGHZ 17, 392, 396.

Klausur 7: „Peterchens Prokura" ***

Schwerpunkt: Reichweite der Prokura

Ausgangsfall

Carsten Casa (C) ist Immobilienhändler und Makler. Er betreibt im großen Stil bundesweit Grundstücksgeschäfte und ist im Handelsregister eingetragen. Das Berliner Büro leitet der Mitarbeiter Peter Pappenheim (P). C erteilt P aufgrund seiner bisherigen Verdienste Prokura. Bei der Anmeldung zum Handelsregister gibt C an, dass P Prokura hat, jedoch nicht zur Veräußerung und Belastung von Grundstücken ermächtigt ist. Der Rechtspfleger beim Handelsregister „verliest" sich jedoch und lässt versehentlich eintragen und bekanntmachen, dass P zum Prokuristen bestellt worden ist und auch Grundstücke belasten und veräußern darf.

Später veräußert P im Namen von C an Bruno Bravo (B) ein in Berlin-Köpenick gelegenes Grundstück. Dieses Grundstück hatte C günstig nach der Wende erworben. Nunmehr wird es für 500.000 Euro an B verkauft. Der Kaufvertrag wird notariell beurkundet. Zur Übereignung ist es bisher noch nicht gekommen. Erst jetzt erhält C von dem Vorgang Kenntnis und ist über den Verkauf entsetzt, da er mit dem Grundstück andere Pläne hat. B hingegen besteht auf Übereignung des Grundstücks und fragt, ob er diese von C erzwingen kann. Prüfen Sie den Anspruch des B!

1. Variante

P verkauft diesmal das Grundstück des Kunden Kurt König (K), der C beauftragt hat, das Grundstück im Namen des C, aber auf Rechnung des K zu veräußern. P verkauft somit das Grundstück des K namens des C an seine Arbeitskollegin Marion Mutig (M). M arbeitet mit P zusammen im Berliner Büro und weiß, dass seine Prokura nicht mit einer Immobiliarklausel versehen ist. C ist über den Verkauf entrüstet, da er um den guten Ruf seines Unternehmens fürchtet, wenn sich herumspricht, dass Grundstücke an die eigenen Mitarbeiter „weitergeschoben" werden. Er will daher den Kaufvertrag, der notariell beurkundet wurde, nicht erfüllen. Wie ist der Anspruch der M zu beurteilen?

2. Variante

P kauft namens des C ein Grundstück in Berlin-Frohnau. Hierbei verpflichtet P den C in dem notariell beurkundeten Grundstückskaufvertrag auch zur Bewilligung einer Grundschuld zugunsten der finanzierenden Bank. Der Verkäufer Vincenzo Veloce (V) verlangt nunmehr Zahlung des Kaufpreises von C. C lehnt dies ab, da er das Geschäft nicht für wirksam hält. Wie ist der Anspruch des V zu beurteilen?

3. Variante

P kauft für C wie in der 2. Variante das Grundstück des V. V bietet P unter der Hand 10.000 Euro „extra" an, wenn P ihm kraft seiner Prokura im Namen des C das Grundstück zu einem überhöhten Preis von 4 Mio. Euro abkauft. Ist C nach notarieller Beurkundung des Kaufvertrags zur Bezahlung des Grundstücks verpflichtet?

4. Variante

P stellt für das Berliner Büro den neuen Mitarbeiter Freddy Frech (F) ein, der sich speziell um die Vermarktung der Grundstücke kümmern soll. Am zweiten Tag hört P unfreiwillig ein Telefonat des F mit an, in dem der Mitarbeiter interne Preisvorgaben einem Dritten weitergibt, damit dieser entsprechende Angebote bis zum Limit abgeben kann. P ist empört und kündigt sofort schriftlich nach der Beendigung des Telefonats dem neuen Mitarbeiter F fristlos aus wichtigem Grund. F erwidert frech, dass die Kündigung mangels Vorlage einer Vollmachtsurkunde des C unwirksam sei und er sie schon aus diesem Grunde zurückweise. F verlangt daher für Zukunft Fortzahlung der Bezüge. Zu Recht?

Lösung: „Peterchens Prokura"

Ausgangsfall

Anspruch des Käufers B auf Übereignung des Grundstücks gemäß § 433 I Satz 1 BGB

Der Käufer B hätte einen Anspruch auf Übereignung des Grundstücks, wenn mit C ein wirksamer Kaufvertrag besteht. Dann müsste zwischen den beiden eine entsprechende Einigung zustande gekommen sein.

C selbst hat keine entsprechende Willenserklärung abgegeben. P könnte C jedoch wirksam beim Vertragsschluss vertreten haben. P hat im Namen des C eine auf die Übereignung des Grundstücks gerichtete Willenserklärung abgegeben. Diese wurde auch gemäß § 311 b I BGB notariell beurkundet, so dass die Form gewahrt ist. Fraglich ist jedoch, ob P im Rahmen seiner ihm erteilten Vertretungsmacht auftrat.

P hatte Prokura. Die Prokura wurde in dem Moment wirksam, in dem sie P gegenüber erteilt wurde. Die Eintragung im Handelsregister hat lediglich deklaratorische Wirkung. Der Umfang der Prokura bestimmt sich nach § 49 I HGB. Danach berechtigt die Prokura zu allen gerichtlichen und außergerichtlichen Rechtshandlungen, die der Betrieb eines Handelsgewerbes mit sich bringt. Nach § 49 II HGB ist jedoch der Prokurist zur Veräußerung und Belastung von Grundstücken nur ermächtigt, wenn ihm diese Befugnis gesondert erteilt wurde. P sollte gerade nicht zu Grundstücksgeschäften ermächtigt werden. Zur Veräußerung gehören sowohl das Erfüllungsgeschäft als auch – insofern wird § 49 II HGB weit ausgelegt – das Verpflichtungsgeschäft[75]. Damit hatte P zum Abschluss des Kaufvertrags über das Grundstück keine Vertretungsmacht, so dass das Geschäft gemäß § 177 BGB zunächst schwebend unwirksam war und durch die Verweigerung der Genehmigung des C endgültig unwirksam geworden wäre.

Etwas anderes könnte sich allerdings aus der fehlerhaften Handelsregistereintragung ergeben. Im Handelsregister wurde eingetragen, dass P Prokura erhalten hat und auch zu Grundstücksgeschäften ermächtigt ist. Dies wurde entsprechend bekanntgemacht. Fraglich ist, ob der Käufer hier-

Marginalien:
Kaufvertrag?

Vertretung des C durch P?

Umfang der Prokura des P

Schutz über § 15 III HGB?

---

[75] *Canaris*, § 14 Rdnr. 17.

aus Rechte herleiten kann. In Betracht kommt eine Berufung des Käufers auf § 15 III HGB. In dieser Vorschrift ist die sog. positive Publizität des Handelsregisters verankert: Ein Dritter kann sich auf eine bekanntgemachte Tatsache berufen, auch wenn diese unrichtig ist, es sei denn, er hat Kenntnis von der wahren Rechtslage. Danach kann man sich auf das „Reden" des Handelsregisters verlassen.

Immobiliarklausel als einzutragende Tatsache?

Entscheidend hierfür ist, dass es sich um eine einzutragende Tatsache handelt. Einzutragende Tatsachen sind jene, die anmeldepflichtig sind. Fraglich ist daher, ob der Umstand, dass ein Prokurist zu Grundstücksgeschäften ermächtigt ist, angemeldet werden muss. Die besondere Ermächtigung, auch Grundstücke zu belasten und zu veräußern, ist in § 49 II HGB vorgesehen. Nach § 53 I HGB ist die Erteilung der Prokura zur Eintragung in das Handelsregister anzumelden. Aus dieser Vorschrift geht nicht hervor, ob auch die besondere Befugnis hinsichtlich der Grundstücksgeschäfte zur Eintragung beim Handelsregister angemeldet werden muss. Die Frage, ob auch die Immobiliarklausel zu vermerken ist, bestimmt sich danach, ob diese besondere Vollmacht lediglich eine Erweiterung der Prokura darstellt, oder ob es sich um eine Spezialvollmacht neben der Prokura handelt. Im letzteren Fall würde sich die Anmeldepflicht gemäß § 53 I HGB nicht auf diese Spezialvollmacht erstrecken. Aus der Systematik des § 49 HGB ist zu entnehmen, dass die Prokura zunächst zur Vornahme von allen gerichtlichen und außergerichtlichen Geschäften ermächtigt. Im Absatz 2 von § 49 HGB werden sodann Belastungen und Veräußerungen von Grundstücken wieder herausgenommen, aber gleichzeitig die Möglichkeit eröffnet, dass die Prokura hierauf erweitert werden kann. Daraus ist zu schließen, dass es sich bei der Immobiliarklausel lediglich um eine Erweiterung der bereits erteilten Prokura handelt[76]. Die Prokura ist daher so anzumelden, wie sie erteilt worden ist. Somit ist grundsätzlich auch eine Immobiliarklausel anzumelden und einzutragen. Eine einzutragende Tatsache liegt damit vor.

Unrichtige Tatsache

Diese Tatsache ist auch unrichtig im Sinne von § 15 III HGB, da P in Wirklichkeit keine Immobiliarklausel erteilt werden sollte.

Keine Kenntnis des B

Weitere Voraussetzung ist die fehlende Kenntnis des Dritten, hier also des Käufers B. Da B keine Kenntnis von der Beschränkung hatte, ist auch dieses Tatbestandsmerk-

---

[76] BayObLG, NJW 1971, 810.

mal erfüllt, so dass die Voraussetzungen des § 15 III HGB gegeben sind.

Damit kann C dem Käufer nicht entgegenhalten, dass die einzutragende Tatsache unrichtig ist. Er muss sich vielmehr an der unrichtigen Bekanntmachung festhalten lassen. Der Käufer darf daher begehren, so gestellt zu werden, als hätte P die Ermächtigung, das Grundstück zu veräußern.

Somit muss C den Kaufvertrag erfüllen und das Grundstück übereignen.

Anspruch: (+)

1. Variante

Anspruch der M gegen C auf Übereignung des Grundstücks aus dem Kaufvertrag i.V.m. § 433 I 1 BGB

M kann die Übereignung des Grundstücks verlangen, wenn zwischen ihr und C ein wirksamer Kaufvertrag besteht. Auf seiten des C ist P in dessen Namen aufgetreten.

Kaufvertrag?

Fraglich ist jedoch, ob dieses Geschäft von seiner Prokura gedeckt war. Die Erweiterung der Prokura gemäß § 49 II HGB auf die Belastung und Veräußerung von Grundstücken ist nicht erfolgt, sie wurde nur irrtümlich im Handelsregister eingetragen.

Umfang der Prokura?

Da M dies jedoch wusste, kann sie sich keinesfalls auf die positive Publizität des Handelsregisters berufen.

Kein Schutz über die Publizität des Handelsregisters

Problematisch ist aber, ob die Immobiliarklausel überhaupt die Fälle des Verkaufs *fremder* Grundstücke erfasst oder ob derartige Geschäfte noch unter den Grundumfang der Prokura gemäß § 49 I HGB fallen. Es könnte vertreten werden, dass die Immobiliarklausel nur die Belastung und Veräußerung von Grundstücken betrifft, die im Eigentum des Kaufmanns stehen. Dafür spricht, dass die Prokura ein Vertrauensverhältnis zwischen dem Kaufmann und dem Prokuristen voraussetzt und das Gesetz typischerweise davon ausgeht, dass das Vertrauen jedenfalls bei den Grundstücksgeschäften zu Lasten des Kaufmanns enden soll. Handelt der Kaufmann hingegen seinerseits mit fremden Grundstücken, so ließe sich durchaus befürworten, dass dieser Handel auch durch den Prokuristen im Rahmen seiner Vollmacht ohne eine Erweiterung durch die Immobiliarklausel möglich ist, da der Verkauf von Grundstücken dann sogar eine Tätigkeit wäre, die das betreffende Handelsgewerbe mit sich brächte[77].

Fremde Grundstücke und Umfang der Prokura

---

[77] Im Ergebnis *Koller/Roth/Morck*, § 49 Rdnr. 7.

Weite Auslegung

Richtigerweise wird man jedoch annehmen müssen, dass die gesetzliche Beschränkung der Prokura unabhängig davon gilt, wem das Grundstück gehört[78]. Verkauft der Prokurist dem Kaufmann nicht gehörende Grundstücke, so kann diesem dadurch sogar ein noch größerer Schaden als beim Verkauf eines eigenen Grundstücks entstehen, weil sich der Kaufmann mit dieser Handlung gegenüber dem Eigentümer schadensersatzpflichtig macht. Sinn und Zweck der Grundstücksklausel ist es, Immobiliengeschäfte mit weitreichender und großer finanzieller Bedeutung nur dann zuzulassen, wenn der Kaufmann den Prokuristen hierzu gesondert ermächtigt hat. Es kann ohnehin keinen Unterschied machen, wem das Grundstück gehört, weil die Grundstücksklausel sowohl für das Verpflichtungs- als auch das Erfüllungsgeschäft gilt. Da der Prokurist grundsätzlich den Kaufmann verpflichtet, dürfte er auch den notariellen Kaufvertrag nicht ohne die spezielle Erweiterung der Prokura vornehmen. Für die Anwendung der Prokurabeschränkung auf fremde Grundstücke besteht daher ebenfalls ein Bedürfnis.

Anspruch: (+)

Der Kaufvertrag über das Grundstück ist unwirksam, so dass M keinen Anspruch auf Übereignung des Grundstücks hat.

2. Variante

I. Anspruch des V auf Zahlung des Kaufpreises aus dem Kaufvertrag i.V.m. § 433 II BGB

Kaufvertrag?

V darf von C den Kaufpreis beanspruchen, wenn zwischen den beiden ein wirksamer Kaufvertrag besteht. Dies hängt davon ab, ob P den C entsprechend verpflichtete.

Prokura

P besitzt Prokura.

Kauf von Grundstücken

Die Prokura ermächtigt grundsätzlich nicht zur Veräußerung und Belastung von Grundstücken. Hier hat P jedoch kein Grundstück veräußert, sondern erworben. Im Rahmen dieses Erwerbsvorgangs hat er eine Grundschuld bewilligt.

Fraglich ist, ob dies überhaupt unter die Einschränkung des § 49 II HGB fällt. Vom Wortlaut wird auch die Belastung von Grundstücken erfasst. Zweck des § 49 II HGB ist es, zu verhindern, dass der vorhandene Grundstücksbestand veräußert oder belastet wird. Der Erwerb von Grundstücken soll hingegen grundsätzlich von der Prokura umfasst sein.

---

[78] *Wagner* in: Röhricht/Graf von Westphalen, § 49 Rdnr. 14.

Da der Erwerb in der Regel finanziert werden muss und im Rahmen dieser Finanzierung gewöhnlich Grundpfandrechte am Grundstück eingeräumt werden, entspricht es heute einhelliger Ansicht, dass der Prokurist im Rahmen des Erwerbs von Grundstücken auch die Eintragung von Grundpfandrechten bewilligen und damit im Ergebnis Belastungen vornehmen darf. § 49 II HGB erstreckt sich folglich nur auf isolierte Belastungen, nicht jedoch auf Belastungen, die der Finanzierung des Erwerbs dienen[79].

Belastung des zu erwerbenden Grundstücks

Der Kaufvertrag ist daher wirksam zustande gekommen, so dass C verpflichtet ist, den Kaufpreis an V zu bezahlen.

Anspruch: (+)

3. Variante

Anspruch des V gegen C auf Bezahlung des Kaufpreises aus dem Kaufvertrag i.V.m. § 433 II BGB

Der Anspruch des V setzt einen wirksamen Kaufvertrag voraus. Wie in der 2. Variante ausgeführt, ist es grundsätzlich zu einem Abschluss des Kaufvertrags gekommen, da P – jedenfalls im Außenverhältnis – im Rahmen seiner Prokura handelte. Fraglich ist jedoch, ob wegen der internen Absprache, wonach P 10.000 Euro „extra" bekommt, das Geschäft dennoch keinen Bestand haben kann.

Kaufvertrag?

Hier könnte das Rechtsgeschäft nach den *Grundsätzen des Missbrauchs der Vertretungsmacht* zunächst schwebend unwirksam und – nachdem C eine Genehmigung ablehnte – endgültig unwirksam geworden sein. Die Lehre vom Missbrauch der Vertretungsmacht ist grundsätzlich anerkannt, wenn auch ihre Voraussetzungen im einzelnen umstritten sind[80]. Es besteht allerdings Einigkeit, dass in den Fällen der Kollusion, d.h. bei einem bewussten und einverständlichen Zusammenwirken des Prokuristen mit dem Vertragspartner zum Nachteil des Kaufmanns, das Geschäft grundsätzlich nach den Regeln des Missbrauchs der Vertretungsmacht schwebend unwirksam ist und von der Genehmigung des Vertretenen abhängt.

Missbrauch der Vertretungsmacht

Da C das Geschäft nicht genehmigt, kann V, der mit P kollusiv zum Nachteil des C zusammengewirkt hat, nicht von C den Kaufpreis begehren.

Anspruch: (−)

---

[79] *Canaris*, § 14 Rdnr. 17; *Karsten Schmidt*, § 16 III 3 b.
[80] *Wagner* in Röhricht/Graf von Westphalen, Vor § 48, Rdnr. 51 ff.

Grundsätze des Missbrauchs der Vertretungsmacht

Anmerkung: Statt über die Grundsätze des Vollmachtsmissbrauchs hätte auch eine Lösung über § 138 I BGB (Sittenwidrigkeit) gewählt werden können. Danach kann das ganze Geschäft wegen der hinter dem Rücken des C getroffenen Absprache als sittenwidrig und damit als nichtig eingestuft werden. Sowohl P als auch V haften im übrigen wegen vorsätzlicher sittenwidriger Schädigung dem C gesamtschuldnerisch für den entstandenen Schaden (§§ 826, 840 BGB).

Die Voraussetzungen der Lehre des Missbrauchs der Vertretungsmacht sind – wie erwähnt – umstritten, überwiegend werden folgende Tatbestandsmerkmale verlangt:

1. Der Vertreter muss pflichtwidrig seine Kompetenzen bzw. Pflichten im Innenverhältnis überschreiten, indem er seine nach außen wirksame Vollmacht formal ausnutzt. Eine Schädigungsabsicht muss nicht vorliegen. Strittig ist, ob Vorsatz zu fordern ist oder auch Fahrlässigkeit des Vertreters ausreicht. Für die Prokura und die anderen handelsrechtlichen unbeschränkbaren organschaftlichen Vertetungsberechtigungen (Geschäftsführer der GmbH [§ 37 II GmbHG]; Vorstand der AG [82 AktG]; geschäftsführender Gesellschafter einer KG oder OHG [§§ 126 II, 161 II HGB]) war nach früherer Ansicht des *BGH* nur eine bewusste, also vorsätzliche Ausnutzung der Vollmacht zum Nachteil des Kaufmanns bzw. der Handelsgesellschaft erforderlich, eine fahrlässige Pflichtwidrigkeit soll nicht genügen[81]. Heute verlangt der BGH nicht mehr, dass der Vertreter bewusst zum Nachteil des Vertretenen gehandelt hat[82].

2. Der Vertragspartner muss das pflichtwidrige Handeln erkannt haben, oder die Pflichtwidrigkeit muss evident, d.h. offensichtlich gewesen sein. Sie muss sich ihm förmlich aufgedrängt haben Evidenz des Missbrauchs).

Die Rechtsfolge ist nach h.M. die analoge Anwendung der §§ 177 ff. BGB. Bei einem Mitverschulden des Vertretenen, z.B. unterlassene Kontrollmaßnahmen, wird diskutiert, ob der Unternehmer analog § 254 BGB einen Teil des Schadens selbst tragen soll (siehe BGHZ 50, 112, 114 f.).

---

[81] BGHZ 50, 112, 114; BGH, DB 1976, 1278; BGH, DB 1984, 661, 662. Außerhalb der handelsrechtlichen Vollmachten lässt auch der BGH einfache Fahrlässigkeit genügen: BGH, MDR 1964, 592; NJW 1988, 3013.

[82] BGH NJW 1988, 3012; BGH NJW 1990, 384, 385.

4. Variante

Anspruch des F auf Fortzahlung der Bezüge aus dem Arbeitsvertrag i.V.m. § 611 I BGB

F könnte von C Fortzahlung der Bezüge verlangen, wenn zwischen ihnen ein Arbeitsverhältnis begründet worden ist und dieses noch fortbesteht. F wurde als Arbeitnehmer eingestellt. Auf Seiten des C trat P als Vertreter auf. Im Rahmen der Prokura darf P auch Personalentscheidungen treffen. Hierauf erstreckt sich die Prokura gemäß § 49 I HGB ebenfalls. Ein Arbeitsverhältnis wurde daher wirksam begründet. — Arbeitsverhältnis?

Fraglich ist jedoch, ob die Kündigung wirksam ist. Der Prokurist darf zwar gemäß § 49 I HGB Arbeitsverhältnisse nicht nur begründen, sondern auch beenden. Bei der Kündigung handelt es sich allerdings um ein einseitiges Rechtsgeschäft, für das grundsätzlich die Vorschrift des § 174 BGB gilt. Danach ist ein einseitiges Rechtsgeschäft, das ein Bevollmächtigter einem anderen gegenüber vornimmt, unwirksam, wenn der Bevollmächtigte keine Vollmachtsurkunde vorlegt und der andere das Rechtsgeschäft aus diesem Grund unverzüglich zurückweist. Hierauf beruft sich F. Er macht geltend, dass ihm mangels Vorlage einer Vollmachtsurkunde nicht gekündigt werden könne. — Kündigung wirksam?

Von entscheidender Bedeutung ist, ob das Zurückweisungsrecht auch für die Kündigung durch den Prokuristen gilt. Nach § 174 Satz 2 BGB ist die Zurückweisung ausgeschlossen, wenn der Vollmachtgeber den anderen von der Bevollmächtigung in Kenntnis gesetzt hat. Sollte F von der Prokura gewusst haben, so könnte man dies mit einer Inkenntnissetzung gleichsetzen. Der Sachverhalt lässt allerdings offen, ob der neue Mitarbeiter wusste, dass P Prokura hatte. Darauf kommt es jedoch dann nicht an, wenn auch die Eintragung und Bekanntmachung gemäß § 15 II HGB einer Inkenntnissetzung gleichsteht. — § 174 Satz 2 BGB

Zum Zeitpunkt der Kündigung war P im Handelsregister eingetragen, eine entsprechende Bekanntmachung war erfolgt. Nach Wortlaut sowie Sinn und Zweck gilt § 15 II HGB auch im Rahmen des § 174 Satz 2 BGB[83]. § 15 II HGB bezweckt gerade eine zuverlässige Unterrichtung der Öffentlichkeit über Tatsachen, die für Außenstehende schwer erkennbar sind. Dies bezieht sich insbesondere auf Umstän- — § 15 II HGB

---

[83] BAG, DB 1992, 895.

de, die die Vertretung oder Haftung kaufmännischer Unternehmen betreffen. Mit dieser Unterrichtung der Öffentlichkeit soll die Sicherheit und Leichtigkeit des Rechtsverkehrs gefördert werden[84]. Die Wirkungen dieser Vorschrift treten zu Lasten eines Dritten, d.h. hier des Erklärungsempfängers F, auch dann ein, wenn gegenüber dem Dritten eine einseitige Erklärung abgegeben wird. Sinn und Zweck des § 174 BGB ist es, dem Erklärungsempfänger die Ungewißheit über die Wirksamkeit des einseitigen Rechtsgeschäfts, d.h. hier der Kündigung, zu nehmen. Diese Unsicherheit besteht jedoch nicht, wenn die Prokura im Handelsregister eingetragen und bekanntgemacht ist und über § 15 II HGB gerade Sicherheit über die tatsächlichen Verhältnisse für den Rechtsverkehr herbeigeführt wird.

F als Dritter

Dritter im Sinne des § 15 II HGB ist nicht nur ein Kaufmann, sondern jeder, der mit dem Kaufmann in rechtsgeschäftlichem Verkehr steht. Nicht erforderlich ist dabei, dass der kündigende Prokurist bei der Kündigung darauf hinweist, dass er in Ausübung seiner Prokura handelt. Die Wirkung des § 15 II HGB greift unabhängig davon ein, ob der Dritte Veranlassung gehabt hat, das Handelsregister einzusehen und sich von dem eingetragenen Umstand Kenntnis zu verschaffen. Die Kenntnis wird allein aufgrund der Eintragung und ihrer Bekanntmachung fingiert[85].

Demzufolge muss sich F im Ergebnis so behandeln lassen, als sei er von der Bevollmächtigung, d.h. der Prokura, in Kenntnis gesetzt worden. Ein Zurückweisungsrecht gemäß § 174 Satz 1 BGB scheidet aus.

Wichtiger Grund (+)

Da die Machenschaften des F zweifellos einen wichtigen Grund darstellen, der zur fristlosen Kündigung berechtigt, bestehen an der Wirksamkeit der Kündigung auch in dieser Hinsicht keine Zweifel. Die Kündigung ist somit im Ergebnis wirksam geworden.

Anspruch: (−)

Daher besteht kein Anspruch auf Fortzahlung der Bezüge über den Kündigungszeitpunkt hinaus.

---

[84] BAG, a.a.O., 895.
[85] BAG, a.a.O., 896.

Klausur 8: „Die Geschehnisse im Pavillon" **

Schwerpunkt: Handlungsvollmacht und Ladenvollmacht

Ausgangsfall

Billy Boxer (B) betreibt einen Kfz-Handel mit fabrikneuen Fahrzeugen eines italienischen Herstellers. In seinem Verkaufspavillon arbeitet sein angestellter Verkäufer Pedro Proviso (P) sowie der Student Sascha Sauber (S), der lediglich für die Ordnung im Salon und auf dem Platze sowie die Wagenpflege, nicht jedoch für den Verkauf zuständig ist.

P verkauft namens des B an Donald Dahl (D) ein Fahrzeug des Typs ‚Leoncino' für 20.000 Euro. Das Fahrzeug war mit 22.000 Euro ausgepreist. B hat P zuvor allerdings ausdrücklich die Verkaufsvollmacht mit der Maßgabe erteilt, dass die Preisnachlässe bei Neufahrzeugen jeweils maximal 1.000 Euro betragen dürfen. P war die Beschränkung im Moment des Vertragsabschlusses nicht mehr gegenwärtig. Der Preis von 20.000 Euro ist zwar sehr günstig, aber immer noch marktüblich.

Der Kaufvertrag wird schriftlich auf einem Formular des B mit der Abrede fixiert, dass D am nächsten Tag das Geld vorbeibringt und im Gegenzug das Fahrzeug bekommt. Als D das Fahrzeug abholen will, verweigert B ihm dies mit dem Hinweis darauf, dass der Preis nicht mehr im zulässigen Limit liege. D meint, dass ihn das ja wohl nicht zu interessieren bräuchte und besteht auf Übereignung des Fahrzeugs. Wie ist der Anspruch des D auf Übereignung des Fahrzeugs zu beurteilen?

1. Variante

Während P mit D die Vertragsverhandlungen über den Verkauf des Fahrzeugs führt, fällt D eine Glasgruppe aus wertvollem Murano-Glas auf, die im Foyer aufgestellt ist. Spontan bietet er für diese Glasgruppe 2.000 Euro. P, der annimmt, dass die Glasgruppe für B keine besondere Bedeutung bzw. auch keinen höheren Wert hat, nimmt dieses Angebot an, ohne länger darüber nachzudenken, da er sich

Vorteile beim darauffolgenden Abschluss des Kaufvertrags über das Fahrzeug erhofft. Als D am nächsten Tag nicht nur das Fahrzeug, sondern auch die Murano-Glasgruppe abholen will, wird ihm diese ebenfalls verweigert. Wie ist der Anspruch des D zu beurteilen?

2. Variante

P unternimmt mit einem Kunden eine Probefahrt. Der Wagenpfleger S bleibt allein im Verkaufssalon zurück und setzt die Pflege der Fahrzeuge durch das Abstauben derselben fort. Jetzt betritt Antonio Ärmlich (A) den Verkaufssalon und bekennt, dass er völlig abgebrannt sei und daher sein Fahrzeug des Modells „Duc-Duc" verkaufen müsse. S will beweisen, dass auch er geschäftstüchtig ist und handelt A auf 8.000 Euro runter. Der Kaufvertrag wird sodann schriftlich fixiert. Da kein Geld in der Kasse ist, bittet S den A, am folgenden Tag wiederzukommen.

Am nächsten Morgen wird dem A von B die Zahlung des Kaufpreises verweigert, da S für das Geschäft nicht bevollmächtigt war. Außerdem habe sich B den über Nacht auf dem Platz stehengelassenen Wagen angesehen und festgestellt, dass er technisch in einem miserablen Zustand ist, so dass der Kaufpreis immer noch völlig überhöht ist. A besteht auf Erfüllung des immerhin schon schriftlich fixierten Kaufvertrags. Zu Recht?

Lösung: „Die Geschehnisse im Pavillon"

Ausgangsfall

Anspruch des D gegen B auf Übereignung des Fahrzeugs aus dem Kaufvertrag i.V.m. § 433 I 1 BGB

B wäre verpflichtet, das Fahrzeug des Typs Leoncino an D zu übereignen, wenn zwischen den beiden ein wirksamer Kaufvertrag besteht. Dann müssten sich D und B über den Kauf des Fahrzeugs geeinigt haben. D hat eine hierauf gerichtete Willenserklärung abgegeben.

B selbst ist indes nicht aufgetreten, könnte jedoch von P wirksam beim Abschluss des Vertrags vertreten worden sein. Dann müsste P im Namen des B und mit Vertretungsmacht gehandelt haben.

Da der Kaufvertrag auf einem Formular des B schriftlich fixiert wurde und auch die Umstände ergeben, dass P den Inhaber des Verkaufssalons, also B, verpflichten wollte, wurde im Namen des B gehandelt.

Fraglich ist jedoch, ob P im Rahmen der ihm erteilten Vollmacht auftrat. Die Vollmacht von P war ausdrücklich darauf beschränkt, Fahrzeuge mit einem Preisnachlass von maximal 1.000 Euro zu veräußern. P hat diese Vollmacht überschritten. Damit handelte er grundsätzlich als Vertreter ohne Vertretungsmacht, so dass das Rechtsgeschäft gemäß § 177 BGB schwebend unwirksam und mit der Verweigerung der Genehmigung durch B endgültig unwirksam wäre.

Zu prüfen ist jedoch, ob sich nicht doch eine wirksame Vertretung nach handelsrechtlichen Grundsätzen unter dem Gesichtspunkt einer Handlungsvollmacht des P gemäß § 54 I HGB i.V.m. § 54 III HGB ergibt. Die Vorschriften sind nur dann anwendbar, wenn B Kaufmann ist. B betreibt mit dem An- und Verkauf von Fahrzeugen ein Handelsgewerbe und ist damit Kaufmann gemäß § 1 HGB[86]. Die Vollmachten, die B überträgt, sind daher grundsätzlich Handlungsvollmachten, wenn dem Betreffenden nicht ausdrücklich Prokura eingeräumt wird.

---

[86] Da sich hier niemand darauf beruft, dass ein nach Art oder Umfang in kaufmännischer Weise eingerichteter Geschäftsbetrieb nicht erforderlich ist, kann dieser unterstellt und damit von einem Handelsgewerbe ausgegangen werden.

Handlungsvollmacht des P	Die dem P erteilte Vollmacht ist daher eine Handlungsvollmacht[87]. Da P zu Verkäufen ermächtigt ist, handelt es sich um eine sog. *Arthandlungsvollmacht*, die sich gemäß § 54 I HGB auf alle Geschäfte und Rechtshandlungen erstreckt, die die Vornahme derartiger Geschäfte gewöhnlich mit sich bringt.
Reichweite der Vollmacht	Im Kfz-Handel sind Preisnachlässe üblich. P hatte auch Vollmacht, übliche Preisnachlässe zu gewähren, jedoch nur bis zu 1.000 Euro. Der Kunde rechnet allerdings damit, dass der Vertreter nur solche Preisnachlässe einräumt, zu denen er auch berechtigt ist. Es könnte daher problematisch sein, ob die Beschränkung im Innenverhältnis auch im Außenverhältnis zu Lasten des D wirkt. Grundsätzlich gilt eine Vollmacht nur in dem Umfang, in dem sie erteilt wurde. Der gute Glaube an eine bestehende Vollmacht wird prinzipiell nicht geschützt, weder der gute Glaube daran, dass überhaupt eine Vollmacht besteht, noch dass diese in einer bestimmten Form erteilt wurde.
§ 54 III HGB	Die Handlungsvollmacht ist grundsätzlich – im Gegensatz zur Prokura – individuell ausgestaltbar. Es gibt keinen festumrissenen Umfang der Handlungsvollmacht, auf den sich der Rechtsverkehr in jedem Fall verlassen kann. Allerdings gewährt das HGB in § 54 III auch bei der Handlungsvollmacht einen eingeschränkten Gutglaubensschutz. Danach darf der Dritte auf einen typisierten Umfang der Handlungsvollmacht vertrauen, er muss jedoch die in § 54 II HGB enthaltenen Beschränkungen respektieren. *Sonstige* Beschränkungen der Handlungsvollmacht muss der Dritte jedoch nur dann gegen sich gelten lassen, wenn er sie kannte oder kennen musste[88].
Vertrauen auf typisierten Umfang	Damit wird der gute Glaube daran geschützt, dass der Handlungsbevollmächtigte je nach Typ der ihm erteilten Handlungsvollmacht die üblicherweise damit verbundenen Rechtsgeschäfte für den Kaufmann tätigen kann. So darf

---

[87] B hat P rechtsgeschäftlich bevollmächtigt. Da er die Vollmacht nicht ausdrücklich als Prokura eingeräumt hat, kann es sich nur um eine Handlungsvollmacht handeln.

[88] Die Anforderungen as Kennen oder Kennenmüssen von Beschränkungen einer Handlungsvollmacht sind im Interesse des sicheren Rechtsverkehrs hoch anzusetzen. Insoweit bedarf es eindeutiger, dem Dritten gegenüber abgegebenen oder jedenfalls so verbreiteten Erklärungen, dass der Anspruchsteller als Dritter ohne weiteres von Beschränkungen der Handlungsvollmacht ausgehen musste, siehe BGH NZG 2002, 1120; LAG Hamm, Urt. vom 12.12.2006, 9 Sa 555/06, juris.de.

der Vertragspartner bei einer Arthandlungsvollmacht darauf vertrauen, dass sie die in § 54 I HGB geregelten Befugnisse umfasst[89].

Folglich durfte D daher davon ausgehen, dass P im Rahmen seiner Arthandlungsvollmacht zu Verkäufen berechtigt ist, die dieses Handelsgewerbe gewöhnlich mit sich bringt. Darunter fällt grundsätzlich auch ein Verkauf mit einem branchenüblichen Preisnachlass.

Das getätigte Geschäft fällt auch nicht unter den Katalog der Beschränkungen des § 54 II HGB, die sich D in jedem Fall entgegenhalten lassen muss.

§ 54 II HGB

Ein Schutz nach § 54 III HGB kommt daher in Betracht. D durfte danach von der Beschränkung der Vertretungsmacht weder Kenntnis gehabt noch sich in fahrlässiger Unkenntnis befunden haben. D kannte die Beschränkung der Handlungsvollmacht nicht, er hatte damit keine Kenntnis von dem nur eingeschränkten Verhandlungsspielraum des P. Da der hier vereinbarte Verkaufspreis zudem noch marktüblich ist, liegt auch keine fahrlässige Unkenntnis des D vor. Das Vertrauen des D in das Bestehen einer gewöhnlichen Handlungsvollmacht, die das mit ihm getätigte Geschäft umfasst, ist damit geschützt. Die Beschränkung der Vertretungsmacht ist im Ergebnis ohne Wirkung für das Außenverhältnis, so dass von einer bestehenden Vollmacht auszugehen ist.

Kenntnis oder fahrlässige Unkenntnis

Damit ist der Kaufvertrag wirksam zustande gekommen, so dass P zur Übereignung des Autos gemäß § 433 I 1 BGB verpflichtet ist.

Anspruch: (+)

Anmerkung: § 54 III HGB schützt den gutgläubigen Vertragspartner nur vor Beschränkungen der Vertretungsmacht. Diese sind abzugrenzen von Weisungen des Kaufmanns, die festlegen, in welcher Weise die Vollmacht auszuüben ist. Der Kaufmann hat durchaus die Möglichkeit, dem Vertreter eine bestimmte Handlungsvollmacht einzuräumen und für deren Ausübung konkrete Weisungen zu erteilen. Formal hat der Vertreter aber dennoch eine im Außenverhältnis bestehende Handlungsvollmacht. Er unterliegt nur internen Weisungen. Bei Verstoß gegenüber einer internen Weisung bleibt die Vertretungsmacht im Außenverhältnis unangetastet. Ein

---

[89] So können bei einem großen Unternehmen auch Vertragsabschlüsse von erheblicher finanzieller Tragweite noch zum gewöhnlichen Geschäftsbetrieb zu rechnen sein, so daß ein Dritter in Ermangelung gegenteiliger Äußerungen davon ausgehen kann, eine aus schlüssigem Verhalten zu entnehmende Handlungsvollmacht erstrecke sich auf derartige Verträge wie auch auf Rechtsgeschäfte, die ihrer Durchführung dienen, so BGH, GmbHR 1979, 271 f.; BGH NZG 2002, 1120.

Rückgriff auf die Vorschrift des § 54 III HGB, die voraussetzt, dass gerade keine Vollmacht vorlag, ist nicht statthaft. Allenfalls nach den Regeln über den Missbrauch der Vertretungsmacht kann hier dem Kaufmann geholfen werden (siehe hierzu die Anmerkung nach Klausur Nr. 7).

1. Variante

Anspruch des D gegen B auf Übereignung der wertvollen Murano-Glasgruppe aus dem Kaufvertrag i.V.m. § 433 I 1 BGB

Kaufvertrag?

D kann Übereignung der Glasgruppe begehren, wenn er einen entsprechenden Anspruch hat. Ein solcher könnte sich nur aus einem wirksam geschlossenen Kaufvertrag herleiten.

Vollmacht?

Auch hier wurde B durch P vertreten, doch ist es problematisch, ob diese Vertretung wirksam war. P ist – dies geht aus den Umständen hervor – für den Kaufmann B aufgetreten. Es ist anerkannt, dass nach den Grundsätzen des unternehmensbezogenen Handelns grundsätzlich für den Kaufmann gehandelt wird, wenn der Vertreter im Rahmen des Handelsgewerbes auftritt.

Reichweite der Handlungsvollmacht?

Fraglich ist allerdings, ob P mit Vertretungsmacht gehandelt hat. P war als Handlungsbevollmächtigter im Verkauf tätig. Das Handelsgewerbe des B bezieht sich auf den Verkauf von fabrikneuen Fahrzeugen und nicht auf die Veräußerung von Murano-Glasgruppen oder ähnlichen Kunstgegenständen. Bei dem Verkauf handelt es sich daher nicht um ein Geschäft, das das Handelsgewerbe des B typischerweise mit sich bringt. Die einem Autoverkäufer gewöhnlich eingeräumte Arthandlungsvollmacht umfasst ferner in der Regel auch nicht die Befugnis, Gegenstände des Inventars zu verkaufen.

Da das getätigte Geschäft nicht vom typischen Inhalt einer Arthandlungsvollmacht gedeckt ist, erstreckt sich hierauf auch nicht der Gutglaubensschutz des § 54 III HGB.

Anspruch: (–)

P handelte somit als Vertreter ohne Vertretungsmacht, so dass das Rechtsgeschäft schwebend unwirksam ist. Da B zudem die Genehmigung verweigert, ist es endgültig unwirksam, so dass kein Anspruch des D auf Übereignung der Glasgruppe besteht.

§ 179 BGB

Anmerkung: D kann sich gemäß § 179 BGB lediglich an P als Vertreter ohne Vertretungsmacht halten. Hier wäre allerdings zu prüfen, ob D nicht hätte wissen müssen, dass P zum Verkauf des Inventars nicht berechtigt war (§ 179 III 1 BGB). Dann schiede auch dieser Anspruch aus.

2. Variante

Anspruch des A gegen B auf Zahlung des Kaufpreises aus dem Kaufvertrag i.V.m. § 433 II BGB

A kann Zahlung des Kaufpreises verlangen, wenn ein entsprechender Kaufvertrag mit B geschlossen wurde. Dies setzt eine entsprechende Einigung über den Ankauf des Fahrzeugs des Modells „Duc-Duc" voraus. Die Willenserklärung des A zum Abschluss des Kaufvertrags liegt schriftlich vor. [Kaufvertrag?]

Bezüglich der Willenserklärung des B könnte eine Vertretung durch S in Betracht kommen. S ist im Namen des B aufgetreten, dies ergeben die Umstände des Vertragsschlusses, insbesondere die Verwendung des entsprechenden Formulars des B. S war jedoch zu Verkäufen nicht bevollmächtigt. Er sollte sich lediglich um die Ordnung im Verkaufssalon und auf dem Platze kümmern. An- und Verkäufe durfte er nicht durchführen. Er hatte damit keine Handlungsvollmacht. [Wirksame Vertretung durch S?]

Ein Schutz des A könnte sich jedoch aus § 56 HGB ergeben. Nach dieser Vorschrift gilt derjenige, der in einem Laden oder einem offenen Warenlager angestellt ist, als ermächtigt, Verkäufe und Empfangnahmen, die in einem derartigen Laden oder Warenlager gewöhnlich geschehen, vorzunehmen. Diese Vorschrift will die Teilnehmer des Rechtsverkehrs schützen, die grundsätzlich davon ausgehen, dass derjenige, der in einem Laden angestellt ist, auch die dort typischen Rechtsgeschäfte vornehmen darf[90]. [Ladenvollmacht gemäß § 56 HGB]

§ 56 HGB spricht von Verkäufen und Empfangnahmen. Bei Empfangnahmen handelt es sich um die Annahme von Ware, also um die Mitwirkung bei Erfüllungsgeschäften, nicht jedoch um den Abschluss von Kaufverträgen. Auch die Entgegennahme des Kaufpreises ist grundsätzlich eine Empfangnahme[91]. Wer einem Kaufmann Waren liefert oder [Empfangnahme?]

---

[90] OLGR Bremen 2006, 3, wobei die branchentypischen Geschäfte mit dem branchentypischen Inhalt erfasst sind, deshalb keine Vollmachtswirkung nach § 56 BGB, wenn eine Übereignung ohne Kaufpreissicherung erfolgt.

[91] OLG Düsseldorf, Urt. vom 28.04.2008, I-1 U 239/07, juris.de; Orientierungssatz: *I-1 U 239/07: Tritt ein Ladenangestellter gegenüber dem Käufer eines Reisemobils als handlungsbevollmächtigter Filialleiter auf, so wird der Rechtsschein des § 56 HGB nicht beseitigt durch einen drucktechnisch nicht hervorgehobenen und nur schwer zu erkennenden Hinweis in der verbindlichen Bestellung darauf, dass Barzahlungen, die vom Käufer durch die AGB verlangt werden, an Verkaufsangestellte nur bei schriftlicher Ermächtigung möglich sein sollen.*

Geld überbringt, soll sich darauf verlassen können, dass Angestellte, die im Laden angetroffen werden, Geld bzw. Ware auch entgegennehmen dürfen. Der Abschluss von Rechtsgeschäften fällt schon vom Wortlaut her nicht unter den Begriff der Empfangnahme. Vielmehr setzt die Empfangnahme bereits ein Verpflichtungsgeschäft, wie z.B. einen Kaufvertrag, voraus.

Ankauf (+)

Ferner regelt § 56 HGB, dass die Angestellten grundsätzlich zu Verkäufen, die gewöhnlich in dem Laden geschehen, ermächtigt sind. Hier hat S allerdings keinen Verkauf, sondern einen Ankauf vorgenommen, so dass die Vorschrift ihrem Wortlaut nach nicht einschlägig ist.

Analoge Anwendung auf Ankäufe?

Fraglich ist jedoch, ob die Bestimmung nicht analog auf Ankäufe angewendet werden sollte. Eine entsprechende Anwendung ließe sich jedenfalls für branchentypische Ankäufe, wie sie im Kfz-Handel geschehen, erwägen. § 56 HGB stellt nach h.M. eine Rechtsvermutung im Interesse der Sicherheit des Verkehrs auf. Wer ein Ladengeschäft betritt, soll ohne besondere Nachforschung darauf vertrauen dürfen, dass die Ladenangestellten ermächtigt sind, die üblichen Verkäufe und Empfangnahmen mit Wirkung für den Geschäftsinhaber vorzunehmen. Der Interessent vertraut darauf, dass der Kaufmann die in seinem Verkaufsraum aufgestellte oder gelagerte Ware durch das dort beschäftigte Personal verkaufen will. Dies entspricht den berechtigten Erwartungen des Verkehrs[92].

Stellungnahme

Es ist allerdings weit weniger selbstverständlich, dass der Ladeninhaber generell bestimmte Waren *ankauft*. Der Kfz-Händler, zumal er mit Neufahrzeugen handelt, hat grundsätzlich nur ein bedingtes Interesse, Gebrauchtfahrzeuge anzukaufen. In der Regel wird er dies nur dann tun, wenn er gleichzeitig ein Neufahrzeug veräußern kann. Jedenfalls ist die Entscheidung über einen Ankauf in der Regel individuell festzulegen. Der Käufer kann nicht wissen, zu welchem Preis der Kaufmann das Fahrzeug erwerben will. Beim Verkauf ist es im allgemeinen organisatorisch ohne weiteres möglich, das Warenangebot und die Preise durch Preisauszeichnungen festzulegen. Beim Ankauf hingegen erfordert die Entscheidung einen wesentlich größeren Beurteilungsspielraum als beim Verkauf von Waren, was den Kunden in der Regel auch bewusst ist[93]. Der typische Kunde rechnet daher nicht damit, dass die Angestellten ohne wei-

---

[92] BGH, WM 1988, 1061, 1064.
[93] BGH, a.a.O., 1064.

teres bevollmächtigt sind, Ankäufe vorzunehmen. Der Schutz des Verkehrs ist in dieser Konstellation weit weniger gerechtfertigt als bei der Vornahme von Verkäufen. Eine analoge Anwendung lässt sich daher nicht befürworten.

S hatte also im Ergebnis keine Vollmacht für das hier getätigte Geschäft. Eine Verpflichtung des B wurde damit lediglich schwebend unwirksam begründet. Da B das Geschäft nicht genehmigt, ist es endgültig unwirksam. Ein Schutz des A kann auch nicht über die Regelung der Anscheins- bzw. Duldungsvollmacht erfolgen, da keinerlei Anhaltspunkte dafür bestehen, dass S schon häufiger aufgetreten ist bzw. dass B Veranlassung haben musste, gegen ein entsprechendes Auftreten des S Vorkehrungen zu treffen.

Vollmacht: (–)

Damit besteht kein Kaufvertrag zwischen B und A, so dass auch ein Anspruch auf Zahlung des Kaufpreises nicht vorliegt.

Anspruch: (–)

Basiswissen: Handlungsvollmacht

Ein Kaufmann kann rechtsgeschäftliche Vollmacht in Form der Prokura oder in Form der Handlungsvollmacht erteilen. In Betracht kommt auch eine BGB-Generalvollmacht, die noch weitergehende Rechte verleiht als die Prokura. Diese ist jedoch äußerst selten. Die Abgrenzung zwischen Prokura und Handlungsvollmacht bereitet keine Schwierigkeiten, da die Prokura ausdrücklich erteilt werden muss. Wird dem Vertreter also nicht ausdrücklich Prokura eingeräumt, handelt es sich in der Regel um eine Handlungsvollmacht, sofern nicht der seltene Fall einer BGB-Generalvollmacht vorliegt. Die handelsrechtliche Handlungsvollmacht ist in § 54 HGB geregelt. Sie berechtigt zu Geschäften, die das Handelsgewerbe, das der Kaufmann betreibt, gewöhnlich mit sich bringt.

Überblick

Die Handlungsvollmacht ist damit in zweifacher Hinsicht eingeschränkt: Erstens darf der Bevollmächtigte grundsätzlich nur Rechtsgeschäfte betreiben, die zum Handelsgewerbe der betreffenden Art gehören und zweitens darf er nur gewöhnliche Geschäfte vornehmen. Für die Frage der gewöhnlichen Geschäfte kommt es insbesondere auf die Branchenüblichkeit an.

Beschränkungen

Das Gesetz unterscheidet in § 54 I HGB drei Arten der Handlungsvollmacht:

Arten der Handlungsvollmacht

➢ die Generalhandlungsvollmacht,

➢ die Arthandlungsvollmacht,

➢ die Spezialhandlungsvollmacht.

Die *Generalhandlungsvollmacht* erstreckt sich auf alle Geschäfts- und Rechtshandlungen, die der Betrieb eines derartigen Handelsgewerbes für gewöhnlich mit sich bringt. Damit bleibt die Generalhandlungsvollmacht hinter der Prokura zurück, denn die Prokura umfasst auch außergewöhnliche, branchenfremde Geschäfte. Es ist bei der Prokura gerade nicht erforderlich, dass das konkret betriebene Handelsgewerbe derartige Geschäfte mit sich bringt.

Generalhandlungsvollmacht

Arthandlungsvollmacht

Die *Arthandlungsvollmacht* ermächtigt den Handlungsbevollmächtigten zur Vornahme einzelner zu einem Handelsgewerbe gehöriger Geschäfte. Sie erstreckt sich dann auf alle Geschäfte und Handlungen, die die Vornahme derartiger Geschäfte gewöhnlich mit sich bringt. Beispielsweise kann sich eine Arthandlungsvollmacht auf den Ein- bzw. Verkauf oder auf den Bereich Personal beschränken.

Spezialhandlungsvollmacht

Schließlich gibt es noch die *Spezialhandlungsvollmacht*, die sich auf ein einziges bzw. auf einzelne, genau bezeichnete Geschäfte bezieht, die zum Handelsgewerbe gehören.

Die Handlungsvollmacht berechtigt keinesfalls, ganz gleich in welcher Form sie erteilt wurde, zur Vornahme von Geschäften für den Kaufmann, die dessen privaten Bereich betreffen. Möchte der Kaufmann in diesem Bereich vertreten werden, so muss er eine BGB-Vollmacht einräumen.

Basiswissen: Selbständige Hilfspersonen des Kaufmanns

Jedes gewerbliche Unternehmen ist darauf gerichtet, Gewinn zu erzielen. Gewinn kann dauerhaft nur dann entstehen, wenn das Unternehmen wettbewerbsfähig ist, wozu vor allem eine effektive Organisation des Vertriebs gehört. Unabhängig davon, ob das Unternehmen Waren oder Dienstleistungen, wie etwa Versicherungs- und Bankprodukte, Werk- und Serviceleistungen anbietet, steht es immer vor der Aufgabe, mit möglichst geringen Kosten einen möglichst großen Umsatz zu erzielen. Der Umsatz wird im Vertrieb erzielt. Entscheidende Bedeutung kommt daher dem Umstand zu, wie der Vertrieb organisiert ist.

<small>Bedeutung des Vertriebs</small>

Waren werden klassischerweise vom Hersteller an Großhändler verkauft, die wiederum viele Einzelhändler beliefern, welche mit den Verbrauchern in Geschäftsbeziehungen stehen. Denkbar ist jedoch auch ein Vertrieb direkt vom Hersteller an die Endkunden, zum Beispiel über Niederlassungen, wie dies etwa bei Kraftfahrzeugen anzutreffen ist. Dann erfolgen die Herstellung und der Absatz an den Letztabnehmer durch ein und dasselbe Unternehmen. Die Rechtsverhältnisse der am Absatz beteiligten Mitarbeiter des Herstellers bestimmen sich in diesem Fall in der Regel nach dem Arbeitsrecht.

<small>Absatzwege</small>

Statt eines Verkaufs über Niederlassungen kommt auch die Einschaltung von rechtlich selbständigen Tochtergesellschaften, z. B. in der Rechtsform der GmbH, in Betracht. Die Rechtsverhältnisse zwischen der Mutter- und den Tochtergesellschaften richten sich dann nach dem Konzern- und Gesellschaftsrecht.

Schließlich lässt sich der Absatz aber auch über sog. *selbständige Absatzmittler* organisieren; dazu zählen der Handelsvertreter, der Kommissionär einschließlich des Kommissionsagenten, der Vertragshändler sowie der Franchisenehmer. Ebenfalls können sog. Handelsmakler in der Absatzkette beteiligt sein.

<small>Selbständige Absatzmittler</small>

138 Basiswissen: Selbständige Hilfspersonen des Kaufmanns

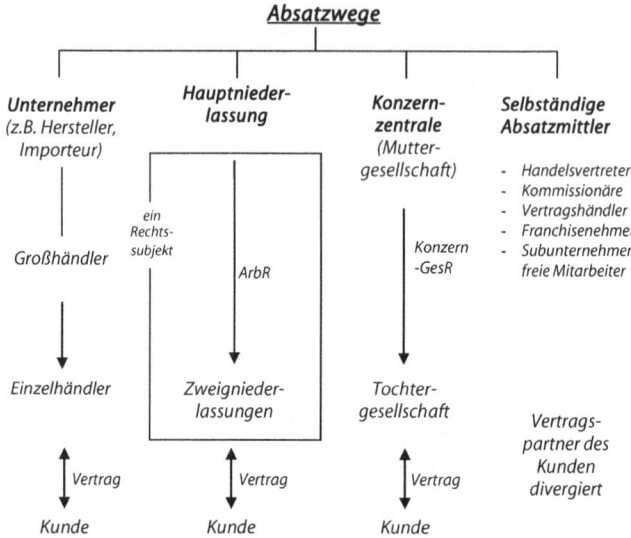

Abb. 8. Rechtliche Struktur des Vertriebs

I. Der Handelsvertreter

Definition

Der Handelsvertreter ist ausführlich im Handelsgesetzbuch geregelt (§§ 84 – 92 c HGB). Das Gesetz definiert in § 84 I HGB, was unter einem Handelsvertreter zu verstehen ist: Danach ist Handelsvertreter, wer *als selbständiger Gewerbetreibender ständig damit betraut ist, für einen anderen Unternehmer (Unternehmen) Geschäfte zu vermitteln oder in dessen Namen abzuschließen.*

Handelsvertreter und Arbeitnehmer

Den Vertragspartner des Handelsvertreters nennt das Gesetz *Unternehmer.* Diese Bezeichnung darf nicht den Blick davor verschließen, dass der Handelsvertreter seinerseits als selbständiger Gewerbetreibender Unternehmer ist. In § 84 I 2 HGB ist geregelt, dass selbständig derjenige ist, der im wesentlichen frei seine Tätigkeit gestalten und seine Arbeitszeit bestimmen kann. Ist jemand unselbständig für einen anderen tätig, handelt es sich grundsätzlich um einen Arbeitnehmer. Die Abgrenzung kann im Einzelfall schwierig sein. Im Einzelfall bedarf es stets einer Gesamtschau aller Umstände, um zu beurteilen, ob jemand tatsächlich selbständig oder unselbständig tätig ist. Nicht selten sind Handelsvertreter sog. Scheinselbständige und damit in Wirklichkeit Arbeitnehmer.

Nicht erforderlich ist, dass der Handelsvertreter Kaufmann ist, denn nach § 84 IV HGB findet das Handelsvertreterrecht auch dann Anwendung, wenn das Unternehmen des Handelsvertreters nach Art oder Umfang einen in kaufmännischer Weise eingerichteten Geschäftsbetrieb nicht erfordert. Der Handelsvertreter wird durch die Vorschriften des HGB besonders geschützt. Gerade der Handelsvertreter, der keinen kaufmännischen Apparat zur Verfügung hat, sondern in kleinerem Rahmen arbeitet, bedarf dieses Schutzes, da seine wirtschaftliche Abhängigkeit in der Regel stärker ist als die eines Handelsvertreters, der im großen Stil als Absatzmittler arbeitet.

Handelsvertreter muss nicht Kaufmann sein

Weiteres Tatbestandsmerkmal für das Vorliegen eines Handelsvertretervertrags ist die Dauerhaftigkeit seiner Tätigkeit. Der Handelsvertretervertrag stellt eine Rahmenvereinbarung dar, die Geschäftsbesorgungscharakter gemäß §§ 611, 675 BGB hat und auf eine langfristige Zusammenarbeit angelegt ist. Es besteht ein sog. Dauerschuldverhältnis.

Dauerhaftigkeit seiner Tätigkeit

Wichtigste Pflicht des Handelsvertreters ist gemäß § 86 HGB die sog. *Bemühenspflicht*, die beinhaltet, dass der Handelsvertreter sich bemühen muss, im Interesse des Unternehmers tätig zu werden.

Bemühenspflicht

Der Handelsvertreter tritt im Namen und auf Rechnung des Unternehmers auf und schließt für diesen Geschäfte ab bzw. vermittelt solche für den Unternehmer. Im ersten Fall ist er Abschlussvertreter, im zweiten Fall wird er als Vermittlungsvertreter tätig, denn er vermittelt lediglich das Geschäft, während der Unternehmer den Vertragsschluss selbst vornimmt. Der Versicherungsvertreter beispielsweise ist grundsätzlich Vermittlungsvertreter, da er den Versicherungsvertrag nicht selbst namens der Versicherungsgesellschaft mit dem Versicherungsnehmer abschließt, sondern allein den Antrag entgegennimmt und an die Versicherungsgesellschaft weiterleitet, die dann durch ihre Mitarbeiter des Innendienstes diesen Antrag ggf. nach Prüfung des Risikos annimmt.

Abschluss- und Vermittlungsvertreter

Traditionell wird zwischen dem Warenvertreter und dem Versicherungs- und Bausparkassenvertreter unterschieden. Ein Handelsvertreter muss jedoch nicht unbedingt Waren und damit Kaufverträge bzw. Versicherungs- und Bausparverträge vermitteln, es kommen auch alle anderen Verträge, z.B. Investment-, Spar- und Werkverträge usw. in Betracht.

Art der zu vermittelnden Geschäfte

Neben der Bemühenspflicht besteht eine *Interessenwahrnehmungspflicht* des Handelsvertreters, die beinhaltet, dass der Handelsvertreter die Interessen des Unternehmers wahr-

Interessenwahrnehmungspflicht und Wettbewerbsverbot

zunehmen hat und während seiner Tätigkeit insbesondere einem *Wettbewerbsverbot* unterliegt. Nach der Beendigung des Handelsvertretervertrags besteht ein solches Wettbewerbsverbot aber nur kraft besonderer Vereinbarung (§ 90 a HGB).

Das während der Vertragslaufzeit geltende Wettbewerbsverbot wird – wie die Bemühenspflicht – aus § 86 HGB gefolgert. In dieser Vorschrift sind ferner *Informationspflichten* des Handelsvertreters geregelt.

II. Der Kommissionär

Rechtsgrundlagen und Definition

Der Kommissionär ist, wie der Handelsvertreter, ebenfalls im HGB geregelt, und zwar in den §§ 383 – 406 HGB. Kommissionär ist, so sagt es § 383 I HGB, wer es gewerbsmäßig übernimmt, Waren oder Wertpapiere für Rechnung eines anderen (des Kommittenten) in eigenem Namen zu kaufen oder zu verkaufen.

Der Kommissionär wird demnach selbst Vertragspartner, da er im eigenen Namen kauft oder verkauft, jedoch wird er auf fremde Rechnung, d.h. auf Risiko eines anderen tätig.

Einzelheiten

Unterschieden wird zwischen der Einkaufs- und der Verkaufskommission. Der Kommissionär muss also nicht unbedingt in der Absatzkette des anderen Unternehmers als Verkaufskommissionär tätig sein, er kann auch bei der Beschaffung mitwirken, indem er sich als Einkaufskommissionär verdingt. Der Kommissionär muss nicht – wie auch der Handelsvertreter – in jedem Fall Kaufmann sein; dies ergibt sich aus § 383 II HGB. Danach finden die Vorschriften über das Kommissionsgeschäft auch auf Unternehmen Anwendung, die Kommissionsgeschäfte tätigen, obwohl sie nach Art oder Umfang einen in kaufmännischer Weise eingerichteten Geschäftsbetrieb nicht benötigen. Auch die Vorschriften über die Handelsgeschäfte in den §§ 343 – 372 HGB gelten, mit Ausnahme der §§ 348 – 350 HGB, für das Kommissionsgeschäft.

Zur Erinnerung: Die §§ 348 bis 350 HGB regeln Verschärfungen, die für den Kaufmann bezüglich Vertragsstrafen, Bürgschaften, Schuldversprechen und Schuldanerkenntnissen im Verhältnis zu Privatpersonen gelten. Diese Vorschriften finden auf den Kommissionär, der nicht gleichzeitig Kaufmann ist, somit keine Anwendung. Eine mündliche Bürgschaft wäre beispielsweise formnichtig (§§ 766 Satz 1, 125 Satz 1 BGB).

II. Der Kommissionär

Das Kommissionsgeschäft ist als besonderer Typ des Geschäftsbesorgungsvertrags einzuordnen und beruht auf dem Dienstvertragsrecht. Nach § 675 BGB ist ein Geschäftsbesorgungsvertrag entweder ein Dienst- oder Werkvertrag, bei dem Geschäfte von besonderer wirtschaftlicher Bedeutung für andere getätigt werden. Die Kommission beruht auf dem Dienstvertrag, weil der Kommissionär keinen Erfolg, sondern seine Dienste im Ein- oder Verkauf schuldet.

Vertragstyp

Bei der Kommission sind zwei Ebenen zu unterscheiden, die des Innenverhältnisses in Form des Kommissionsgeschäfts und die des Außenverhältnisses durch das Ausführungsgeschäft. Die Vertragspartner des Kommissionsgeschäfts sind der *Kommissionär* und der *Kommittent*. Der Kommissionär wird vom Kommittenten beauftragt gegen Kommission – d.h. für eine Gegenleistung in Geld – Waren oder Wertpapiere auf Rechnung des Kommittenten anzukaufen oder zu verkaufen. Das Rechtsgeschäft zwischen dem Kommissionär und dem Dritten bezeichnet man als *Ausführungsgeschäft*. Das Ausführungsgeschäft ist vom Kommissionsvertrag rechtlich unabhängig. Ein Vertragsverhältnis besteht nur zwischen dem Kommissionär und dem Dritten. Der Kommittent wird durch das Ausführungsgeschäft weder berechtigt noch verpflichtet.

Dreiecksverhältnis

Abb. 9. Struktur des Kommissionsgeschäfts

Charakteristisch für das Kommissionsgeschäft ist das Handeln des Kommissionärs im *eigenen Namen*, aber auf *fremde Rechnung*. Da der Kommissionär im eigenen Namen handelt, wird er Vertragspartner des Ausführungsgeschäfts, so dass er selbst zur Erfüllung und zur Gewährleistung berechtigt und verpflichtet ist.

Der Kommissionär kann vom Kommittenten als Gegenleistung für die Vornahme der Ausführungsgeschäfte Provision, die sog. Kommission gemäß § 396 HGB, sowie Aufwendungsersatz gemäß §§ 675, 670 BGB verlangen.

Ansprüche des Kommissionärs

Kommissionsagent	Der *Kommissionsagent* ist ein Kommissionär, der ständig für den Unternehmer tätig ist. Der klassische Kommissionär, wie ihn sich das HGB vorstellt, wird gewerbsmäßig für eine Vielzahl von Unternehmern tätig und dabei von diesen fallweise eingeschaltet. Anders der Kommissionsagent, der aufgrund eines Dauerschuldverhältnisses nur für einen Unternehmer kontinuierlich im Einsatz ist und seiner Stellung nach dem Handelsvertreter ähnelt.

III. Der Vertragshändler

Überblick	Der Vertragshändler gehört zu den Eigenhändlern, d.h. er kauft Waren im *eigenen Namen* und auf *eigene Rechnung*. Dadurch unterscheidet er sich nicht von gewöhnlichen Groß- oder Einzelhändlern, die ebenfalls Waren im eigenen Namen und auf eigene Rechnung ankaufen und verkaufen.
Vertragshändlervertrag	Rechtliche Grundlage für die Tätigkeit des Vertragshändlers ist ein Rahmenvertrag, der sog. Vertragshändlervertrag, der auf eine gewisse Dauer angelegt ist und durch den sich der Vertragshändler verpflichtet hat, die Waren des Lieferanten bzw. des Herstellers dauerhaft zu vertreiben, wobei er in die Verkaufsorganisation des Herstellers integriert wird. Diese dauerhafte Integration in die Verkaufsorganisation des Herstellers ist für den Vertragshändler charakteristisch.
Wirtschaftlicher Hintergrund	Typischerweise erfolgt die Integration in eine Absatzkette in den Fällen, in denen Markenprodukte an den Endverbraucher verkauft werden sollen. Markenartikel, wie etwa hochwertige Uhren, Kameras oder Kraftfahrzeuge bedürfen eines nicht unerheblichen Know-hows, um vermarktet zu werden. Erforderlich ist oft eine fachkundige Beratung, d.h. geschultes Personal. Bei Kraftfahrzeugen müssen ferner ein Ersatzteillager und eine Kfz-Werkstatt vorgehalten werden, da der Kunde, der ein Fahrzeug gekauft hat, in der Regel erwartet, dass er auch hinsichtlich der Serviceleistungen vom Händler versorgt wird. Durch Vertragshändlerverträge lässt sich zudem ein „Verramschen" von Markenprodukten verhindern. Wenn auch aus kartellrechtlichen Gründen die Preisbindung verboten ist, so kann über unverbindliche Preisempfehlungen und über eine starke Integration des Vertragshändlers in die Absatzkette des Herstellers im Regelfall erreicht werden, dass der Vertragshändler sich an die Preisempfehlungen hält.

Der Wert der Marke wird, beispielsweise bei hochwertigen Uhren oder Kameras, auch über den Preis definiert; solche Produkte sollen nicht über Großmärkte „verschleudert" werden. Auch würde sich kein Vertragshändler einen Lagerbestand anlegen, wenn sich etwa der Preis einer neu eingeführten Kamera nach kurzer Zeit im freien Fall befände. Der Vertragshändler tritt zwar im eigenen Namen und auf eigene Rechnung auf, er verwendet jedoch bei seinem Auftreten im Rechts- und Handelsverkehr den Namen bzw. die Marken des Herstellers. Ein Vertragshändler, der z.B. für einen Kfz-Hersteller tätig ist, wird also stets auf die Marke hinweisen, mit der das Publikum eine gewisse Qualität verbindet.

<small>Marke bzw. Name des Herstellers</small>

Damit profitiert der Vertragshändler von der sog. Sogwirkung der Marke. Im Gegenzug ist er bereit und verpflichtet, Konkurrenzwettbewerb zu unterlassen und Produkte von Konkurrenten nicht gleichfalls im Sortiment anzubieten. Folglich trifft auch den Vertragshändler – wie den Handelsvertreter – damit eine Bemühens- und Interessenwahrnehmungspflicht, die bei ihm als sog. Absatzförderungspflicht bezeichnet wird.

<small>Absatzförderungspflicht</small>

Auf das Vertragshändlerverhältnis werden die Vorschriften des Handelsvertreters angewandt, soweit diese auf die besondere Situation des Vertragshändlers übertragbar sind. Nicht anwendbar sind dagegen die Vorschriften über die Provisionsabrechnung oder über die Vollmacht des Handelsvertreters, da der Vertragshändler im eigenen Namen und auf eigene Rechnung auftritt (z.B. §§ 86 b, 87 c, 91, 91 a HGB), d.h. keine Provision erhält und nicht mit Vollmachten ausgestaltet ist.

<small>Anwendung des Handelsvertreterrechts</small>

IV. Der Franchisenehmer

Franchisenehmer werden ebenfalls – wie Vertragshändler – im *eigenen Namen* und auf *eigene Rechnung* tätig. Sie sind jedoch bis zur Unkenntlichkeit ihres eigenen Namens in die Absatzorganisation des Unternehmers integriert. Franchisenehmer sind berechtigt, ein sog. Franchise-Paket zu nutzen, für das sie ein Entgelt (Franchise-Gebühr) zahlen. Diese Zahlung der Franchise-Gebühr unterscheidet sie vom Handelsvertreter oder Vertragshändler.

<small>Grundlagen</small>

Im Wege des Franchising können Produkte und Dienstleistungen vermarktet werden. Hotels und Gaststätten werden oft über Franchising betrieben, so etwa bei den Ketten

<small>Typen des Franchising</small>

Pizza-Hut, McDonald's oder Holiday Inn. Auch viele Waren werden an den Endkunden über Franchisenehmer verkauft, z.B. über Modeboutiquen. Selbst juristische Repetitorien arbeiten mit Franchisenehmern. Sogar Sprachreisen werden im Wege des Franchising abgesetzt. Auch Herstellungsfranchising existiert, wenn z.b. jemand berechtigt ist, das Herstellungsverfahren eines anderen zu benutzen, etwa bei der Herstellung einer Limonade nach einem bestimmten Rezept.

Franchise-Paket

Das Franchise-Paket kann unterschiedliche Leistungen beinhalten. Diese richten sich nach dem Typ des Franchising. Setzt der Franchisenehmer z.B. Waren ab, muss er berechtigt ein, diese zu bestimmten Konditionen vom Franchisegeber zu beziehen und das notwendige Know-how über das Produkt zu erhalten. Stets ist der Franchisenehmer berechtigt und verpflichtet, die Außendarstellung und Organisation des Geschäftsbetriebs nach den Vorgaben des Franchisegebers einzurichten. Im Interesse einer wirkungsvollen Außendarstellung, insbesondere wegen des Wiedererkennungseffekts und der Wertschätzung, die der Marke des Franchisegebers entgegengebracht wird, ist ein einheitliches Auftreten gewünscht. Der Franchisegebers kann sich ferner verpflichtet haben, Werbemaßnahmen zur Steigerung oder Aufrechterhaltung des Markennamens zu veranstalten, das Personal zu schulen oder für EDV-Organisation zu sorgen.

Vertrag mit Endkunden

Vertragspartner des Endkunden wird der Franchisenehmer, auch wenn dieser nach außen hin mit seinem Namen nicht in Erscheinung tritt. Dies folgt aus den Grundsätzen des unternehmensbezogenen Geschäfts. Ob im Einzelfall auch eine Rechtsscheinshaftung des dahinterstehenden Franchisegebers in Betracht kommt, ist nicht abschließend entschieden. Auch die Frage, wer produkthaftungspflichtig ist, muss jeweils im Einzelfall beantwortet werden.

Gefahr der Scheinselbständigkeit

Der Franchisenehmer kann auf Basis des Franchisevertrags und des mitgelieferten Franchisepakets teilweise so weisungsabhängig in die Absatzorganisation des Franchisegebers eingegliedert sein, dass er in Wirklichkeit als Arbeitnehmer einzustufen ist[94].

Gesetzliche Regelungen

Gesetzliche Regelungen fehlen für den Franchisenehmer ebenso wie beim Vertragshändler. Auch hier wird eine analoge Anwendung des Handelsvertreterrechts befürwortet.

---

[94] Siehe BAG, Neue Zeitschrift für Arbeitsrecht 1997, 1126 f.

Relevant wird das insbesondere beim Ausgleichsanspruch gemäß § 89 b HGB[95].

---

[95] Über eine entsprechende Anwendung hat der BGH bisher noch nicht abschließend entschieden, siehe BGH, NJW 1997, 3308; NJW 1997, 3311 Benetton), dafür h.L. *Baumbach/Hopt*, § 89 b Rdnr. 4; *Canaris* § 18 Rdnr. 29.

Klausur 9: „Der nimmersatte Stephan" ***

Schwerpunkt: Der Handelsvertreter

Stephan Satt (S) ist als selbständiger Vermittler der international agierenden Firma „Rabe Versicherungsmakler" (R) für die Region Berlin und Brandenburg zuständig.

R betreibt als Einzelkaufmann das Gewerbe des Versicherungsmaklers, wobei er in diesem Rahmen für gewerbliche Kunden in allen Versicherungsangelegenheiten für maßgeschneiderten Versicherungsschutz sorgt.

Die Tätigkeit des R besteht darin, für seine Kunden Versicherungsverträge zu vermitteln, wobei er mit einer Vielzahl von Versicherungsunternehmen zusammenarbeitet. Nach dem Abschluss eines Versicherungsvertrags betreut er den Versicherungsnehmer weiter, da er den Vertrag verwaltet und bei der Regulierung von Schadensfällen behilflich ist. R erhält für seine Tätigkeit von den Versicherungsunternehmen Provisionen (sog. Courtage), die durchschnittlich ca. 20 % der von seinen Kunden gezahlten Versicherungsprämien entsprechen.

Die Akquisition neuer Versicherungsverträge erfolgt unter anderem über Handelsvertreter wie S, die Provisionen erhalten, wenn sie Kunden mit entsprechenden Abschlüssen vermitteln (sog. Untervermittler).

S hat den Standort Berlin und Brandenburg als Handelsvertreter für R mit einem ansehnlichen Kundenbestand aufgebaut. Jahrelang akquirierte er sehr erfolgreich, ohne dass seine Provision in vergleichbarer Weise aufgebessert worden wäre. Obgleich er den gesamten Bestand einschließlich der Schadensfälle verwaltet, berechnet sich seine Provision nur nach Maßgabe der neu akquirierten Abschlüsse.

Für jeden Vertragsabschluss erhält S eine Einmalprovision, durch die sein Provisionsanspruch vollständig abgegolten ist. Auch wird ihm der Titel des Gebiets- bzw. Regionalleiters, z.B. zum Zwecke des Aufdrucks auf die Visitenkarte verwehrt, obwohl er den Standort Berlin und Brandenburg tatsächlich leitet. S arbeitet seit Beginn seiner Tätigkeit lediglich aufgrund eines mündlich geschlossenen Handelsvertretervertrags, dessen Inhalt R im wesentlichen vorgab.

In diesem wurde S ein nachvertragliches Wettbewerbsverbot für die Dauer von zwei Jahren ab dem Ausscheidenszeitpunkt auferlegt. S – damals unerfahren – hat dem mündlich zugestimmt. Ferner willigte S ein, dass er für die Zeit nach Beendigung des Handelsvertretervertrags auf einen Ausgleich für seinen aufgebauten Kundenstamm verzichtet.

Nach fünf Jahren ist es S leid, unter diesen Bedingungen weiter für R zu arbeiten. Nach einigen Vorbereitungen kündigt er seinen Handelsvertretervertrag und gründet ein eigenes einzelkaufmännisches Versicherungsmaklerunternehmen. Für dieses wirbt er ca. 90 % des Kundenstamms von R ab und übernimmt zudem sämtliche 30 Mitarbeiter. S ist fortan Inhaber eines Unternehmens mit einer kaufmännischen Organisation, die wegen der Art und des Umfangs der Geschäfte auch unbedingt erforderlich ist.

a) Dem ehemaligen „Brötchengeber" R paßt die Entwicklung gar nicht, er sinnt auf Rache: R verlangt aufgrund des Wettbewerbsverbots von S unverzüglich, dass dieser die Versicherungsmaklergeschäfte unterlässt und ihm Schadensersatz leistet. Besteht ein Anspruch des R?

b) S hingegen möchte für seine Aufbauarbeit zusätzlich entschädigt werden. Vor allem auch deshalb, weil R – ohne einen Handschlag dafür zu tun – immer noch 10 % des Versicherungsbestands behalten hat und daraus ständig neue Abschlüsse resultieren. S fragt daher, ob er wegen dieser Aufbauarbeit einen Anspruch gegen R auf Zahlung einer Geldsumme hat. Die Höhe dieses Anspruchs ist nicht zu berechnen.

c) R hat beim zuständigen Handelsregister angeregt, dass dieses den S mit Zwangsgeld dazu anhält, sich im Handelsregister eintragen zu lassen. Wird das Registergericht dem Ansinnen des R nachkommen?

Lösung: „Der nimmersatte Stephan"

I. Anspruch des R gegen S auf Unterlassung des Konkurrenzwettbewerbs und ggf. auf Schadensersatz aus dem vertraglich vereinbarten Wettbewerbsverbot gemäß § 90 a I HGB i.V.m. § 280 I BGB

Ein Anspruch des R könnte sich aus dem vertraglich vereinbarten Wettbewerbsverbot ergeben. § 90 a HGB lässt nachvertragliche Wettbewerbsverbote für den Handelsvertreter grundsätzlich zu. Wird gegen ein nachvertragliches Wettbewerbsverbot verstoßen, ergeben sich Ansprüche des Unternehmers auf Unterlassung und ggf. auch auf Schadensersatz. Der Schadensersatzanspruch lässt sich entweder in Analogie zu § 61 I HGB oder nach § 280 I BGB begründen.

Anspruchsgrundlage

Erforderlich ist jedoch zunächst, dass die Voraussetzungen des § 90 a HGB erfüllt sind. S müsste danach zunächst als Handelsvertreter für R tätig geworden sein.

Voraussetzungen des § 90 a HGB

Handelsvertreter ist gemäß § 84 I HGB, wer als selbständiger Gewerbetreibender ständig damit betraut ist, für einen anderen Unternehmer Geschäfte zu vermitteln oder in dessen Namen abzuschließen. S vermittelte für R Kunden, die sich durch Abschluss eines Versicherungsmaklervertrags damit einverstanden erklären, dass ihre Versicherungsangelegenheiten über R als Versicherungsmakler ihres Vertrauens geregelt werden.

S als Handelsvertreter?

Dass die Versicherungsverträge mit den Versicherungsunternehmen zustande kommen und sich nach den von diesen gezahlten Versicherungsprämien die Provisionen des R und damit auch mittelbar die Abschlussprovisionen des S bestimmen, ändert nichts daran, dass S als Vermittler für R fungiert, da er für diesen einen Versicherungsbestand vermittelt bzw. aufbaut. S war daher aufgrund eines mündlich geschlossenen Vertrags als Handelsvertreter für R tätig, weshalb die Vorschriften des Handelsvertreterrechts und damit auch § 90 a HGB zur Anwendung kommen, sofern ihre weiteren Voraussetzungen erfüllt sind.

Anmerkung: Ein Versicherungsmakler wird aufgrund eines mit den Versicherungsnehmer geschlossenen Vertrags für diesen tätig. Der Versicherungsnehmer erteilt dem Versicherungsmakler sog. Maklervollmacht, die den Makler u.a. berechtigt, Versicherungsverträge abzuschließen, zu ändern und zu beenden. Der Versicherungsmakler verwaltet den Bestand an Versicherungsverträgen und sorgt für ausreichenden Versicherungsschutz. Er ist Handelsmakler gemäß § 93 I HGB.

Status des Versicherungsmaklers

Der typische Handelsmakler im Sinne des HGB steht neutral zwischen den Parteien. Er erhält von beiden Seiten Courtage und ist von keiner Vertragspartei ständig betraut. Hingegen ist der Versicherungsmakler gerade ständig vom Versicherungsnehmer und damit von einer Vertragspartei mit der Wahrnehmung von deren Versicherungsangelegenheiten beauftragt. Von seinem Vertragspartner, dem Versicherungsnehmer, erhält der Versicherungsmakler jedoch keine Vergütung. Vielmehr zahlen ihm traditionell die Versicherungsgesellschaften Courtage, die sich ihrer Höhe nach an der vom Versicherungsnehmer gezahlten Versicherungsprämie bemisst.

Trotz der Zahlung der Courtage vom Versicherer steht der Versicherungsmakler im Lager des Versicherungsnehmers und hat dessen Interessen wahrzunehmen. Für die Anwerbung und Betreuung seiner Kunden kann ein Versicherungsmakler seinerseits – wie hier geschehen – Handelsvertreter einschalten.

Schriftformerfordernis nicht gewahrt

Nach § 90 a HGB ist ein Wettbewerbsverbot nur wirksam, wenn es schriftlich vereinbart wurde und dem Handelsvertreter eine vom Unternehmer unterzeichnete, die vereinbarten Bedingungen enthaltende Urkunde übergeben wurde (§ 90 a I 1 HGB). Hierbei ist nicht erforderlich, dass das Wettbewerbsverbot in eine gesonderte Urkunde aufgenommen wird; eine Regelung im Handelsvertretervertrag, der auch die sonstigen Vereinbarungen enthält, die mit dem Handelsvertreter getroffen werden, ist ausreichend. Entgegen dem missverständlichen Wortlaut des § 90 a I 1 HGB muss auch der Handelsvertreter, nicht nur der Unternehmer, die Vereinbarung unterzeichnen[96]. An dieser Schriftform fehlt es hier, da das Wettbewerbsverbot nur mündlich vereinbart wurde. Das Wettbewerbsverbot ist daher unwirksam.

Anspruch: (–)

Da das Wettbewerbsverbot unbeachtlich ist, besteht ein Anspruch auf Unterlassung oder auf Schadensersatz seitens des R nicht.

Einzelheiten zum Wettbewerbsverbot

Anmerkung: Die in dem Klausurfall vereinbarte zeitliche Begrenzung des Wettbewerbsverbots auf zwei Jahre würde dem Gesetz entsprechen, es fehlt aber eine räumliche Einschränkung des im übrigen schon formunwirksamen Wettbewerbsverbots, da nach § 90 a HGB das Wettbewerbsverbot nur auf den dem Handelsvertreter zugewiesenen Bezirk beschränkt werden darf. Da S für Berlin und Brandenburg zuständig war, könnte ihm nach Vertragsbeendigung nicht ein bundesweites Wettbewerbsverbot auferlegt werden. Ohne eine räumliche Einschränkung ist davon auszugehen, dass sich das Wettbewerbsverbot umfassend auf das ganze Bundesgebiet erstreckt, was unzulässig wäre.

---

[96] Siehe *Küstner* in Röhricht/von Westphalen, HGB, § 90 a Rdnr. 8.

Der Handelsvertreter, der sich auf ein nachvertragliches Wettbewerbsverbot einlässt, hat Anspruch auf Zahlung eines finanziellen Ausgleichs (sog. Karenzentschädigung). Die Karenzentschädigung dient als Gegenleistung für die Unterlassung des Wettbewerbs und damit die Nichtnutzung wirtschaftlicher Möglichkeiten. Karenz bedeutet soviel wie Wartezeit, es handelt sich also um eine Entschädigung, die im Prinzip „für das Nichtstun" bezahlt wird. Die Karenzentschädigung muss beim Handelsvertreter – im Gegensatz zum Handlungsgehilfen (siehe § 74 II HGB) – nicht Vertragsbestandteil sein, der Anspruch auf Zahlung dieser Entschädigung entsteht vielmehr kraft Gesetzes, sobald ein nachvertragliches Wettbewerbsverbot vereinbart wurde, auch wenn keine Klausel über eine Karenzentschädigung in das Wettbewerbsverbot aufgenommen worden ist.

Karenzentschädigung

II. Anspruch des S gegen R auf Zahlung des Ausgleichsanspruchs gemäß § 89 b I HGB

Nach § 89 b I HGB kann der Handelsvertreter nach Beendigung des Handelsvertretervertrags von dem Unternehmer unter bestimmten Umständen einen angemessenen Ausgleich in Geld verlangen.

Ausgleichsanspruch

Der Ausgleichsanspruch könnte hier vertraglich ausgeschlossen sein, da sich S im Voraus mündlich damit einverstanden erklärt hat, für den aufgebauten Kundenstamm keine Entschädigung zu erhalten. Ein vertraglicher Ausschluss des Ausgleichsanspruchs im Voraus ist jedoch gemäß § 89 b IV 1 HGB nicht statthaft. Damit wird der wirtschaftlichen Abhängigkeit des Handelsvertreters Rechnung getragen, der während des Bestehens des Handelsvertreterverhältnisses eher bereit ist, sich dem Druck des Unternehmers zu beugen und auf seinen Ausgleichsanspruch zu verzichten.

Ausschluss unwirksam

Formell setzt der Ausgleichsanspruch eine Beendigung des Handelsvertreterverhältnisses sowie eine Geltendmachung innerhalb eines Jahres nach der Beendigung voraus. Diese beiden Formalien sind hier gewahrt.

Beendigung und Jahresfrist

Vorausgesetzt wird nach § 89 b I Nr. 1 HGB ferner, dass der Unternehmer aus der Geschäftsverbindung mit den von S geworbenen Kunden auch nach Beendigung des Handelsvertretervertrags erhebliche Vorteile hat. Nach Absatz 5 des § 89 b kommt es bei einem Versicherungsvermittler auf die zusätzlich vermittelten Versicherungsverträge und nicht auf die neu geworbenen Kunden an. R bezieht aus dem Versi-

Erhebliche Vorteile

cherungsbestand, der ihm zu 10 % verblieben ist, weitere Courtagezahlungen. Damit erlangt R aus der Tätigkeit des S auch zukünftig noch erhebliche Vorteile.

Künftige Provisionsverluste

Einen Ausgleichsanspruch hat der Handelsvertreter schließlich nur dann, wenn er infolge der Beendigung des Handelsvertretervertrags Provisionen verliert, die er bei Fortsetzung desselben aus bereits abgeschlossenen oder künftig zustande gekommenen Geschäften mit den von ihm geworbenen Kunden erhalten hätte.

Besonderheiten beim Versicherungsvertreter

Beim Versicherungsvertreter greift wiederum § 89 b V HGB als Sonderregelung ein. Danach sind die künftigen Provisionsverluste aus den bereits vermittelten Versicherungsverträgen, nicht jedoch die Provisionsverluste aus dem vom Vermittler aufgebauten Bestand an Versicherungsnehmern entscheidend. Hintergrund ist folgender: Nach der Vorstellung des Gesetzgebers soll der Versicherungsvertreter für die von ihm vermittelten Verträge solange Provisionen erhalten, wie diese Verträge bestehen[97]. Dies betrifft auch die Zeit nach Beendigung des Handelsvertreterverhältnisses. Danach hätte der Versicherungsvertreter überhaupt keine Provisionsverluste aus dem von ihm vermittelten Versicherungsbestand, so dass er auch keinen Ausgleichsanspruch erhielte. Ihm kommt seine Aufbauarbeit ja durch die Zahlung der weiteren Provisionen zugute.

Keine zukünftigen Verluste bei Einmalprovisionen

Der Versicherungsvertreter hat dann keinen Anspruch auf die Fortzahlung der Provisionen, wenn mit ihm eine abweichende Regelung getroffen wurde. Eine abweichende Regelung wäre beispielsweise eine Provisionsverzichtsklausel bei Beendigung des Handelsvertreterverhältnisses oder die hier getroffene Vereinbarung von Einmalprovisionen, wodurch der Anspruch des Handelsvertreters für den bereits vermittelten Vertrag vollständig abgegolten wäre. Danach würde S keine zukünftigen Provisionen für bereits vermittelte Verträge verlieren und demzufolge auch keinen Ausgleichsanspruch haben.

Konkrete Situation des S

Fraglich ist jedoch, ob sich diese Überlegung wirklich auf S, der ja für einen Versicherungsmakler und nicht für ein Versicherungsunternehmen vermittelt, übertragen lässt. Da S für R einen Bestand an Versicherungskunden aufgebaut hat, die in der Regel umfassend ihre Versicherungsangelegenheiten über R wahrnehmen lassen, könnte bei einem Ver-

---

[97] Ausführlich siehe *Küstner/Thume*, Handbuch des gesamten Außendienstrechts, Bd. 2, Rdnr. 16 ff.

treter, der für einen Versicherungsmakler vermittelt, überlegt werden, ob statt des Bestands an Versicherungsverträgen nicht doch der Kundenbestand entscheidend ist.

Neue Abschlüsse können entweder von neuen Kunden oder von bereits bestehenden Kunden getätigt werden. Letztere könnten neue Risiken versichern lassen oder bestehende Verträge, z.B. hinsichtlich der Versicherungssumme, erweitern. Ein Ausgleichsanspruch könnte daher dann bestehen, wenn die zukünftigen Abschlüsse aus dem bisherigen Bestand resultieren, fiktive Neukunden werden nicht berücksichtigt.

Bei Versicherungsverträgen besteht allerdings die Problematik, dass Abschlüsse meist das Produkt neuer Vermittlungsbemühungen sind und nicht aus dem Bestand fließen, wie etwa Nachbestellungen bei Kunden eines Warenvertreters[98]. Hat beispielsweise ein Handelsvertreter ein medizinisches Gerät verkauft, für das ständig Einwegmaterial als Zubehör nachbestellt werden muss, so ist mit festen Nachbestellungen und entsprechenden Provisionen für den Handelsvertreter zu rechnen, ohne dass der Handelsvertreter hierfür zusätzliche Aktivitäten entfalten muss. Der Abschluss eines neuen Versicherungsvertrags hingegen erfordert neue Bemühungen. Beim Versicherungsmakler ist allerdings zu berücksichtigen, dass dieser sich Maklervollmacht einräumen lässt, durch die er den Kunden umfassend in allen Versicherungsangelegenheiten betreut. Es ist bei Bestehen eines Maklervertrags daher sehr wahrscheinlich, dass der Kunde ihn bei neuen Verträgen mit der Ermittlung eines günstigen Angebots beauftragt. Daher ist bei einem von einem Makler verwalteten Bestand durchaus davon auszugehen, dass aus dem Bestand auch ohne Akquisitionsbemühungen weitere Abschlüsse resultieren. Zugunsten des S sind daher künftige Provisionsverluste aus dem vermittelten Bestand anzunehmen.

Für S ist damit zu ermitteln, welche Abschlüsse aus dem von ihm aufgebauten Bestand prognostiziert werden können. In der Praxis werden die Provisionseinnahmen aus den letzen 12 Monaten vor der Beendigung des Handelsvertreterverhältnisses als Ausgangsgröße genommen und auf einen Prognosezeitraum bezogen, der sich danach richtet,

Abschlüsse aus Bestand entscheidend?

Neue Vermittlungsbemühungen oder Früchte des Bestands?

Höhe?

---

[98] *Küstner/Thume*, Handbuch des gesamten Außendienstrechts, Bd. 2, Rdnr. 18 und 811.

wie hoch die Fluktuationsquote der Kunden ist[99]. Hier muss die Abwanderung von 90 % des Kundenstamms an S anspruchsmindernd berücksichtigt werden.

Billigkeit?

Nach Nr. 3 von § 89 b I HGB muss die Zahlung des Ausgleichs unter Berücksichtigung aller Umstände der Billigkeit entsprechen.

Abwerbung der Kunden

Hier hat sich S als Konkurrent von R niedergelassen und 90 % der Kunden abgeworben. Die Aufnahme einer Konkurrenzvertretung kann durchaus den Ausgleichsanspruch im Rahmen der Billigkeit ausschließen[100]. Es muss sich jedoch, so wird zu Recht vertreten, um eine schuldhafte Vertragsverletzung, d.h. um eine unzulässige Konkurrenztätigkeit, handeln[101]. Da S kein wirksames nachvertragliches Wettbewerbsverbot auferlegt wurde, darf er grundsätzlich auch mit dem Kundenstamm des R Geschäfte machen bzw. diesen abwerben. Er darf dies nur nicht in wettbewerbswidriger Weise tun, etwa indem er unerlaubte Kündigungshilfe dadurch gibt, dass er en Kündigungsentschluss überhaupt erst hervorruft und die Kündigungsschreiben vorformuliert und von den Kunden nur noch abzeichnen lässt[102]. Ansonsten herrscht freier Wettbewerb, S darf Konkurrenzgeschäfte betreiben. Dies wirkt sich zwar anspruchsmindernd aus, da der Unternehmer aus diesem Bestand keine Vorteile mehr hat und S insoweit auch keine Provisionsverluste erleiden kann, jedoch nicht anspruchsausschließend, d.h. der Bestand, der beim Unternehmer verbleibt, ist grundsätzlich auch durch eine Ausgleichszahlung abzugelten[103].

Ausschluss durch Eigenkündigung?

Nach § 89 b III Nr.1 HGB besteht der Anspruch allerdings nicht, wenn der Handelsvertreter das Vertragsverhältnis gekündigt hat, was hier der Fall ist. Damit scheidet zunächst ein Anspruch des S aus.

Ausnahme: Kündigung aus begründetem Anlass

In § 89 III Nr. 1 HGB heißt es aber weiter, dass der Ausgleichsanspruch dann nicht ausgeschlossen ist, wenn der Unternehmer einen *begründeten Anlass* für die Kündigung

---

[99] Siehe Berechnungsbeispiel bei: *Abrahamczik*, Der Handelsvertretervertrag, 2. Aufl. 1999, S. 73 ff.
[100] BGH, BB 1960, 1179.
[101] BGH, VersR 1985, 264; BGH, BB 1966, 1410; *Küstner/Thume*, Handbuch des gesamten Außendienstrechts, Bd. 2, Rdnr. 958.
[102] Nach Ansicht des BGH, NJW 2005, 2012 ist das Vorformulieren von Kündigungsschreiben vdurch ehemaklige Handelsvertreter nicht per se unzulässig, es muüssen unlautere Mehtoden hinzukommen.
[103] BGH, BB 1966, 1410; *Küstner/Thume*, Handbuch des gesamten Außendienstrechts, Bd. 2, Rdnr. 958.

des Handelsvertreters gegeben hat. Ein begründeter Anlass muss nicht so schwerwiegend sein, dass hierauf eine fristlose Kündigung gestützt werden kann. Es genügt vielmehr schon, wenn weniger gewichtige Gründe vorliegen. Das Verhalten des Unternehmers muss den Handelsvertreter in eine nach Treu und Glauben nicht haltbare Lage gebracht haben, so dass ihm eine Fortsetzung des Vertrags nicht zumutbar ist[104]. Die geschaffene Situation muss für den Handelsvertreter nicht mehr hinnehmbar sein[105]. Fraglich ist, ob in der Provisionspolitik des R ein begründeter Anlass zu sehen ist. Dann müsste das Festhalten an dieser Provisionsvereinbarung für S nicht hinnehmbar gewesen sein bzw. dieser sich in einer unhaltbaren Lage befunden haben.

Grundsätzlich wird man wohl annehmen müssen, dass vor allem Vertragsverstöße einen begründeten Anlass darstellen. Vertragsverstöße liegen beispielsweise vor, wenn Provisionen unzulässig gekürzt oder einbehalten worden sind, was hier nicht der Fall ist. Allerdings kann auch ein rechtmäßiges unverschuldetes Verhalten des Unternehmers einen begründeten Anlass darstellen, wenn dem Handelsvertreter ein Festhalten am Vertrag objektiv nicht zumutbar ist[106].

Abwägung

Eine nicht angemessene Provisionszusage allein dürfte nicht genügen, vielmehr müsste der Handelsvertreter zunächst von sich aus die Initiative ergriffen und eine Änderung in sachgerechter Weise angestrebt haben. Nur wenn diese treuwidrig verweigert wird, kann ein begründeter Anlass angenommen werden. Da hier jedoch nicht ersichtlich ist, ob S überhaupt jemals versucht hat, die Provisionsvereinbarung zu seinen Gunsten zu ändern, kann über diese Ausnahme nicht abschließend entschieden werden.

Es ist daher davon auszugehen, dass der Ausgleichsanspruch des S durch seine Eigenkündigung ausgeschlossen ist.

Anspruch: (–)

Anmerkung: Die gegenteilige Ansicht ist mit entsprechender Argumentation selbstverständlich vertretbar.

---

[104] *Küstner/Thume*, Handbuch des gesamten Außendienstrechts, Bd. 2, Rdnr. 1145.
[105] BGH, NJW 1996, 848, 849; LG Koblenz, NJW 1993, 406.
[106] BGH, NJW 1996, 848, 849; *Koller/ Roth/Morck*, § 89b Rdnr. 16.

III. Eintragung des S in das Handelsregister

Das Handelsregister wird S dazu anhalten, sich zur Eintragung in das Handelsregister anzumelden, wenn er hierzu verpflichtet ist.

§ 14 HGB

Rechtsgrundlage ist § 14 HGB. Danach ist ein Zwangsgeld festzusetzen, wenn jemand seiner Pflicht zur Anmeldung nicht nachkommt. Es muss sich allerdings um die sog. öffentlich-rechtliche Anmeldepflicht handeln. Dies wird bei Tatsachen angenommen, deren Eintragung deklaratorisch wirkt. Stimmt die Handelsregistereintragung mit der tatsächlichen Rechtslage aufgrund von Veränderungen nicht mehr überein, muss auf den Anmeldepflichtigen Druck ausgeübt werden können, damit er der Wahrheit entsprechend die eintragungspflichtige Tatsache anmeldet. Bei Tatsachen, die erst durch ihre Eintragung eine Rechtsänderung herbeiführen, ist kein Zwangsgeld nötig, da die Realität noch der Registerlage entspricht und erst mit Registereintragung eine Änderung herbeigeführt wird.

§ 29 HGB

Hier könnte eine eintragungspflichtige Tatsache gemäß § 29 HGB vorliegen. Danach ist der Kaufmann verpflichtet, seine Firma und den Ort seiner Niederlassung bei dem Gericht, in dessen Bezirk sich die Niederlassung befindet, zur Eintragung in das Handelsregister anzumelden. Der Kaufmann ist bereits ein solcher kraft Ausübung des Handelsgewerbes, die Handelsregistereintragung wirkt nur deklaratorisch. Ein Zwangsgeld kommt daher in Betracht. Entscheidend ist also, ob S bereits Kaufmann ist, so dass diese Anmeldepflicht besteht.

§ 1 HGB

S ist gemäß § 1 HGB Kaufmann, wenn er ein Handelsgewerbe betreibt. Handelsgewerbe ist jeder Gewerbebetrieb, es sei denn, dass das Unternehmen nach Art oder Umfang einen in kaufmännischer Weise eingerichteten Geschäftsbetrieb nicht erfordert (§ 1 II HGB).

Das Versicherungsmaklergeschäft ist ein Gewerbe, da es nachhaltig mit Gewinnerzielungsabsicht am Markt betrieben wird und auch nicht zu den freien Berufen oder der Vermögensverwaltung zählt. Da S ferner eine kaufmännische Organisation benötigt, ist sein Gewerbe ein Handelsgewerbe, so dass er kraft Ausübung dieser Tätigkeit Kaufmann ist.

Zwangsgeld (+)

Daher hat S seine Firma gemäß § 29 HGB zur Eintragung in das Handelsregister anzumelden. Hierzu kann er mit Zwangsgeld angehalten werden.

Klausur 10: „Miquel von Moridor verkauft Isidor" ***

Schwerpunkt: Der Vertragshändler

Ausgangsfall

Vertragshändler Miquel von Moridor (M) betreibt ein Ladengeschäft in Berlin, in dem er ausschließlich Motorroller des italienischen Herstellers Corleto Moto SpA[107] (C) der Marke Isidor verkauft. M ist der einzige Händler für derartige Motorroller in der Region Berlin-Brandenburg. C hat M für dieses Gebiet ein Alleinvertriebsrecht eingeräumt und sich verpflichtet, M dauerhaft zu beliefern, wonach der Vertrag eine feste Laufzeit von fünf Jahren hat, innerhalb der er nicht ordentlich gekündigt werden kann.

Im Gegenzug hat M vertraglich zugesagt, mindestens 50 Motorroller monatlich abzusetzen, C über die Verkaufszahlen zu informieren und einen Verkaufssalon mit Zubehör sowie eine Reparaturwerkstatt mit Ersatzteillager zu betreiben. Außerdem habe beide ausdrücklich vereinbart, dass für das Vertragsverhältnis deutsches Recht gilt.

M schließt die Kaufverträge direkt mit den Kunden, die bei ihm die Motorroller erwerben. M tritt unter eigenem Namen nach außen auf. Er ist berechtigt, aber auch verpflichtet, auf die Marke Isidor bei der Außendarstellung, insbesondere auf Briefbögen und in Werbeanzeigen, hinzuweisen. C erhält jeweils eine Durchschrift des Kaufvertrags, da er eine unabhängige Herstellergarantie gewährt und daher wissen möchte, wer im Besitz eines von ihm hergestellten Motorrollers ist. Für die Beendigung ihres Vertragsverhältnisses haben M und C keine Regelungen getroffen.

M vernachlässigt in letzter Zeit sein Geschäft, so dass die Absatzzahlen sinken. Seit ca. sechs Monaten verkauft er statt der zugesagten 50 Motorroller pro Monat nur noch durchschnittlich 20 bis 25 Stück. C hatte M deswegen bereits zwei Monate, nachdem der Umsatzrückgang eingetreten war, ermahnt, das Soll einzuhalten.

---

[107] SpA = Societá per Azioni (Aktiengesellschaft italienischen Rechts).

Nach weiteren zwei Monaten fordert C den M erneut auf, die vereinbarte Stückzahl jeweils in den nächsten drei Monaten zu erfüllen, da ansonsten der bestehende Vertrag fristlos gekündigt werde. Da trotz dieser Schritte die Verkaufszahlen nach Ablauf der drei Monate weiterhin rückläufig sind, kündigt C fristlos mit sofortiger Wirkung den mit M geschlossenen Vertrag unter Hinweis auf die nachhaltige Unterschreitung der zugesagten Absatzzahlen, drei Wochen nach dem er Kenntnis von der Unterschreitung der Absatzzahlen erlangt hat.

M wehrt sich gegen diese Kündigung und besteht weiterhin auf Lieferung von Motorrollern des Herstellers C. Schließlich könne es C, so wendet M ein, doch egal sein, wie viele Roller er verkaufe, er verdiene schließlich an jedem Stück. Allenfalls sei er, M, damit einverstanden, dass noch andere Händler neben ihm für die Region eingesetzt werden. Hier gäbe es zahlreiche Interessenten, die auch ohne Alleinvertriebsrecht bereit wären, als Vertragshändler zu fungieren. M hat diese Interessenten in einer Bewerberliste zusammengefasst und besteht auf Fortsetzung des Vertragshändlervertrags ggf. in modifizierter Form.

Hat M einen Anspruch darauf, dass C ihm weiterhin Motorroller liefert?

Variante

M steigert – im Gegensatz zum Ausgangsfall – von Monat zu Monat seine Verkaufszahlen, mittlerweile hat er die Stückzahl von 500 überschritten. M hat erreicht, dass der Motorroller in bestimmten Kreisen jugendlicher Zweiradfahrer als Kultobjekt angesehen wird. Die Marke Isidor war zuvor in Deutschland unbekannt. Nun haben sich bereits erste Fanclubs gegründet.

C ändert seine Geschäftspolitik und möchte seine Motorroller in der Region nunmehr über eigene Niederlassungen veräußern. Er kündigt daher das erst seit 15 Monaten mit M bestehende Vertragsverhältnis, das diesmal auf unbestimmte Zeit abgeschlossen wurde, mit einer Frist von zwei Monaten zum Ende des Kalendermonats. Der Vertrag enthält keine Regelungen zu der Länge der Kündigungsfristen. C dankt M für seine Arbeit und wünscht ihm für die Zukunft alles Gute.

M ist entsetzt und bangt um seine Existenz. Durch die Kündigung des Vertrags muss er sein Geschäft schließen, so dass Investitionen in Höhe von 200.000 Euro umsonst gewesen sind. Er hat in den zurückliegenden Monaten einen großen Kundenstamm aufgebaut, aus dem heraus ständig neue Verkäufe von Motorrollern, Ersatzteilen und Zubehör erfolgen und der nunmehr durch die Niederlassung des C von diesem selbst versorgt werden soll. M fragt daher, ob er wegen seiner Aufbauarbeit von C die Zahlung eines Ausgleichsbetrags verlangen kann. C lehnt jegliche Zahlungen ab, schließlich sei es seine eigene freie unternehmerische Entscheidung, die Vertriebspolitik zu ändern. Die Marke Isidor, die in Italien sehr bekannt ist, sorge zukünftig auch in der Region Berlin-Brandenburg für den Absatz, nicht die Person des M.

Prüfen Sie, ob

a) M Fortsetzung des Vertragshändlervertrags verlangen kann oder ob M – die Wirksamkeit der Kündigung unterstellt – dem Grunde nach Ansprüche

b) wegen der von ihm geleisteten Aufbauarbeit und

c) wegen der von ihm getätigten Investitionen hat.

Bearbeitungshinweis: Auf kartellrechtliche Vorschriften ist weder beim Ausgangsfall noch in den Varianten einzugehen.

Lösung: „Miquel von Moridor verkauft Isidor"

Ausgangsfall

Anspruch des M gegen C auf Lieferung der Motorroller aus dem Vertragshändlervertrag

Aus dem geschlossenen Vertrag?

M hat einen Anspruch auf Lieferung der Motorroller, wenn eine vertragliche Verpflichtung des C dazu besteht. Zwischen C und M wurde ein Vertrag abgeschlossen, in dem C zugesagt hat, M mit den Motorrollern der Marke Isidor zu beliefern.

Kündigung wirksam?

Diese Verpflichtung könnte jedoch erloschen sein, wenn das Vertragsverhältnis infolge der Kündigung beendet ist. Dies wäre der Fall, wenn C mit seiner fristlosen Kündigung durchdringt. Rechtsgrundlage der Kündigung könnte § 89 a HGB analog sein. § 89 a HGB ist eine Vorschrift des Handelsvertreterrechts.

Vertragshändlervertrag

Zwischen C und M bestand ein Dauerschuldverhältnis, aufgrund dessen C sich verpflichtet hat, M zu beliefern. Im Gegenzug sagte M verbindlich zu, mindestens 50 Motorroller im Monat abzusetzen sowie C über die laufenden Verkaufszahlen zu informieren. Ferner war M verpflichtet, eine Werkstatt nebst Ersatzteillager zu betreiben und die Marke Isidor im Geschäftsverkehr zu verwenden. Der geschlossene Vertrag ist durch die Integration des M in die Verkaufsorganisation des C, die auf gewisse Dauer angelegt ist und durch die Verpflichtung des M, die Produkte des C im eigenen Namen und auf eigene Rechnung zu vertreiben, als Vertragshändlervertrag einzuordnen.

Analogien zum Recht des Handelsvertreters

Eigene gesetzliche Regelungen für den Vertragshändlervertrag existieren nicht, so dass auch zu dessen Kündigung nichts im Gesetz enthalten ist. Der Vertragshändlervertrag hat jedoch Ähnlichkeiten mit dem Handelsvertretervertrag, da in beiden Fällen eine intensive Integration in die Absatzkette eines anderen und damit verbunden eine wirtschaftliche Abhängigkeit des Vertriebsmittlers gegeben ist. Soweit eine solche Annäherung zwischen den beiden Vertragstypen Vertragshändler- und Handelsvertreterverhältnis besteht, lässt sich eine Analogie zu den Handelsvertretervorschriften befürworten, sofern diese im Einzelfall von den Voraussetzungen und ihren Rechtsfolgen übertragbar sind.

Neben der Integration in die Absatzkette sprechen auch die Berichtspflichten und die Absatzförderungspflicht des M für eine Vergleichbarkeit mit dem typischen Handelsvertreter. Das Alleinvertriebsrecht lässt sich ebenfalls als Indiz für eine Vergleichbarkeit heranziehen, da fest zugewiesene Bezirke für den Handelsvertreter, sofern er Waren vertreibt, üblich sind. Eine analoge Anwendung des Handelsvertreterrechts auf den Vertragshändler M ist kann daher in Betracht kommen. Hierbei ist im Einzelfall für jede Vorschrift zu prüfen, inwieweit diese auf das Vertragshändlerverhältnis übertragen werden kann.

Somit kann auch § 89 a HGB, d.h. die Kündigungsregelung aus wichtigem Grund, zur Anwendung kommen. Nach § 89 a HGB kann das Vertragsverhältnis von jedem Teil aus wichtigem Grund ohne Einhaltung einer Kündigungsfrist gekündigt werden. Im Schuldrecht gibt es die Bestimmung des § 314 BGB, die ebenfalls ein Kündigungsrecht aus wichtigem Grund vorsieht. Wesentlicher Unterschied zwischen § 314 BGB und § 89 a HGB ist – neben dem Erfordernis der Abmahnung – die Zweiwochenfrist, innerhalb derer die Kündigung ausgesprochen werden muss. Bei § 89 a HGB gilt die kurze Zweiwochenfrist nicht, viel mehr ist die Kündigung innerhalb angemessener Frist auszusprechen, wobei als Orientierung eine Frist von zwei Monaten ab Kenntnis der Umstände, die zur Kündigung berechtigen, zugrunde gelegt werden kann[108]. Insofern ist wegen der vergleichbaren Rechtslage § 89 a HGB und nicht § 314 BGB auf das Vertragshändlerverhältnis anzuwenden. Da C die Kündigung drei Wochen ab Kenntnis ausgesprochen hat, ist diese noch fristgemäß.

§ 89 a HGB analog

Voraussetzung ist, dass dem Kündigenden eine Fortsetzung des Vertragsverhältnisses nicht mehr zumutbar ist. Der Kündigungsgrund muss unter Abwägung der beiderseitigen Interessen und unter Berücksichtigung der bisherigen Vertragsdauer und des Grades des vorliegenden Verschuldens für C eine Unzumutbarkeit der Vertragsfortsetzung begründen. Hier beruft sich C auf den Umsatzrückgang des M.

Wichtiger Grund?

M hat sich vertraglich verpflichtet, monatlich mindestens 50 Roller abzusetzen. Klauseln zur Mindestabnahmemenge sind im Vertrieb üblich und AGB-rechtlich zulässig[109]. Diese vertragliche Pflicht hat M unterschritten. Darin liegt eine Pflichtverletzung im *Leistungsbereich*, die – an-

Unterschreitung der Vorgaben

---

[108] BGH, WM 1994, 645, 646; *Canaris*, § 16 Rdnr. 10.
[109] Siehe *Canaris*, § 17 Rdnr. 34.

ders als bei einer Pflichtverletzung im Bereich des Vertrauens, wie z.B. einem Wettbewerbsverstoß oder einer Verletzung gegen eine bestehende Verschwiegenheitspflicht – nur dann eine weitere Zusammenarbeit als für den anderen Vertragspartner unzumutbar erscheinen lässt, wenn sich die Pflichtverletzung dauerhaft auswirkt.

Abmahnung? Problematisch ist, ob eine Abmahnung notwendig bzw. geboten ist. Das Institut der Abmahnung ist im Arbeitsrecht im Hinblick auf die soziale Schutzbedürftigkeit abhängig Beschäftigter entwickelt worden[110]. Dieser Schutzgedanke sollte auch bei einem wirtschaftlich abhängigen Vertragspartner – unabhängig von der Geltung des § 314 BGB – eingreifen, dem die Kündigung des Vertragsverhältnisses existenziell treffen kann. Eine Abmahnung ist daher erforderlich und geboten[111]. Da M bereits zweimal wegen des Umsatzrückgangs abgemahnt wurde, ist dieses Erfordernis erfüllt.

Abwägung Fraglich ist jedoch, ob unter Abwägung der widerstreitenden Interessen der eingetretene Umsatzrückgang den Unternehmer tatsächlich zur fristlosen Kündigung berechtigt[112]. M hat ein Alleinvertriebsrecht, so dass C die Region nicht erschließen kann, solange dieses Recht besteht. Andererseits muss berücksichtigt werden, dass C an jedem verkauften Motorroller verdient und vor dem Einsatz des M überhaupt keinen Absatz in der Region tätigte. Die Kündigung des Vertragshändlervertrags dürfte im Übrigen für M das wirtschaftliche Aus bedeuten. Die fristlose Kündigung muss daher ultima-ratio, d.h. letztes Mittel sein, mildere Mittel dürfen nicht zur Verfügung stehen[113]. Als milderes Mittel käme jedoch eine Änderung des Vertrags durch eine Änderungskündigung hinsichtlich des Alleinvertriebsrechts

---

[110] BGH, GmbHR 2000, 431.
[111] Siehe *Leinemann* in GK-HGB § 89 a Rdnr. 3, das Gegenteil lässt sich ebenfalls vertreten, für die Kündigung eines Anstellungsvertrags eines GmbH-Geschäftsführers hält der BGH eine Abmahnung für entbehrlich, siehe BGH, GmbHR 2000, 431; BGH, NZG 2007, 674.
[112] Siehe BGH, VersR 1958, 243, zum Handelsvertretervertrag: Danach müsse der Unternehmer zur Erkenntnis gelangen, dass eine Fortsetzung des Vertragsverhältnisses zum geschäftlichen Ruin führen müsse.
[113] Siehe BGH, GRUR 2005, 62, 65 (zum Kfz-Händlervertrag), danach ist eine Unterschreitung der Abnahmemengen um 30 % nach einer Fristsetzung von sechs Monaten, für sich genommen, kein Grund für eine fristlose Kündigung, die ordentliche Kündigung sei zumutbar.

in Betracht, verbunden mit dem Angebot, künftig als Vertragshändler ohne Ausschließlichkeitsrecht zu arbeiten. Für die Vorrangigkeit einer Änderungskündigung müsste M jedoch detailliert vortragen, dass C weitere Vertragshändler für die Region finden kann, die bereit sind, auch ohne Alleinvertriebsrecht tätig zu werden. Dies ist hier der Fall, da es entsprechende Interessenten gibt.

Die fristlose Kündigung ist damit unverhältnismäßig und daher unwirksam. C ist gemäß dem bestehenden Vertragshändlervertrags zur Lieferung verpflichtet.

Anspruch: (+)

Anmerkung: Die gegenteilige Ansicht lässt sich hier ohne weiteres begründen. Entscheidend ist nur, dass mit den Argumenten aus dem Fall eine vertretbare Lösung entwickelt wird. Hätte C geltend gemacht, dass der Absatz über Vertragshändler mit Alleinvertriebsrecht aus bestimmten Gründen nötig ist, so wäre dies bei der Abwägung zu berücksichtigen. Nimmt man wie hier eine Unwirksamkeit der fristlosen Kündigung an, so steht M ein Schadensersatzanspruch analog § 89 a II ff. HGB wegen des Schadens zu, der ihm durch die ungerechtfertigte Kündigung entstanden ist.

Variante

I. Anspruch des M gegen C auf Fortsetzung des Vertragshändlervertrages

M könnte dann Fortsetzung des Vertragshändlervertrags verlangen, wenn die Kündigung unwirksam ist oder zumindest erst zu einem späteren Zeitpunkt Wirksamkeit entfaltet. Wie im Ausgangsfall ausgeführt, können Vorschriften des Handelsvertreterrechts auf das Vertragshändlerverhältnis Anwendung finden. Ein Handelsvertreterverhältnis ist im zweiten Jahr der Vertragsdauer mit einer Frist von zwei Monaten zum Schluss eines Kalendermonats kündbar (§ 89 I BGB). Wendet man diese Vorschrift analog an, wäre die Kündigung so wirksam, wie C sie ausgesprochen hat.

Kündigung wirksam?

Der Vertragshändler M hat erhebliche Investitionen in Höhe von 200.000 € getätigt. Der Handelsvertreter tätigt solche Investitionen typicherweise nicht, weshalb eine kurze Kündigungsfrist angemessen ist. Daher wird vertreten, dass bei einem Vertragshändler eine Kündigung mit kurzer Frist rechtsmissbräuchlich sein kann bzw. im Einzelfall zu ermitteln ist, welche Umstellungsfrist dem Vertragshändler einzuräumen ist[114]. Hier hat sich eine Frist von grundsätzlich

Kündigung rechtsmissbräuchlich?

---

[114] *Canaris* § 15 Rdnr 85.

zwei Jahren durchgesetzt[115]. Danach wird die Kündigung allenfalls umgedeutet in eine solche, die zum nächstmöglichen Zeitpunkt wirksam wird, bis dahin kann M Fortsetzung des Vertragshändlervertrags verlangen.

II. Ansprüche des M gegen C auf Ausgleichszahlung gemäß § 89 b HGB analog

Ausgleich für aufgebauten Kundenstamm?

M erleidet durch den Verlust des Kundenstamms, den er aufgebaut hat, erhebliche finanzielle Einbußen. Fraglich ist, ob M hierfür von C einen finanziellen Ausgleich verlangen darf. Der Handelsvertreter kann unter bestimmten Voraussetzungen gemäß § 89 b HGB einen Ausgleich für den Aufbau des Kundenstamms und die ihm aufgrund der Kündigung zukünftig entgehenden Provisionen verlangen. Sinn und Zweck des Ausgleichsanspruchs aus § 89 b HGB ist die Vergütung für den aufgebauten Kundenstamm, nicht eine Versorgung des Handelsvertreters. Der Ausgleichsanspruch ist ein fortgesetzter Vergütungsanspruch, mit dem die Provisionen für Umsätze vergütet werden sollen, die bereits im Kundenstamm „schlummern".

§ 89 b HGB analog auf Handelsvertreter?

Im Gegensatz zum Handelsvertreter sind die Kunden vertraglich an den Vertragshändler gebunden. Dieser tritt im eigenen Namen als Eigenhändler auf und wird damit selbst Vertragspartner.

Übertragung des Kundenstamms

Eine entsprechende Anwendung der Vorschrift des § 89 b HGB über den Ausgleichsanspruch auf den Vertragshändler erfordert daher, dass der Vertragshändler seinen Kundenstamm nach Beendigung auf den Unternehmer überträgt, so dass dieser die Vorteile des Kundenstamms sofort und ohne weiteres nutzen kann[116]. Nicht abschließend geklärt ist, ob der Vertragshändler ggf. konkludent vertraglich verpflichtet sein muss, den Kundenstamm nach Vertragsbeendigung zu übertragen oder ob die tatsächliche Möglichkeit des Unternehmers, den Kundenstamm zu nutzen, genügt[117]. Die Rechtsprechung verlangt zwar grundsätzlich eine vertragliche Verpflichtung zur Übertragung, stellt aber an das Zustandekommen einer solchen Abrede keine hohen Anforderungen. Sie hält es nicht für erforderlich, dass die Verpflichtung ausdrücklich in den Vertrag

---

[115] BGH NJW 1987, 3200; *Baumbach/Hopt*, Einl. Vor § 373 Rdnr. 40. Hierfür spricht auch eine Anlehnung an die EG-VO 1400/2002 (Gruppenfreistellungsverordnung für Kfz).

[116] BGHZ 135, 14; 142, 367; BGH, NJW 1996, 2159, 2160.

[117] Siehe *Karsten Schmidt*, § 28 III 2 m.w.N.

aufgenommen worden ist. Werden die Kunden während der Vertragslaufzeit ständig monatlich beim Hersteller gemeldet, so liegt eine Verpflichtung zur Übertragung des Kundenstamms grundsätzlich vor[118]. Sofern hier C also nicht dezidiert einer Verpflichtung zur Übertragung des Kundenstamms entgegentritt, kann von dieser ausgegangen werden. Dafür spricht auch, dass C zukünftig über seine Niederlassung den von M aufgebauten Kundenstamm nutzen bzw. versorgen möchte.

Damit kommt eine entsprechende Anwendung von § 89 b HGB auf M als Vertragshändler grundsätzlich in Betracht.

Anmerkung: Der Ausgleichsanspruch ist gesetzlich zwingend vorgeschrieben (siehe § 89 b IV 1 HGB) und kann nicht im Voraus ausgeschlossen oder beschränkt werden. Dies gilt auch für den Vertragshändlervertrag[119].

Der Ausgleichsanspruch hat zwei formelle und drei materielle Voraussetzungen:

I. Formelle Voraussetzungen

Zunächst muss der Vertragshändlervertrag beendet sein; dies ist hier aufgrund der Kündigung der Fall. Ferner muss der Ausgleichsanspruch innerhalb der Frist von einem Jahr nach Beendigung des Vertragsverhältnisses formell geltend gemacht werden (§ 89 b IV 2 HGB). Es handelt sich um eine Ausschlussfrist, die von Amts wegen zu prüfen ist. Eine Geltendmachung kann mündlich, sollte aus Beweiszwecken aber schriftlich erfolgen. Die formellen Voraussetzungen sind hier eingehalten.

Beendigung und Ausschlussfrist

II. Materielle Voraussetzungen

In materieller Hinsicht müssen folgende Voraussetzungen kumulativ erfüllt sein:

1. Künftige Unternehmervorteile

Nach § 89 b I Nr. 1 HGB muss der Unternehmer aus der Geschäftsverbindung mit neuen Kunden, die der Handelsvertreter geworben hat, auch nach Beendigung des Vertragsverhältnisses erhebliche Vorteile haben.

Vorteile des C

---

[118] BGH, ZIP 1997, 841, 842.
[119] BGH, NJW 1985, 3076.

Prognose

Erforderlich sind also Vorteile aus dem von M aufgebauten Kundenstamm. Hier ist eine Prognose über die voraussichtliche Entwicklung vorzunehmen. Die Käufer eines Motorrollers eines Fabrikats erwerben zu einem bestimmten Prozentsatz nach einer gewissen Dauer ein Nachfolgemodell des gleichen Fabrikats. Ferner benötigen sie Serviceleistungen wie Inspektionen, Reparaturen, Ersatzteile[120] und Zubehör, also ebenfalls fabrikatsgebundene Dienstleistungen und Waren.

Aus dem Kundenstamm eines Motorroller-Händlers resultieren daher Folgegeschäfte, insbesondere dann, wenn es in der Region keinen anderen Händler für solche Motorroller gibt und sich die Kunden für die Anschaffung eines Neufahrzeugs bzw. den Kauf von Ersatzteilen und die Inanspruchnahme von Service- und Reparaturleistungen an die Niederlassung des Herstellers wenden müssen. Der Aufbau des Kundenstamms durch M führt daher auch zukünftig zu Vorteilen des C.

Sogwirkung der Marke

Hier wendet C ein, dass die künftigen Kundenbeziehungen allein auf die Marke zurückzuführen sind, die nunmehr auch in der Region sehr bekannt ist. Dem lässt sich entgegenhalten, dass sich eine entscheidende Mitursächlichkeit des M für den Aufbau und die Bekanntheit der Marke nicht leugnen lässt. Schließlich hat er den Markennamen bei seiner Tätigkeit ununterbrochen verwendet und dadurch in Deutschland erst bekanntgemacht. Der Umstand, dass die Sogwirkung der Marke künftig zu weiteren Unternehmervorteilen führen wird, schließt also das Vorhandensein des Tatbestandsmerkmals nicht aus. Anderenfalls würde der Vertragshändler, der entscheidend den Markennamen mit aufgebaut hat, für seine erfolgreiche Vertriebstätigkeit bestraft[121].

2. Provisionsverluste des M

Einbußen des M

Die zweite materielle Voraussetzung ist in § 89 b I Nr. 2 HGB analog geregelt. Danach muss der Vertragshändler infolge der Beendigung des Vertragsverhältnisses Ansprüche auf Provisionen verlieren, die er bei Fortsetzung des-

---

[120] Der BGH vertritt hinsichtlich der Berücksichtigung der Vorteile aus dem Verkauf von Ersatzteilen eine differenzierte Auffassung, siehe BGH, NJW-RR 1988, 42 und BGH, NJW-RR 1991, 1050, 1052.

[121] Siehe zur Sogwirkung der Marke auch BGH, NJW 1983, 2877; NJW 1982, 2819.

selben aus bereits abgeschlossenen oder künftig zustandekommenden Geschäften mit den von ihm geworbenen Kunden erzielt hätte.

Die Provisionsverluste des M werden dadurch verursacht, dass er zukünftig die Motorroller und Ersatzteile nicht mehr an seinen bisherigen Kundenstamm weiterveräußern kann. Da – wie ausgeführt – davon auszugehen ist, dass sich ein gewisser Prozentsatz der Kunden auch in Zukunft wieder für ein Modell der Marke Isidor entscheidet und Ersatzteile und Zubehör erwirbt, bestehen entsprechende Umsatzeinbußen des M. Die Höhe muss hier nicht beziffert werden.

Auch Absatz an Stammkunden entfällt

3. Billigkeit des Ausschlusses

Dritte Voraussetzung ist schließlich nach § 89 b I Nr. 3 HGB analog, dass die Zahlung des Ausgleichs unter Berücksichtigung aller Umstände der Billigkeit entspricht. Hier sind alle Umstände zu Gunsten und zu Lasten des Vertragshändlers einzubeziehen. Der Billigkeitsgrundsatz kann zu einem Ausschluss des Ausgleichsanspruchs führen oder dessen Höhe modifizieren.

Abwägung

Zu Lasten des M kann sich hier die Sogwirkung der Marke auswirken, wenn der Aufbau des Kundenstamms auch darauf beruhte. Die Höhe des Ausgleichsanspruchs kann daher aufgrund des Einflusses des Markennamens auf die Bildung des Kundenstamms reduziert werden.

Sogwirkung der Marke

Anmerkung: Im Rahmen der Billigkeitsprüfung können zu Gunsten des Vertragshändlers eine lange Vertragsdauer und umfängliche Aufwendungen bei der Einführung einer neuen Marke berücksichtigt werden. Zu Lasten des Vertragshändlers, aber insbesondere zu Lasten des Handelsvertreters, bei dem dies eher üblich ist, wirken sich außergewöhnliche Aufwendungen des Unternehmens zur Absatzförderung oder etwa ein Rückgang des Gesamtumsatzes aus. Auch die Aufnahme einer Konkurrenzvertretung durch den Vertragshändler oder Handelsvertreter kann anspruchsmindernd wirken, wenn der Kundenstamm mitgenutzt wird.

Billigkeitsprüfung

Die formellen und materiellen Voraussetzungen des § 89 b HGB liegen somit vor. Die in § 89 b III HGB geregelten sog. negativen Tatbestandsvoraussetzungen, die einen Ausgleichsanspruch ausnahmsweise entfallen lassen, sind hier nicht einschlägig. M kann daher von C die Zahlung eines angemessenen Ausgleichs verlangen.

Anspruch: (+)

Negative Tatbestandsvoraussetzungen	**Anmerkung:** Bei den negativen Voraussetzungen gemäß § 89 b III HGB geht es insbesondere um die Fälle, in denen der Unternehmer das Vertragsverhältnis aus wichtigem Grund gekündigt hat; dann soll der Handelsvertreter oder Vertragshändler nicht noch durch die Zahlung eines Ausgleichsanspruchs belohnt werden.
Eigenkündigung	Auch im Falle einer Eigenkündigung des Handelsvertreters oder Vertragshändlers besteht kein Ausgleichsanspruch. Eine Ausnahme gilt jedoch dann, wenn die Kündigung durch den Unternehmer veranlasst worden ist oder wenn dem Absatzmittler eine Fortsetzung seiner Tätigkeit wegen seines Alters oder wegen Krankheit nicht mehr zugemutet werden kann. Wird die Handelsvertretung oder das Geschäft des Vertragshändlers auf einen Dritten übertragen, der in den Handelsvertreter- bzw. den Vertragshändlervertrag eintritt, so ist der Ausgleichsanspruch ebenfalls ausgeschlossen, weil der ausscheidende Absatzmittler eine entsprechende Vergütung für die Übertragung des Bestands bzw. des Unternehmens von seinem Nachfolger erhält (so ausdrücklich § 89 b III Nr. 3 HGB)

III. Erstattung der von M getätigten Investitionen

1. Anspruch aus § 280 I BGB

Pflichtverletzung?	Zunächst ist an eine positive Vertragsverletzung des Vertragshändlervertrags, als an § 280 I BGB als Anspruchsgrundlage zu denken. Dann müsste C eine Pflichtverletzung begangen haben. C könnte seine Pflichten dadurch verletzt haben, dass er den Vertragshändlervertrag ordentlich gekündigt hat.
Ordentliche Kündigung	Die Wirksamkeit der Kündigung sollte unterstellt werden. C hat daher wirksam gekündigt. Damit hat C lediglich seine vertraglichen Rechte ausgeübt, so dass hierin keine Pflichtverletzung besteht.
Anspruch: (–)	Ein Anspruch aus § 280 I BGB des Vertragshändlervertrags scheidet daher mangels Vorliegens einer Pflichtverletzung aus.

2. Anspruch aus § 242 BGB i.V.m. § 157 BGB (Investitionserstattungsanspruch)

Anspruch aus Treu und Glauben?	Zu erörtern ist jedoch, ob sich aus dem Grundsatz von Treu und Glauben (§ 242 BGB) in Verbindung mit einer ergänzenden Vertragsauslegung des Vertragshändlervertrags ein Anspruch auf Erstattung der Investitionen begründen lässt.
Schicksal der getätigten Investitionen	Hat der Unternehmer den Vertragshändler über das übliche Maß hinaus zu Investitionen in einer erheblichen Größenordnung veranlasst, so verfehlen diese Aufwendungen ihren Zweck, wenn sie auf das Produkt zugeschnitten sind, bzw. wenn es kurzfristig nicht möglich ist, einen anderwei-

tigen Unternehmer zu finden, mit dem ein entsprechender Anschlussvertrag geschlossen werden kann, wodurch sich die Investitionen dann weiter amortisieren würden.

Ein Anspruch gegen den Unternehmer auf Erstattung der Investitionen kann daher kommt aber nur dann in Betracht, wenn der Unternehmer einen Vertrauenstatbestand des Inhalts gesetzt hat, dass das Vertragsverhältnis so lange dauern würde, dass die getätigten Investitionen erwirtschaftet werden können[122].

Grundsätzlich trägt Vertragshändler Risiko allein

Ein Anspruch gegen den Unternehmer auf Erstattung der Investitionen kann daher nur in bestimmten Ausnahmefällen bestehen. Hier hat M einen Verkaufssalon nebst Werkstatt und Ersatzteillager eröffnet, der nicht so ohne weiteres anderweitig einsetzbar ist. Hierfür bedürfte es eines anderen Motorroller-Herstellers, der bereit wäre, mit M einen entsprechenden Vertrag abzuschließen. Auch dann wären allerdings Umbauten, etwa die Entfernung der Logos und der sonstigen Unternehmenskennzeichen erforderlich. Durch die Einräumung des Alleinvertriebsrechts konnte M zunächst davon ausgehen, dass er die Region Berlin-Brandenburg erschließen darf. Daraufhin hat er umfangreiche Investitionen getätigt. Es ist nun treuwidrig, wenn C bereits 18 Monate, nachdem sich die Investitionen noch nicht erwirtschaftet haben können, das Vertragshändlerverhältnis kündigt, ohne dass sich C zumindest an den Investitionen, die nun vergeblich sind, beteiligt.

Abwägung

Die genaue Höhe kann hier nicht berechnet werden, ein Anspruch besteht jedoch dem Grunde nach, da die Voraussetzungen für den Investitionserstattungsanspruch vorliegen.

Anspruch: (–)

Anmerkung: Der Investitionserstattungsanspruch muss nicht bekannt sein, dieses Spezialwissen kann von keinem Klausurbearbeiter erwartet werden. Erforderlich ist vielmehr, dass anhand der Anhaltspunkte aus dem Sachverhalt mit Hilfe allgemeiner Instrumente wie Treu und Glauben in Verbindung mit dem Institut der ergänzenden Vertragsauslegung versucht wird, den Fall zu lösen. Neben dem Investitionserstattungsanspruch wird ferner noch ein Anspruch des Vertragshändlers befürwortet, bei Vertragsbeendi-

Anspruch auf Rückkauf des Warenlagers

---

[122] *Ulrich* in: Martinek/Semler, Handbuch des Vertriebsrechts, § 15 Rdnr. 80 f.; aus der Rechtsprechung, die sehr zurückhaltend mit der Bejahung eines Investitionserstattungsanspruchs ist, siehe OLG München, NJW-RR 1995, 1137, 1139; OLG Köln, NJW-RR 1995, 1140, 1142.

gung den Rückkauf des Warenlagers zu verlangen[123]. Dieser Anspruch ergibt sich aus einer nachvertraglichen Treuepflicht des Herstellers. Der Vertragshändler war nach dem Vertragshändlervertrag zur Unterhaltung eines Warenlagers verpflichtet, bei Beendigung korrespondiert hiermit ein entsprechender Anspruch auf Rückkauf des Warenlagers.

---

[123] BGHZ 54, 338; BGH, NJW-RR 2008, 1371; OLG München, VersR 2000, 454.

Klausur 11: „Carrara-Marmor für Schwanenwerder" **

Schwerpunkt: Der Kommissionär

Ausgangsfall

Carlo Camillo (C) betreibt als Einzelkaufmann in Berlin ein Import-Geschäft für Natursteine. Hierbei kooperiert er mit Luigi Luna (L), der über sein groß angelegtes Gartencenter italienische Natursteine, Skulpturen und Springbrunnen veräußert. Für C verkauft L abredegemäß auf dessen Rechnung und im eigenen Namen Carrara-Marmorplatten an die Hotel Schwanenwerder GmbH (S-GmbH). Zwischen C und L war vereinbart, dass L 90 % des Veräußerungserlöses an C abzuführen hat, während ihm selbst die restlichen 10 % als Provision zustehen.

Die Marmorplatten werden zu einem Kaufpreis von 40.000 Euro an die S-GmbH veräußert und im Hotel Schwanenwerder eingebaut.

Da die S-GmbH gegen L noch Ansprüche in Höhe von 50.000 Euro aus Gewährleistung wegen mangelhafter Lieferung von sechs Springbrunnen für den Hotelgarten hat, rechnet sie mit dieser Forderung gegen die Forderung aus dem Kaufvertrag über die Marmorplatten auf. C erfährt hiervon und befürchtet, dass L wegen des Zahlungsausfalls in die Krise gerät, zumal er in letzter Zeit ohnehin in finanziellen Schwierigkeiten steckt. C fragt daher, welche Ansprüche er wegen seines Anteils in Höhe von 36.000 Euro gegen L und die S-GmbH hat.

Variante

L ist nunmehr insolvent und vermögenslos. Die Gläubiger betreiben gegen ihn die Zwangsvollstreckung. Die S-GmbH hat den Kaufpreis aus dem wie im Ausgangsfall geschlossenen Kaufvertrag in Höhe von 40.000 Euro noch nicht bezahlt. Gegenansprüche gegen L bestehen diesmal nicht. C fragt, ob er eine Möglichkeit hat, von der S-GmbH direkt die Zahlung seines Anteils in Höhe von 36.000 Euro an sich zu verlangen.

Lösung: „Carrara-Marmor für Schwanenwerder"

Ausgangsfall

I. Ansprüche des C gegen L auf Zahlung der 36.000 Euro aus dem Kommissionsvertrag i.V.m. § 384 II, 2. Halbsatz HGB

Kommissionsvertrag

Ein Anspruch des C gegen L auf Zahlung des ihm zustehenden Erlösanteils könnte sich aus dem zwischen den Parteien geschlossenen Kommissionsvertrag ergeben. Zwischen C und L war verabredet, dass L auf Rechnung des C, jedoch im eigenen Namen die Carrara-Marmorplatten weiterveräußern darf. Bei diesem Vertrag könnte es sich um einen Kommissionsvertrag gemäß § 383 HGB handeln. In diesem Fall wäre L als Kommissionär gemäß § 384 II, 2. Halbsatz HGB verpflichtet, das aus der Geschäftsbesorgung Erlangte an C herauszugeben (diese Regelung entspricht den §§ 675, 677 BGB).

Kommissionär gemäß § 383 I HGB ist, wer es gewerbsmäßig übernimmt, Waren oder Wertpapiere im eigenen Namen auf Rechnung eines anderen (des Kommittenten) zu kaufen oder zu verkaufen. L hat es hier für C übernommen, die Carrara-Marmorplatten zu verkaufen, so dass ein Fall der Verkaufskommission vorliegen könnte.

Kaufmannseigenschaft von C und L

§ 383 HGB setzt zunächst voraus, dass derjenige, für dessen Rechnung die Geschäfte getätigt werden, Kaufmann ist. C müsste also Kaufmann sein. C betreibt ein Importgeschäft für Natursteine und ist laut Sachverhalt Einzelkaufmann. L müsste ebenfalls die Kaufmannseigenschaft zukommen oder unter die Vorschrift des § 383 II HGB fallen. L betreibt ein Gartencenter und damit ein Gewerbe. Es müsste sich zudem um ein Handelsgewerbe handeln, was voraussetzt, dass gemäß § 1 II HGB ein Geschäftsbetrieb erforderlich ist, der nach Art und Umfang eine in kaufmännischer Weise eingerichtete Organisation benötigt. Dies lässt der Sachverhalt nicht erkennen. Das Betreiben eines Handelsgewerbes und damit das Erfordernis eines entsprechenden Geschäftsbetriebs wird jedoch solange vermutet, bis derjenige, der sich auf die fehlende Kaufmannseigenschaft beruft, das Gegenteil beweist.

Somit ist davon auszugehen, dass beide Beteiligte Kaufleute sind. Auf die Vorschrift des § 383 II HGB, wonach die Bestimmungen über die Kommission auch auf Kleingewerbetreibende Anwendung finden, kommt es daher nicht an.

Ferner ist für das Vorliegen eines Kommissionsvertrags erforderlich, dass der Kommissionär in eigenem Namen und auf fremde Rechnung auftritt. Dies ist hier der Fall, da L die Marmorplatten zwar im eigenen Namen, jedoch auf Rechnung des C weiterveräußert hat.

Auftreten im eigenen Namen und auf fremde Rechnung

Schließlich verlangt § 383 I HGB die gewerbsmäßige Übernahme des Kommissionsgeschäfts. Hier ist nicht erkennbar, ob L gewerbsmäßig als *Kommissionär* arbeitet. Beim Betrieb des Gartencenters wird er wohl überwiegend als Eigenhändler auftreten, d. h. die Waren im eigenen Namen und auf eigene Rechnung ankaufen sowie anschließend im eigenen Namen und auf eigene Rechnung weiterverkaufen.

Gewerbsmäßige Übernahme

Nach § 406 I 2 HGB finden die Vorschriften über die Kommission jedoch auch auf Kaufleute Anwendung, die nicht „vollgewerblich" als Kommissionäre tätig sind, sofern sie im Rahmen ihres Geschäftsbetriebs ein Kommissionsgeschäft abschließen (sog. Gelegenheitskommission). Der Kaufmann, der nur gelegentlich ein Kommissionsgeschäft vornimmt, unterliegt folglich ebenso den Vorschriften des HGB über das Kommissionsgeschäft[124]. L ist damit Kommissionär, der zwischen den Parteien geschlossene Vertrag unterliegt den Vorschriften des HGB über das Kommissionsgeschäft.

Gelegenheitskommission ausreichend

Danach ist L gemäß § 384 II, 2. Halbsatz HGB verpflichtet, das aus dem Ausführungsgeschäft (hier der Weiterveräußerung) Erlangte an C abzuführen. Gegenständlich erlangt hat L infolge der wirksamen Aufrechnung der S-GmbH nichts, den Erlös konnte er infolge der Aufrechnung nicht mehr einziehen.

Herausgabe des Erlangten

Durch die Aufrechnung erlangte L jedoch Befreiung von einer eigenen Verbindlichkeit gegenüber der S-GmbH, so dass er einen wirtschaftlichen Vorteil erzielte, der dem Erlös gleichsteht. Diese Befreiung von seiner eigenen Verbindlichkeit stellt ein Surrogat zum Veräußerungserlös dar,

Aufrechnung

---

[124] Nach dem Wortlaut des § 406 I 2 HGB muss der Gelegenheitskommissionär Kaufmann sein. Nach dem Willen des Gesetzgebers sollen jedoch nicht nur Kaufleute, sondern alle Gewerbetreibende als Gelegenheitskommissionäre mit der Folge auftreten können, dass die Vorschriften des HGB über die Kommission zur Anwendung kommen, siehe ausdrücklich *Roth/Koller/Morck*, § 406 Rdnr. 2 HGB. Dieser Wille des Gesetzgebers ist in § 383 II HGB verankert; danach gelten nicht nur die Kommissionsvorschriften, sondern auch die Bestimmungen des Handelskaufs mit Ausnahme der §§ 348 bis 350 HGB für alle Gewerbetreibende, die entsprechende Geschäfte ausführen.

so dass L verpflichtet ist, eine Zahlung in Höhe von 36.000 Euro an C zu leisten. Hierbei kann offenbleiben, ob die Aufrechnung der S-GmbH im Verhältnis zu C wirkt, da jedenfalls L keinesfalls von seiner Verpflichtung aus § 384 II, 2. Halbsatz HGB Befreiung erlangt hätte.

Anspruch: (+)

Der Anspruch aus § 384 II, 2. Halbsatz HGB ist daher begründet.

II. Anspruch des C gegen die S-GmbH aus dem Kommissionsvertrag i.V.m. § 384 II, 2. Halbsatz HGB sowie § 392 II HGB

Direktanspruch des C?

Fraglich ist, ob C seinen Anteil am Veräußerungserlös auch direkt von der S-GmbH beanspruchen kann. Dies wird für ihn insbesondere dann relevant, wenn L in die Insolvenz fällt.

Trotz fehlenden Vertragsverhältnisses?

Ein Direktanspruch scheidet auf den ersten Blick deshalb aus, weil zwischen der S-GmbH und C kein Vertragsverhältnis besteht. C und L haben auch keine Vorausabtretung derjenigen Ansprüche an C vereinbart, die den Verkäufen der von C gelieferten Waren, so auch aus dem Verkauf der Platten an die S-GmbH, resultieren. Ein Recht auf Zahlung scheidet aus diesem Grund aus.

Anmerkung: Wie hieran zu erkennen ist, sei jedem Kommittenten empfohlen, eine Vorausabtretung der Ansprüche, die der Kommissionär aus den Ausführungsgeschäften erlangt, zu vereinbaren. Aber auch in dieser Situation kann der Kommittent nicht immer darauf vertrauen, dass er die Forderung beim Partner des Ausführungsgeschäfts einziehen darf. Dieser könnte nämlich zwischenzeitlich gemäß § 407 BGB schuldbefreiend an den Kommissionär gezahlt oder in den Grenzen des § 406 BGB mit einer Gegenforderung aufgerechnet haben[125].

§ 392 II HGB C als Forderungsinhaber?

Nach § 392 II HGB gilt jedoch der Kommittent sowohl gegenüber dem Kommissionär als auch gegenüber den Gläubigern des Kommissionärs als Forderungsinhaber. Fraglich ist daher, ob C aufgrund dieser Vorschrift als Inhaber des Kaufpreisanspruchs, den L gegen die S-GmbH hat, anzusehen ist.

Anwendbarkeit des § 392 II HGB?

§ 392 II HGB schützt den Kommittenten, hier also C, und führt zu einer Verdinglichung des Anspruchs aus § 384 II, 2. Halbsatz HGB. Der Kommittent hat z. B. bei einer Pfändung das Recht der Drittwiderspruchsklage gemäß § 771 ZPO und kann in der Insolvenz die Aussonderung der Forderung gemäß § 47 InsO verlangen. Hier geht es jedoch

---

[125] *Hopt/Mössle*, Rdnr. 774 f.

nicht um die Fälle der Pfändung oder der Aussonderung, sondern um das Problem, inwieweit die durch die S-GmbH erklärte Aufrechnung auch zu Lasten des C zu einem Erlöschen des Kaufpreisanspruchs geführt hat.

Durch eine wirksame Aufrechnung erlöschen gemäß § 389 BGB die Forderungen in der Höhe, in der sie sich aufrechenbar gegenüberstanden.

Diese Erlöschungswirkung zu Lasten des C könnte jedoch gegen die Vorschrift des § 392 II HGB mit der Folge verstoßen, dass C sich diese Aufrechnung nicht entgegenhalten lassen muss.

Bezieht man den Wortlaut des § 392 II HGB auf unsere Konstellation, ergibt sich folgendes: C gilt gegenüber den Gläubigern als Forderungsinhaber. Bei der S-GmbH handelt es sich hinsichtlich der Gewährleistungsforderung, mit der sie die Aufrechnung erklärt, um eine Gläubigerin des L.

Nach dem Wortlaut der Vorschrift müssten sich also sämtliche Gläubiger des Kommissionärs entgegenhalten lassen, dass die Forderungen des Kommissionärs gegen sie nicht ihm, sondern dem dahinterstehenden Kommittenten zustehen. Auch eine Aufrechnung gegenüber dem Kommissionär wäre danach unzulässig. Dies würde allerdings die Rechte der Gläubiger stark beeinträchtigen. Immerhin haben sie auf das Innenverhältnis zwischen dem Kommittenten und dem Kommissionär keinen Einfluss und geraten in die Gefahr, Rechte ohne jegliches Zutun zu verlieren.

Die herrschende Ansicht nimmt daher an, dass eine Aufrechnung des Gläubigers, der Partner des Ausführungsgeschäfts ist, mit eigenen Gegenforderungen gegenüber den Forderungen des Kommissionärs aus dem Ausführungsgeschäft statthaft ist[126]. Die Sicherheiten und die Rechte des Drittkontrahenten sollen durch das Innenverhältnis zwischen dem Kommissionär und dem Kommittenten nicht beeinträchtigt werden.

Kritische Stimmen hingegen machen geltend, dass eine Aufrechnung jedenfalls dann ausscheiden müsse, wenn entweder Kenntnis des Gläubigers von dem Kommissionsgeschäft vorliege[127] oder es sich um inkonnexe Forderungen handele[128]. Bei vorhandener Kenntnis sei der Gläubiger nicht schutzwürdig, bei inkonnexen Forderungen sei es ge-

Erlöschen der Forderung durch Aufrechnung?

Erstreckung auch auf Aufrechnung des Gläubigers gegenüber Kommssionär?

Streit: h.M. wendet § 392 II HGB nicht auf Aufrechnung an

Gegenansicht: Anwendbarkeit des § 392 II HGB mit Ausnahmen

---

[126] BGH, NJW 1969, 276; *Baumbach/Hopt*, § 392 Rdnr. 12; *Canaris*, § 32 Rdnr. 36, *Roth/ Koller/Morck*, § 392 Rdnr. 6.
[127] *Schwark*, JuS 1980, 777; *Schwarz*, NJW 1969, 1942, 1943 f.
[128] *Karsten Schmidt*, § 31 V 4 b.

rechtfertigt, den Gläubiger wie jeden beliebigen Dritten zu behandeln.

Stellungnahme

Diese Auffassung überzeugt nicht. Vielmehr kann der Gläubiger des Ausführungsgeschäfts grundsätzlich davon ausgehen, dass sämtliche seiner Rechte trotz des Vorliegens eines Kommissionsgeschäfts ungeschmälert fortbestehen. Zu folgen ist daher der Meinung, die eine Aufrechnung auch mit inkonnexen Forderungen zulässt. Dadurch werden Abgrenzungsprobleme hinsichtlich der Bestimmung der Konnexität vermieden. Erinnert sei daran, dass der Begriff der Konnexität keinesfalls in vollem Umfang geklärt ist. Eine Konnexität liegt nach überwiegender Ansicht dann vor, wenn die beiden sich gegenüberstehende Forderungen aus einem innerlich zusammenhängenden Lebensverhältnis stammen, wobei es sich nicht um denselben Vertrag zu handeln braucht[129].

Entgegenhalten der Aufrechnung

Damit muss sich C die Aufrechnung gemäß § 392 II HGB entgegenhalten lassen. Die Verpflichtung der S-GmbH zur Zahlung des Kaufpreises ist infolge wirksamer Aufrechnung gemäß § 389 BGB erfüllt. Eine erneute Zahlung an C kann nicht verlangt werden.

Anspruch: (–)

Ein Anspruch des C gegen die S-GmbH auf Zahlung in Höhe von 36.000 Euro besteht daher nicht.

Variante

Anspruch des C gegen die S-GmbH auf Zahlung des Kaufpreises aus dem Kaufvertrag gemäß § 433 II BGB i.V.m. § 392 II HGB

Anspruch des Kommittenten C

C könnte ggf. von der S-GmbH die Zahlung des Kaufpreises in der von ihm beanspruchten Höhe von 36.000 Euro verlangen.

Der Anspruch gegen die S-GmbH steht allerdings nicht C, sondern dem Kommissionär L als unmittelbarem Vertragspartner zu. Gemäß § 392 II HGB gelten jedoch Forderungen aus dem Ausführungsgeschäft, d.h. hier aus dem Weiterverkauf, auch dann, wenn sie nicht an den Kommittenten abgetreten sind, im Verhältnis zwischen dem Kommittenten und dem Kommissionär oder dessen Gläubigern als Forderung des Kommittenten. § 392 II HGB führt wie erläutert zu einer Verding-lichung des Anspruchs des Kommittenten aus § 384 II, 2. Halbsatz HGB.

---

[129] *Fikentscher*, Schuldrecht, 9. Aufl. 1997, Rdnr. 414.

C kann als Kommittent daher beanspruchen, dass die S-GmbH direkt an ihn zahlt. Der Anspruch ist somit begründet.

Anspruch: (+)

Klausur 12: „Rückwärts mit dem Trecker" ***

Schwerpunkte: AGB unter Kaufleuten und Rügeobliegenheit

Der Bauer Herbert Halloween (H) erwirbt als Gesellschafter-Geschäftsführer im Namen seiner Halloween-GmbH (GmbH) direkt beim Produzenten Paul Problem (P) einen Trecker des Modells „Turbo-Top" für 50.000 Euro. Beim ersten Einsatz am nächsten Tag im Morgengrauen auf dem Feld stellt H fest, dass sich der Rückwärtsgang nicht einlegen lässt. H steigert sich immer mehr in das Vorhaben hinein, den Rückwärtsgang einzulegen, und versucht es am Ende mit brachialer Gewalt – jedoch ohne Erfolg. Er fährt daher direkt vom Feld zu dem 100 km entfernt ansässigen Produzenten P und stellt das Fahrzeug vor dem Verkaufssalon ab. Anschließend geht er zur Verkaufstheke, teilt mit, dass das Fahrzeug einen defekten Rückwärtsgang habe.

H bekommt einen Kaffee und ein Brötchen von P serviert und beruhigt sich erst einmal wieder. Zwischenzeitlich wird der Trecker in der Werkstatt repariert. Zurück auf dem Feld, lässt sich der Rückwärtsgang erneut nicht einlegen. H wendet sich nochmals an P, der defekte Rückwärtsgang wird wieder repariert. Einen Tag später lässt er sich erneut nicht einlegen. H ist es jetzt leid, er teilt mit, dass er auf Rückzahlung des Kaufpreises bestehe. Dies wird ihm indes unter Hinweis auf folgende Klausel in den Verkaufsbedingungen verwehrt:

„Sind Gewährleistungsansprüche gegeben, so beschränken sich diese auf eine Nachbesserung oder Ersatzlieferung. Schlagen drei Nachbesserungsversuche wegen eines gerügten Mangels fehl, so ist der Auftraggeber berechtigt, die Rückgängigmachung des Kaufvertrags oder eine Herabsetzung des Kaufpreises zu verlangen."

P hatte auf seine Verkaufsbedingungen bei Vertragsschluss hingewiesen und meint nun, er dürfe noch ein letztes Mal nachbessern. H ist von dem Trecker so enttäuscht, dass er namens der GmbH auf Rückzahlung des Geldes pocht. Zu Recht?

Variante

H parkt den neuen Trecker zunächst für vier Wochen in der Scheune, da er ihn anfangs nicht benötigt. Während dieser Zeit werden auf den Felgen speziell angefertigte Radkappen mit der Aufschrift „Halloween GmbH" angebracht. Beim ersten Einsatz des Treckers scheitert wegen des defekten Rückwärtsgangs bereits die Herausfahrt aus der Scheune. Schließlich wird der Trecker mit dem alten Traktor herausgezogen. H beschließt, den Trecker dem P „vor die Füße zu werfen" und tritt sofort mit dem Trecker die Fahrt zu diesem an.

Auf dem Weg zum Verkaufssalon des P wird H in einen Unfall verwickelt, als er sich vorsichtig in eine Vorfahrtsstraße hineintasten will. H erkennt zwar das herankommende Fahrzeug, kann diesem wegen des defekten Rückwärtsgangs jedoch keinen Platz machen. Dadurch kommt es zu einer Kollision mit dem besagten Fahrzeug. Hätte der Rückwärtsgang funktioniert, so wäre der Unfall vermieden worden. Am gegnerischen Fahrzeug des Rentners Gustav Gurt (G) entsteht glücklicherweise nur ein leichter Kratzer. Der Trecker selbst wird nicht beschädigt. Eine im Eigentum der GmbH befindliche Radkappe ist jedoch durch den Aufprall völlig zerstört worden. Diese Radkappe hat einen Wert von 1.000 Euro. H gelingt es, sich am Unfallort mit G wegen des Lackschadens am Kotflügel auf eine pauschale Zahlung von 500 Euro zu einigen. Nach der Zahlung des Betrags setzt H seine Fahrt zu P fort und kommt bei diesem höchst erregt an.

H begehrt die Reparatur des Rückwärtsganges sowie Zahlung von 500 Euro Schadensersatz, die er an den Unfallgegner G zahlen musste. Ferner begehrt er die Zahlung von 1.000 Euro wegen der beschädigten Radkappe. P will schon deshalb nicht zahlen, weil H erst jetzt, nach vier Wochen, mit der Angelegenheit auf ihn zukommt. Außerdem meint P, dass H mit dem Fahrzeug gar nicht mehr hätte fahren dürfen, nachdem er den Mangel erkannt hat. So hätte der Unfall vermieden werden können. H geht, nachdem er die drei verbliebenen intakten Radkappen abmontiert hat, ohne den Trecker nach Hause und besteht auf einer Begleichung der Ansprüche. Wie ist die Rechtslage?

Lösung: „Rückwärts mit dem Trecker"

Ausgangsfall

Anspruch der GmbH gegen P auf Rückzahlung des Kaufpreises gemäß §§ 437 Nr. 1 BGB, 434 I, 440, 323 I, 346 I BGB

Die GmbH hätte einen Anspruch auf Rückzahlung des Kaufpreises, wenn die Voraussetzungen einer Wandelung vorlägen. Zwischen den Parteien wurde ein Kaufvertrag über den Trecker geschlossen.

Rücktritt

Der Trecker müsste einen Sachmangel gemäß § 434 I BGB aufweisen. Dies ist der Fall, da der Trecker einen defekten Rückwärtsgang hat und dies seine Tauglichkeit für den gewöhnlichen Gebrauch im nicht unerheblichen Umfang beeinträchtigt. Damit eignet sich der Trecker nicht nach der vom Vertrag vorausgesetzten bzw. gewöhnlichen Verwendung, ein Rückwärtsgang ist üblich und kann erwartet werden (§ 434 I Nr. 1 bzw. Nr. 2 BGB). Dieser Fehler lag auch zum Zeitpunkt des Gefahrübergangs, d.h. der Übergabe (§ 446 BGB) vor.

Sachmangel bei Gefahrübergang

Das Recht der GmbH zum Rücktritt könnte jedoch durch die Klausel in den Verkaufsbedingungen des P ausgeschlossen sein, wonach vorerst nur Nachbesserung begehrt werden darf. Die Klausel legt fest, dass der Rücktritt erst dann verlangt werden darf, wenn H dreimal vergeblich die Nachbesserung versucht hat. Unter Zugrundelegung dieser Klausel könnte H also vorerst keine Rückgängigmachung des Kaufs und damit keine Rückzahlung des Kaufpreises verlangen. Dies setzt jedoch voraus, dass sich die GmbH die Nachbesserungsklausel überhaupt entgegenhalten lassen muss. Das wäre der Fall, wenn die betreffende Klausel in den Vertrag einbezogen worden ist und auch inhaltlich Wirkung entfaltet.

Ausschluss durch Nachbesserungsklausel?

Bei der Klausel handelt es sich um eine Allgemeine Geschäftsbedingung (AGB) gemäß § 305 I BGB, da sie in den Verkaufsbedingungen des P enthalten ist und von diesem vorformuliert wurde. Auch ist davon auszugehen, dass die Bedingungen für eine Vielzahl von Verträgen bestimmt sind.

AGB

Definition der AGB

Anmerkung: Eine Allgemeine Geschäftsbedingung liegt dann vor, wenn sie von einer Partei vorformuliert wird und für eine Vielzahl von Verträgen bestimmt ist. Bei Verbraucherverträgen genügt für die Geltung wichtiger (nicht aller) Vorschriften der §§ 305 ff. BGB bereits die einmalige Verwendung der Bedingung. Hinsichtlich sonstiger Verträge bleibt es aber dabei, dass die Klauseln für eine Vielzahl von Verträgen konzipiert sein müssen (siehe §§ 310 III BGB).

Einbeziehung

Die Nachbesserungsklausel müsste zunächst wirksam in den Vertrag einbezogen worden sein. Nur wenn sie Vertragsinhalt geworden ist, muss sich H diese auch entgegenhalten lassen. Nach § 305 II BGB werden Allgemeine Geschäftsbedingungen grundsätzlich Vertragsinhalt, wenn der Verwender der AGB auf ihre Geltung hinweist und die Gegenseite die Möglichkeit hat, diese in zumutbarer Weise zur Kenntnis zu nehmen sowie sich mit ihrer Geltung einverstanden zu erklären. Werden die AGB jedoch gegenüber einem Unternehmer verwendet, so gelten gemäß § 310 I BGB die Voraussetzungen des § 305 II BGB nicht. Da die GmbH als Handelsgesellschaft unternehmerisch tätig ist, gilt für sie das AGB-Recht nur eingeschränkt.

Konsensprinzip

Für Unternehmen gelten nämlich anstelle des § 305 II AGBG lediglich die allgemeinen Voraussetzungen der Einbeziehung von vertraglichen Regelungen. Danach müssen sich die Parteien auf den Vertragsinhalt einigen. Dies folgt aus dem sog. Konsensprinzip, das das Privatrecht grundlegend beherrscht.

H und P müssen sich somit über die Geltung der AGB geeinigt haben. P wies auf die Geltung seiner Verkaufsbedingungen hin. Da H namens der GmbH dem nicht widersprach, sondern anschließend den Kaufvertrag abschloss, hat sich die GmbH hiermit zumindest konkludent einverstanden erklärt. Ein ausdrücklicher Hinweis auf die Geltung der AGB, wie ihn § 305 II AGBG fordert, ist gerade nicht nötig. Damit sind die Verkaufsbedingungen des P grundsätzlich wirksam in den Kaufvertrag einbezogen worden.

Im Ergebnis ist jedoch noch nicht entschieden, ob damit auch jede einzelne Klausel Vertragsinhalt geworden ist, sondern nur, dass grundsätzlich die AGB gelten sollen. Jede einzelne Klausel muss noch gesondert daraufhin untersucht werden, ob die Voraussetzungen der §§ 305 b, 305 c BGB vorliegen. Danach werden Klauseln, die überraschend sind, nicht Vertragsinhalt (§ 305 c BGB). Ferner haben Individualabreden Vorrang (§ 305 b BGB).

§ 305 b BGB

Die hier vereinbarte Klausel könnte überraschend sein. Allerdings ist es nicht unüblich, dass sich gerade der Hersteller eines Produkts das Recht vorbehalten will, mehrmals die Nachbesserung zu versuchen. Für einen Unternehmer käme eine solche Klausel grundsätzlich nicht überraschend, da Unternehmer damit rechnen, dass gerade bei hochwertigen Produkten wie einem Trecker der Verkäufer nicht vorschnell den Rücktritt zulassen will. Es ist für den Käufer daher auch nicht überraschend, wenn der Produzent versucht, vor der Einräumung des Rücktritts- oder Minderungsrecht drei Nachbesserungsversuche vorzuschreiben. Das Gesetz selbst sieht beim Kauf gemäß § 439 BGB zunächst die Nacherfüllung vor. Eine Nachbesserung gilt grundsätzlich erst nach dem zweiten Nachbesserungsversuch als fehlgeschlagen (§ 440 Satz 2 BGB). Gegenüber einem Verbraucher wäre eine Verschärfung auf drei Nachbesserungsversuche wegen des zwingenden Charakters von § 440 BGB zwar unzulässig (§ 475 BGB), aber wohl auch nicht überraschend. Im Ergebnis ist die Klausel gegenüber der Unternehmer, der GmbH hinsichtlich des Verweises auf vorrangige Nachbesserung nicht überraschend im Sinne von § 305 c BGB.

Da die Klausel auch nicht unklar ist und eine hiervon abweichende Individualabrede nicht vorliegt, ist sie Vertragsinhalt geworden.

Fraglich ist jedoch, ob die Klausel inhaltlich wirksam ist. Die Inhaltskontrolle von Klauseln richtet sich nach den §§ 307 bis 309 BGB. Nach § 310 I BGB gelten allerdings bei AGB, die gegenüber Unternehmern verwendet werden, nicht die §§ 308 und 309 BGB.

Inhaltskontrolle

Auch im unternehmerischen Verkehr kommt aber § 307 BGB, die sog. Generalklausel, zur Anwendung. Danach sind Bestimmungen in AGB unwirksam, wenn sie den Vertragspartner des Verwenders entgegen den Geboten von Treu und Glauben unangemessen benachteiligen.

§ 307 BGB

Es ist also zu prüfen, ob die GmbH durch die streitgegenständliche Nachbesserungsklausel unangemessen benachteiligt wird. Zur Auslegung des unbestimmten Rechtsbegriffs der unangemessenen Benachteiligung kann auf die generellen Klauselverbote der §§ 308 und 309 BGB zurückgegriffen werden. Die Klauselverbote, die in §§ 308 und 309 BGB enthalten sind, besitzen – sofern sie nicht auf die typische Situation des Verbrauchers zugeschnitten sind – auch für den kaufmännischen Verkehr Indizfunktion. Dies bedeutet, dass die darin aufgeführten Unwirksamkeitsgründe im kaufmännischen Verkehr nicht generell unbeachtlich sind, sondern auch dort Zweifel an der Wirksamkeit der Klausel auslösen können. Bei der konkreten Auslegung der Generalklausel § 307 BGB kann ein spezielles Klauselverbot

Indizfunktion

aus den §§ 308 und 309 BGB für die Frage der unangemessenen Benachteiligung somit indizielle Wirkung entfalten.

§ 309 Nr. 8 b) bb) BGB

Gegenüber Verbrauchern ist schon nach § 475 BGB die hier vereinbarte Klausel unwirksam. Nach § 309 Nr. 8 b) bb) BGB muss jedenfalls bei einem Fehlschlagen der Nachbesserung der Rücktritt möglich sein, sofern es nicht um eine Bauleistung geht. § 309 Nr. 8 b) bb) BGB ist über § 310 I, 307 BGB im kaufmännischen Verkehr anwendbar[130]. Die Vorschrift regelt nicht, wie viele Nachbesserungsversuche sich der Vertragspartner gefallen lassen muss, mehr als zwei Nachbesserungsversuche braucht er als Verbraucher nicht zu tolerieren, wie schon das Gesetz in § 440 Satz 2 BGB regelt. Hier sind indes drei Nachbesserungsversuche ausdrücklich vereinbart, was gegenüber einem Unternehmer von der Anzahl her erst einmal in Ordnung geht. Auch die mit der Klausel verbundene Beschränkung des Wahlrechts des Käufers auf die Nachbesserung unter Ausschluss der Nachlieferung ist grundsätzlich möglich.

Auslegung der Klausel

Ein „Fehlschlagen" der Nachbesserung liegt jedoch auch dann vor, wenn der Verkäufer die Nachbesserung verzögert oder unberechtigt verweigert[131]. Für diese Fälle muss ein Rücktritt oder eine Minderung sofort möglich sein, ohne dass der Käufer noch ein oder zwei weitere Anläufe unternehmen muss. Die hier vereinbarte Nachbesserungsklausel eröffnet für diese Fälle des Fehlschlagens dem Käufer jedoch nicht das Recht der Wandelung oder des Rücktritts[132]. Hieraus könnte sich eine unangemessene Benachteiligung im Sinne von § 307 BGB ergeben. Diese muss vielmehr unter Einbeziehung der konkreten Situation ermittelt werden.

Abwägung

Die hier vereinbarte Nachbesserungsklausel bedeutet für die GmbH, dass sie sich auf drei Nachbesserungsversuche einlassen muss und während dieser Zeit den Trecker nicht nutzen kann. Die Nachbesserungsversuche können eine nicht im Voraus bestimmbare Zeit in Anspruch nehmen – je nach Reparaturumfang. Der defekte Rückwärtsgang ließ sich schnell beheben, die Klausel gilt für sämtliche Mängel, auch jene, deren Behebung länger dauert. In diesem Zeitraum hat die GmbH nach dieser Klausel keinen Anspruch auf Stellung eines Ersatzfahrzeugs oder einen sonstigen finanziellen Ausgleich. Ihr wird also zugemutet, während dieser drei Nachbesserungsversuche auf das Fahrzeug er-

---

[130] BGHZ 93, 62; BGH, NJW 1993, 2438; BGH, NJW 1994, 1005.
[131] BGH, ZIP 1998,70, 71.
[132] BGH, ZIP 1998,70, 71.

satzlos zu verzichten. Ferner ist ihr faktisch durch die Verweigerung der Rückzahlung des Kaufpreises verwehrt, sich ein Ersatzfahrzeug anzuschaffen, obwohl die ständigen fehlgeschlagenen Nachbesserungen ihr Vertrauen in die Zuverlässigkeit des Treckers erschüttert haben dürften. Eine solche Bindung der GmbH an den geschlossenen Kaufvertrag und den mangelhaften Kaufgegenstand beansprucht sie über Gebühr. Diese Regelung benachteiligt daher die GmbH unangemessen und ist gemäß § 307 BGB unwirksam.

Ist eine Klausel unwirksam, so ist sie als Ganzes nicht anzuwenden und nicht möglicherweise so in ihrer Wirkung herabzumindern, dass sie gerade noch zulässig wäre. Ließe man dies zu, würde jeder Verwender ihn begünstigende Klauseln einsetzen, da er lediglich befürchten müsste, dass die Klausel auf das gerade noch zulässige Maß reduziert werden würde. Es gilt daher das Verbot der geltungserhaltenden Reduktion. Das heißt die Klausel ist als *Ganzes* unwirksam, sie kann hier nicht etwa auf den Inhalt reduziert werden, dass nur *zwei* Nachbesserungsversuche zu dulden wären, die nach dem Gesetz zulässig wären.

Verbot der geltungserhaltenden Reduktion

Die Klausel fällt damit ersatzlos weg. An ihre Stelle tritt das gesetzliche Gewährleistungsrecht, da die GmbH bereits zweimal erfolglos Nacherfüllung begehrte, kann sie nach dem zweimaligen Fehlschlagen Rücktritt verlangen.

Die GmbH kann damit Rückzahlung ihres Kaufpreises in Höhe von 50.000 Euro begehren.

Anspruch: (+)

Variante

I. Anspruch der GmbH gegen P auf Reparatur des Rückwärtsganges gemäß §§ 437 Nr. 1 BGB, 434 I, 439 BGB

Die GmbH kann Nacherfüllung in Form der Reparatur verlangen, wenn ihr dieses Gewährleistungsrecht gemäß § 439 BGB zusteht. Fraglich ist, ob P Einwendungen geltend machen kann.

Nacherfüllung

P beruft sich darauf, dass die GmbH erst jetzt, vier Wochen nach der Lieferung, den mangelhaften Rückwärtsgang anzeigt. Er erhebt damit den Einwand der nicht rechtzeitig erhobenen Rüge des Mangels. Gemäß § 377 I HGB hat der Käufer die Ware unverzüglich zu untersuchen – sofern dies im ordnungsgemäßen Geschäftsgang tunlich ist – und sich zeigende Mängel ebenfalls unverzüglich zu melden. Unterlässt der Käufer die Anzeige, so ordnet § 377 II HGB an, dass

Einwand der verspäteten Rüge

die Ware als genehmigt gilt, es sei denn, es handelt sich um einen nicht erkennbaren Mangel. Der Käufer hat somit die rechtserhaltende Obliegenheit, etwaige Mängel anzuzeigen. Verletzt er diese Obliegenheit, so schneidet er sich damit seine Gewährleistungsrechte ab. Fraglich ist, ob die Vorschrift des § 377 HGB hier Anwendung findet und tatsächlich zu einem Ausschluss der Gewährleistungsansprüche der GmbH führt.

Beiderseitiger Handelskauf

Erste Voraussetzung ist gemäß § 377 I HGB das Vorliegen eines beiderseitigen Handelsgeschäfts (§ 343 HGB). Danach müssen beide Vertragspartner Kaufleute sein und mit dem Kauf ein Geschäft tätigen, das zum Betrieb ihres Handelsgewerbes gehört. P ist Kaufmann kraft Betreibens eines Handelsgewerbes gemäß § 1 HGB. Dass eine nach Art oder Umfang in kaufmännischer Weise eingerichtete Organisation erforderlich ist, lässt sich bei einem Produzenten von Treckern ohne weiteres annehmen. Die GmbH ist kraft Rechtsform Handelsgesellschaft und unterfällt schon deshalb gemäß § 6 I HGB i.V.m. § 13 III GmbHG dem Kaufmannsrecht. Ein beiderseitiges Handelsgeschäft liegt damit vor.

Ware

Ferner müsste es sich bei dem Trecker um eine Ware handeln. Waren sind alle beweglichen Sachen, die nach der Verkehrsauffassung Gegenstände des gewerbsmäßigen Umsatzes sein können. Dies ist bei dem Trecker der Fall. Dass dieser zum Anlage- und nicht zum Umlaufvermögen der GmbH gehört, also nicht zum Weiterverkauf bestimmt ist, spielt dabei keine Rolle.

Sachmangel

Des Weiteren ist Voraussetzung, dass der Kaufgegenstand mangelhaft ist, was ebenfalls zweifelsohne wegen des defekten Rückwärtsgangs bejaht werden kann. Dieser Mangel bestand bereits bei Ablieferung des Fahrzeugs.

Unverzügliche Rüge?

Entscheidend ist damit nur noch, ob die GmbH die Rüge *unverzüglich* erhoben hat. Sie hat zwar gerügt, jedoch erst vier Wochen nach Lieferung. Da es sich eindeutig um einen erkennbaren Mangel handelt, der bei einer Prüfung der „vitalen Funktionen" des Fahrzeugs sofort hätte entdeckt werden müssen, war dieser Mangel sofort nach Ablieferung anzuzeigen. Das Verstreichenlassen von vier Wochen nach Ablieferung genügt dem Kriterium der Unverzüglichkeit keinesfalls. Eine unverzügliche Rüge liegt schon dann nicht mehr vor, wenn dem Käufer eine geringe, bei objektiv ordnungsgemäßem Geschäftsgang vermeidbare Nachlässigkeit in der Erfüllung der Anzeigepflicht vorzuwerfen ist[133]. Da

---

[133] RGZ 106, 359, 360.

die GmbH nicht unverzüglich gerügt hat, wurde die Präklusionswirkung des § 377 II HGB ausgelöst. Damit sind ihre Gewährleistungsrechte, also auch das Wandelungsrecht, ausgeschlossen.

Die GmbH darf daher Nacherfüllung begehren. Ein Anspruch auf Reparatur des Rückwärtsganges besteht somit nicht.

Anspruch: (–)

II. Anspruch der GmbH gegen P auf Erstattung des an den Unfallgegner gezahlten Betrags in Höhe von 500 Euro

1. Aus 280 I BGB

Als Anspruchsgrundlage für eine Erstattung der 500 Euro könnte § 280 I BGB, also eine positive Vertragsverletzung des Kaufvertrags in Betracht kommen. Werden innerhalb eines Schuldverhältnisses dem einen Vertragspartner durch Pflichtverletzungen des anderen Vertragspartners Schäden zugefügt, so ordnet das Gesetz an, dass dem Geschädigten ein Anspruch auf Ersatz des Schadens gewährt werden muss, sofern der Vertragspartner die Pflichtverletzung zu vertreten hat.

Verletzung vertraglicher Pflichten

Erste Voraussetzung für den Anspruch aus § 280 I BGB ist neben dem Bestehen eines Schuldverhältnisses eine Pflichtverletzung des P. P müsste also seine Pflichten aus dem Vertrag mit der GmbH verletzt haben. P ist zur Lieferung einwandfreier Ware verpflichtet. Das heißt, er schuldete, da es sich bei dem Trecker um eine Gattungsschuld handelte, die Übereignung eines Fahrzeugs mittlerer Art und Güte (§ 243 I BGB). Da der Trecker wegen des defekten Rückwärtsgangs von dieser Qualität abwich, lag damit eine Pflichtverletzung in Gestalt der Schlechtleistung der Hauptleistungspflicht vor.

Pflichtverletzung des P

Nicht ersichtlich ist, ob den Verkäufer P hinsichtlich der Schlechtleistung ein Verschulden traf. Der Anspruchsteller muss zwar grundsätzlich alle Anspruchsvoraussetzungen und damit auch das Verschulden beweisen. Der Gesetzgeber hat jedoch in § 280 I 2 BGB hinsichtlich des Vertretenmüssens eine Beweislastumkehr verankert. Dies folgt aus der Formulierung: *„Dies gilt nicht …"*. Für den Fall der Schlechtlieferung bedeutet dies, dass – sofern der Mangel bei Gefahrübergang vorlag – der Verkäufer sich hinsichtlich des Verschuldens entlasten muss. Hier steht fest, dass das Fahrzeug mit dem defekten Rückwärtsgang ausgeliefert wurde. Der Hersteller P müsste beweisen, dass ihn an der Schlechtlieferung kein Verschulden trifft. Da er keine An-

Verschulden

	stalten unternimmt, sich hinsichtlich des Verschuldens zu entlasten, kann dies unterstellt werden.
Mangelfolgeschaden	Ferner muss durch die schuldhafte Schlechtlieferung ein Schaden entstanden sein. Hier liegt ein sog. Mangelfolgeschaden vor. Ein Mangelfolgeschaden ist ein Schaden, der über den bloßen Mangelschaden, d.h. dem Minderwert an der Sache selbst infolge des Mangels – hier also den defekten Rückwärtsgang – hinausgeht. Dieser Folgeschaden tritt an sonstigen Rechtsgütern oder nur am Vermögen des Vertragspartners auf.
Durch die schuldhafte Pflichtverletzung entstandener Vermögensschaden	Hier ist der Käuferin, d.h. der GmbH, durch die Lieferung des mangelhaften Treckers unter anderem ein Vermögensschaden in Form eines Haftungsschadens in Höhe von 500 Euro entstanden. Dieser Betrag wurde von der GmbH gezahlt, weil sie durch ihren Geschäftsführer H – infolge des defekten Rückwärtsgangs – einen Schaden am Fahrzeug des G verursachte, den die Gesellschaft ausgleichen musste. Die Schlechtleistung des P hat somit zur Folge, dass der GmbH ein Vermögensschaden entstanden ist. Eine Ursächlichkeit ist somit gegeben.
Einwand des § 377 HGB	Jedoch könnte auch dieser Anspruch dadurch ausgeschlossen sein, dass die GmbH den Mangel verspätet gemeldet hat. Die Voraussetzungen des § 377 I und II HGB liegen – wie ausgeführt – vor. Fraglich ist jedoch die Reichweite der Präklusion.
Reichweite der Präklusion	Die Rügeobliegenheit des § 377 HGB dient dem allgemeinen Interesse des Handelsverkehrs an einer zügigen und endgültigen Abwicklung von Handelsgeschäften. Damit bezweckt die Vorschrift in erster Linie einen Schutz des Vertrauens des Verkäufers darauf, dass zumindest bei erkennbaren Mängeln – sofern nicht unverzüglich gerügt wird – auch keine späteren Beanstandungen erhoben werden[134]. Wegen dieses Zwecks ist es sachgerecht, dass sämtliche vertragliche Ansprüche, die mit dem Mangel in Zusammenhang stehen, ausgeschlossen sind. Daher werden auch Ansprüche aus § 280 I BGB von der Ausschlusswirkung erfasst[135].
Anspruch: (–)	Ein Anspruch aus § 280 I BGB greift mithin nicht durch. Die GmbH kann aus dieser Anspruchsgrundlage keine Zahlung der 500 Euro verlangen.

---

[134] *Koller/Roth/Morck*, § 377 Rdnr. 2.
[135] Siehe BGH, NJW 1989, 2532, 2534 für die positive Vertragsverletzung, die durch § 280 I BGB abgelöst wurde.

2. Aus § 823 I BGB wegen Verletzung des Eigentums

Als weitere Anspruchsgrundlage ist an § 823 I BGB wegen Verletzung des Eigentums zu denken. § 823 I BGB setzt unter anderem voraus, dass ein dort genanntes Recht oder ein Rechtsgut verletzt ist. Nach § 823 I BGB wird der durch die Eigentumsverletzung verursachte Schaden ersetzt.

Eigentumsverletzung

Dieser Anspruch scheitert jedoch daran, dass die Zahlung der 500 Euro nicht auf einer Verletzung des Eigentums der GmbH beruht. Die Eigentumsverletzung trat vielmehr beim Unfallgegner G ein, an dessen Fahrzeug ein Lackschaden entstand.

Anspruch: (–)

Die GmbH kann sich hinsichtlich ihres Haftungsschadens daher nicht im Verhältnis zum Verkäufer P auf eine Verletzung ihres Eigentums berufen. Der sog. „reine Vermögensschaden", wie er hier aufgetreten ist, wird von § 823 I BGB gerade nicht erfasst. Die reine Vermögensverletzung begründet daher keinen Anspruch, so dass sich die GmbH nicht erfolgversprechend auf § 823 I BGB berufen kann.

3. Aus Produzentenhaftung gemäß 823 I BGB bzw. § 1 I ProdHaftG i.V.m. § 426 II BGB

Die GmbH, vertreten durch H, hat dem Unfallgegner G dessen Schaden in Höhe von 500 Euro ersetzt. Sofern zwischen P und der GmbH im Verhältnis zum Unfallgegner ein Gesamtschuldverhältnis bestand, könnte der Schadensersatzanspruch des Unfallgegners auf die GmbH gemäß § 426 II BGB übergangen sein, so dass die GmbH nunmehr im Innenverhältnis unter Verwertung der übergegangenen Forderung Ausgleich verlangen könnte.

Forderungsübergang auf Gesamtschuldner

Voraussetzung für ein Gesamtschuldverhältnis ist zunächst eine Haftung des P neben der Verantwortlichkeit der GmbH gegenüber dem Geschädigten G.

Gesamtschuldverhältnis zwischen P und G?

P ist Produzent des Treckers. Dieser wies einen Fabrikationsfehler auf, infolgedessen der Unfall verursacht wurde. P könnte daher aus § 823 I BGB gegenüber G wegen Verletzung von dessen Eigentum nach den Grundsätzen der Produzentenhaftung haften. Durch das Inverkehrbringen des mit einem Fabrikationsfehler behafteten Treckers ist der Unfall und damit ein Schaden verursacht worden. Im Rahmen der deliktischen Produzentenhaftung findet eine Beweislastumkehr in der Form statt, dass ein Verschulden vermutet wird, sofern sich P nicht entlastet. Die Voraussetzungen des § 823 I BGB sind damit gegeben.

Haftung des P aus § 823 I BGB

Haftung des P aus § 1 I ProdHaftG	Daneben könnte ein Schadensersatzanspruch des G gegen P aus § 1 I ProdHaftG bestehen. Danach haftet der Hersteller, wenn durch einen Fehler seines Produkts u.a. eine Sache beschädigt wird, sofern der Schaden nicht am Produkt selbst eintritt und die Sache zum privaten Ge- oder Verbrauch bestimmt und hierzu hauptsächlich verwendet worden ist. Dies trifft für das Fahrzeug des G, der Rentner ist, zu.
Selbstbehalt	Nach § 11 ProdHaftG besteht bei Sachschäden jedoch eine Selbstbeteiligung des Geschädigten in Höhe von 500 Euro, die hier noch nicht überschritten ist, da sich G mit einer pauschalen Abgeltung in Höhe von 500 Euro zufriedengegeben hat.
	Ein Anspruch gegen P aus ProdHaftG besteht daher neben dem deliktischen Anspruch aus § 823 I BGB nicht.
Haftung der GmbH	Ein Gesamtschuldverhältnis erfordert des weiteren, dass dem Unfallgegner G daneben auch Ansprüche gegen die GmbH zustehen. Die GmbH haftet ggf. aus § 823 I BGB i.V.m. § 31 BGB analog[136]. Nach letzterer Vorschrift werden die zum Schadensersatz verpflichtenden Handlungen eines Vorstandsmitglieds seinem Verein ohne Entlastungsmöglichkeit zugerechnet, sofern dieser in Ausübung seines Dienstes handelt. Danach muss die GmbH für die unerlaubte Handlung des H, die dieser auf einer Dienstfahrt verübte, gemäß § 31 BGB analog einstehen. Insofern kann der GmbH auch das Verschulden des H entgegenhalten halten werden.
	Der Anspruch aus § 823 I BGB i.V.m. § 31 BGB analog gegen die GmbH ist daher begründet.
§ 840 BGB	Zwischen der Schadensersatzpflicht des P aus § 823 I BGB und der Einstandspflicht der GmbH für die unerlaubte Handlung ihres Geschäftsführers H ebenfalls aus § 823 I BGB – jeweils gegenüber G – besteht ein Gesamtschuldverhältnis gemäß § 840 BGB. Daher ist ein Übergang der Forderung zum Zwecke des Innenausgleichs gemäß § 426 II BGB auf die GmbH in Höhe der an G geleisteten Entschädigung von 500 Euro erfolgt. Für die Frage des Rückgriffs der GmbH gegenüber P ist anspruchsmindernd das der GmbH gemäß § 31 BGB zuzurechnende Verschulden des H zu berücksichtigen.

---

[136] Ob die GmbH ggf. als Halterin aus § 7 Straßenverkehrsgesetz (StVG) (verschuldensunabhängige Haftung) für die Betriebsgefahr des Treckers haftet, kann offenbleiben. Die Haftung ist ggf. gemäß § 8 StVG ausgeschlossen, wenn der Trecker auf ebener Bahn nicht mehr als 20 km/h fährt.

Mangels abweichender Anhaltspunkte sind die Gesamtschuldner zu gleichen Teilen im Innenverhältnis verpflichtet (§ 426 I 1 BGB). Danach hätte die GmbH gegen P einen Anspruch in Höhe von 250 Euro. Die Höhe des Ausgleichsanspruchs der GmbH gegen P lässt sich aber nicht abschließend beziffern – vielmehr wäre der Sachverhalt noch detaillierter aufzuklären.

Anspruch: (+)

4. Aus § 1 I ProdHaftG

Als weitere Anspruchsgrundlage ist an das Produkthaftungsgesetz zu denken. Danach muss ein Hersteller unter anderem dann haften, wenn eine Sache durch Fehler eines seiner Produkte beschädigt wird. Dann ist dem Geschädigten unter bestimmten Voraussetzungen der daraus entstandene Schaden zu ersetzen. Bei der GmbH wurde jedoch bezüglich der 500 Euro keine Sache beschädigt, so dass auch diese Voraussetzungen nicht vorliegen. Das Produkthaftungsgesetz erfasst zwar Personen- und Sachschäden und die hieraus resultierenden mittelbaren Vermögensschäden, nicht jedoch reine Vermögensschäden.

Kein Sachschaden bei GmbH

Ein Anspruch nach diesem Gesetz ist daher ausgeschlossen.

Anspruch: (–)

III. Anspruch der GmbH gegen P auf Zahlung der 1.000 Euro wegen der beschädigten Radkappe

1. Aus § 280 I BGB

Schließlich begehrt die GmbH noch Ersatz des Schadens in Gestalt der Zerstörung der Radkappe. Hier käme wiederum ein Anspruch aus § 280 I BGB in Betracht, da die Zerstörung der Radkappe Folge der Schlechtleistung ist. Doch ist auch dieser Anspruch wegen der verspäteten Rüge ausgeschlossen. Auf die obigen Ausführungen kann daher verwiesen werden.

Präklusion wegen Verspätung

Ein Anspruch aus § 280 I BGB besteht nicht.

Anspruch: (–)

2. Aus § 823 I BGB

Auch hier kommt ein Anspruch aus § 823 I BGB in Betracht. Die Radkappe stand im Eigentum der GmbH. Durch den defekten Rückwärtsgang wurde die Beschädigung der Radkappe mitverursacht. Hätte der Rückwärtsgang funktioniert, wäre der Unfall vermieden worden, so dass durch die Lieferung bzw. das Inverkehrbringen des defekten Fahrzeugs die Eigentumsverletzung ermöglicht wurde. Damit hat P das Eigentum der GmbH durch sein Verhalten verletzt.

Produzentenhaftung
Eigentumsverletzung

Rechtswidrigkeit	Da P dadurch gegen seine Pflicht verstoßen hat, nur mängelfreie Produkte in den Verkehr zu bringen, hat er auch rechtswidrig gehandelt.
Verschulden	Fraglich ist jedoch, ob dies schuldhaft geschah. Bei der Haftung wegen eines Produktmangels aus § 823 BGB muss der Hersteller nach ständiger Rechtsprechung beweisen, dass seinerseits kein Verschulden bezüglich des Produktfehlers vorliegt. Da hier P nichts zu seiner Entlastung vorträgt, ist grundsätzlich davon auszugehen, dass ihm bis zum Beweis des Gegenteils ein Verschulden vorzuwerfen ist.
§ 377 HGB	Auch hier könnte jedoch P mit dem Einwand der Verspätung gemäß § 377 HGB, d.h. der verzögerten Rüge, durchdringen.
Erstreckung auf deliktische Ansprüche?	Von der h.M. wird zu Recht angenommen, dass sich die Präklusionswirkung nur auf solche Ansprüche erstreckt, die auf Vertrag beruhen[137]. Dies folgt schon aus dem allgemeinen Grundsatz, dass deliktische Ansprüche stets neben vertraglichen bestehen und von diesen grundsätzlich nicht verdrängt werden. Die vertraglichen Schadensersatzansprüche schützen den Käufer, wenn dessen berechtigte Vertragserwartungen, d.h. sein sog. Äquivalenzinteresse, enttäuscht werden[138]. Die deliktischen Ansprüche wie § 823 BGB dienen dagegen dem Schutz des Integritätsinteresses, also dem Interesse des Käufers an der Unversehrtheit seines Körpers oder der in seinem Eigentum befindlichen Sachen sowie seiner sonstigen absoluten Rechte und Rechtsgüter. Eine vertragliche Einwendung, wie hier die Rügeobliegenheit, kann das Integritätsinteresse und damit die Ansprüche aus unerlaubter Handlung nicht berühren.

Entscheidendes Argument für die Bejahung der Ausschlusswirkung auf deliktische Ansprüche ist, dass der Dritte, der mit dem Verkäufer in keinerlei vertraglicher Beziehung steht und gegen diesen deliktische Ansprüche erhebt, besser gestellt werden würde als dessen Vertragspartner[139]. Der Dritte, der z.B. mit nur mit dem Zwischenhändler einen Vertrag geschlossen hat, muss sich vom Vertragspartner des Zwischenhändler, d.h. dessen Verkäufer nicht entgegenhalten lassen, dass er eine Rügeobliegenheit gegenüber dem Zwischenhändler verletzt habe. Auch um diesen Wertungswiderspruch zu vermeiden, sollte die Präklusions-

---

[137] BGHZ 101, 337, 341 ff.; *Karsten Schmidt*, § 29 III 5 b m.w.N.
[138] Der Käufer darf erwarten, für seine Leistung das vertraglich vereinbarte Äquivalent zu erhalten.
[139] BGHZ 101, 337, 346 f.

wirkung generell nicht auf deliktische Ansprüche erstreckt werden.

Die GmbH kann sich daher weiterhin auf § 823 I BGB berufen, ohne dass dem der Einwand der verspäteten Rüge entgegensteht. P hat daher der GmbH grundsätzlich den Schaden an der Radkappe zu ersetzen.

Anspruch: (+)

Die GmbH muss sich jedoch ggf. den Einwand des Mitverschuldens (§§ 254, 31 BGB) entgegenhalten lassen, da sie mit dem Fahrzeug die Fahrt zu P unternahm, obwohl ihr Geschäftsführer wusste, dass der Rückwärtsgang defekt ist. Hier dürfte der Anspruch wegen eines erheblichen Mitverschuldens zu kürzen sein. Angemessen ist eine Quote von 50 %. Die genaue Höhe braucht nicht abschließend bestimmt zu werden.

Mitverschulden

Damit kann die GmbH von P Schadensersatz aus § 823 I BGB verlangen.

3. Aus § 1 I ProdHaftG

Auch hier ist zu erörtern, ob sich ein Anspruch aus dem Produkthaftungsgesetz ergeben kann. P hat ein mangelhaftes Produkt in den Verkehr gebracht, wodurch bei der GmbH ein Sachschaden entstand.

Nicht jeder Sachschaden wird ersetzt, sondern nur der Schaden, der an anderen Sachen als dem fehlerhaften Produkt entstanden ist, wobei die beschädigten Sachen für den privaten Ge- oder Verbrauch bestimmt und hierzu hauptsächlich verwendet worden sein müssen (siehe § 1 I 2 ProdHaftG). Da die GmbH gewerblich tätig ist und die Radkappen unternehmerisch nutzt, kann sie Sachschäden nicht ersetzt verlangen. Ferner ist die Ersatzpflicht deshalb zum Teil ausgeschlossen, weil gemäß § 11 ProdHaftG ein Selbstbehalt im Falle der Sachbeschädigung in Höhe von 500 Euro besteht.

Sachschaden bei privatem Ge- oder Verbrauch

Nach dem ProdHaftG stehen der GmbH somit keinerlei Ansprüche zu.

Anspruch: (–)

Basiswissen: Die Rügeobliegenheit des Kaufmanns

Beliebtes Prüfungsthema ist die Rügeobliegenheit des Kaufmanns. Dies gilt sowohl für Klausuren als auch für mündliche Prüfungen. Die Klausuren 12 und 14 enthalten daher Probleme aus diesem Bereich. Rechtsgrundlage sind die §§ 377 und 378 HGB. Nach § 377 I HGB ist der Käufer bei einem beiderseitigen Handelskauf verpflichtet, die ihm gelieferte Ware unverzüglich zu untersuchen und sich zeigende Mängel unverzüglich dem Verkäufer anzuzeigen. Unterlässt der Käufer diese Anzeige, so ordnet § 377 II HGB an, dass die Ware als genehmigt gilt, es sei denn, es handelt sich um einen Mangel, der bei der Untersuchung nicht erkennbar war. Nicht erkennbare Mängel hat der Käufer unverzüglich nach der Entdeckung dem Verkäufer anzuzeigen.

Überblick

Die Vorschrift des § 377 HGB schützt somit den Verkäufer, der schnell Klarheit über die ordnungsgemäße Abwicklung des Geschäfts erhalten soll. Die Rügeobliegenheit ermöglicht dem Verkäufer, drohende Schäden, etwa bei weiteren nachfolgenden Käufern in der Absatzkette abzuwenden. Durch die unverzügliche Rüge hat der Verkäufer ferner die Chance, ggf. selbst die Ware zu untersuchen Beweise zu sichern[140].

Zweck

Verstößt der Käufer gegen die Rügeobliegenheit, so tritt ein Rechtsverlust hinsichtlich des nicht gerügten Mangels ein. Er muss dann die Ware so hinnehmen, wie er sie erhalten hat, seine Gewährleistungsansprüche sind ausgeschlossen.

Rechtsfolge

Diese Rechtsfolge tritt ein, wenn folgende Voraussetzungen vorliegen:

Voraussetzungen

Es muss ein beiderseitiger Handelskauf vorliegen (§ 343 HGB). Nach herrschender Ansicht müssen die Beteiligten daher Kaufleute sein; sonstige Gewerbetreibende oder Unternehmer trifft keine Rügeobliegenheit[141].

Beiderseitiger Handelskauf

---

[140] BGHZ 91, 293, 299.
[141] H.M., siehe *Koller/Roth/Morck*, § 377 Rdnr. 4; für eine analoge Anwendung auf alle Unternehmer einschließlich der Freiberufler: *Karsten Schmidt*, § 29 III 2 b.

Ablieferung	Ferner knüpft die Rügeobliegenheit an die Ablieferung der Ware an.
Sachmangel	Die gelieferte Ware muss einen Sachmangel aufweisen. Für den Zeitpunkt der Erfüllung der Rügeobliegenheit wird danach differenziert, ob es sich um einen erkennbaren oder nicht erkennbaren Sachmangel handelt.
Anforderungen an die Untersuchungs-obliegenheit	Entscheidend ist, ob der Mangel bei gehöriger Untersuchung hätte erkannt werden können. Was unter einer gehörigen Untersuchung zu verstehen ist, richtet sich nach den Umständen des Einzelfalls, allgemeingültige Aussagen lassen sich hierfür nicht treffen.
	Beispielsweise wird vertreten, dass bei Lebensmitteln chemische und technische Untersuchungsmethoden nur dann angewendet werden müssen, wenn das Aussehen, der Geschmack oder der Geruch der Ware Verdachtsmomente ergibt[142]. Der Käufer ist verpflichtet, Stichproben zu nehmen, also beispielsweise bei der Lieferung von Konserven einige hiervon zu öffnen.
Beispiel	So hat der *Bundesgerichtshof* von einem Hersteller von Bergwanderschuhen verlangt, dass dieser das ihm gelieferte Leder auch daraufhin überprüft, ob es tatsächlich – wie vom Lieferanten zugesichert – vollimprägniert ist. In dem Streitfall war das Leder zwar grundsätzlich wasserdicht, nahm bei Berührung mit Wasser aber dennoch Feuchtigkeit auf, was innerhalb kurzer Zeit zu pockennarbigen Aufwölbungen der Schuhe führte. Die Kunden, die in Einzelhandelsgeschäften die Schuhe gekauft hatten, beschwerten sich über das pockennarbenartige Oberleder und verlangten ihr Geld zurück. Die Einzelhändler nahmen sodann den Schuhhersteller in Regreß, der seinerseits vor dem Problem stand, das Geld vom Lederlieferanten erstattet zu bekommen. Dieser berief sich darauf, dass mit einem Wassertropfentest der Mangel hätte unschwer vom Schuhhersteller aufgedeckt werden können. Bei dem Wassertropfentest wird ein Wassertropfen auf das Oberleder des Schuhs gegeben und abgewartet, ob beim Abtrocknen Feuchtigkeit in den Schuh eindringt. Der Einwand des Schuhherstellers, dass ein solcher Test nicht üblich sei, beeindruckte den *Bundesgerichtshof* nicht[143].
	Die Untersuchungspflicht kann also sehr weit gehen. Bemerkenswert ist beispielsweise auch eine Entscheidung des *OLG Oldenburg*, das annahm, dass der Käufer von tiefgefro-

---

[142] BGH, DB 1991, 2332 (Pizza Italiana).
[143] Siehe BGH, ZIP 1996, 756.

renen Kotelettrippen verpflichtet ist, stichprobenweise einen Teil des Fleisches aufzutauen, um die Frische festzustellen, da nur im aufgetauten Zustand verdorbene Ware an ihrem Geruch erkannt werden kann[144].

Die bei gehöriger Untersuchung erkennbaren Mängel sind unverzüglich zu rügen. Erfüllt der Käufer diese Rügeobliegenheit, so erhält er sich seine Gewährleistungsansprüche. Versäumt er die rechtzeitige Rüge, so geht er seiner Ansprüche verlustig.

Erkennbare Mängel

Bei nicht erkennbaren Mängeln ist – wie ausgeführt – die Rüge unverzüglich dann nachzuholen, wenn der Mangel entdeckt wird. Auch der Verstoß gegen diese Obliegenheit führt zum Rechtsverlust.

Nicht erkennbare Mängel

Die Rüge, d.h. die Mängelanzeige, ist detailliert vorzunehmen. Der Fehler muss nach Art und Umfang beschrieben werden. Dabei ist allerdings nicht erforderlich, dass der Käufer angibt, welche Rechte er wegen der Mängel geltend zu machen gedenkt[145]. Eine Form für die Rüge ist nicht vorgesehen. Sie kann mündlich oder telefonisch erfolgen, sollte jedoch aus Beweisgründen schriftlich vorgenommen werden. Hierbei ist zudem zu beachten, dass der Zugang der Anzeige vom Käufer bewiesen werden muss. Lediglich das Verzögerungsrisiko, d.h. das Risiko einer ungewöhnlich langen Postlaufzeit trägt gemäß § 377 IV HGB der Verkäufer[146].

Rüge

Ist die Rüge verspätet oder überhaupt nicht erfolgt, gilt die Ware als vertragsgemäß genehmigt. Der Verkäufer wird so gestellt, als habe er mangelfrei geliefert. Die Sachmängelgewährleistungsansprüche des BGB sind ausgeschlossen, auch Ansprüche aus § 280 I BGB oder aus culpa in contrahendo (cic) gemäß §§ 311 II, 241 II BGB können, soweit sie auf Sachmängeln beruhen, nicht erhoben werden. Dies gilt auch insbesondere, sofern Mangelfolgeschäden eingetreten sind.

Rechtsfolgen bei Verletzung

Nicht ausgeschlossen sind dagegen alle jene Ansprüche, die nicht mit dem Sachmangel im Zusammenhang stehen, etwa Ansprüche aus § 280 I BGB wegen der Verletzung von Nebenpflichten, z.B. mangelhafter Verpackung[147]. In der Entscheidung BGHZ 66, 208 hatte der Verkäufer bestimmte Batterien für Gabelstapler unsachgemäß verpackt, wodurch

Grenzen der Ausschlusswirkung

---

[144] OLG Oldenburg, NJW 1998, 388.
[145] BGH, NJW 1996, 2228, 2229.
[146] BGHZ 101, 49, 51 ff.
[147] Siehe ausführlich zur Rügelast bei Nebenpflichten: *Gabius*, VersR 1995, 761.

ein Kurzschluss und infolgedessen ein Brand entstand. Der *BGH* hatte den Schadensersatzanspruch aus pVV (heute § 280 I BGB) trotz unterlassener Rüge bejaht. Ansprüche aus unerlaubter Handlung werden ebenfalls nicht durch die Verletzung der Rügeobliegenheit ausgeschlossen (siehe Klausur Nr. 12).

§ 378 HGB

§ 378 HGB erweitert den Anwendungsbereich der Rügeobliegenheit auf die Fälle der Falschlieferung sowie der Quantitätsabweichung. Ist also die Sache nicht mangelhaft, sondern wird eine andere als die geschuldete Ware oder mehr oder weniger als die vereinbarte Menge geliefert, so ordnet § 378 HGB an, dass auch diese Abweichung zu rügen ist, es sei denn, es liegt eine derart erhebliche Abweichung von der Bestellung vor, dass der Verkäufer die Genehmigung des Käufers als ausgeschlossen betrachten musste. Auf die Falschlieferung und ihre Rechtsfolgen wird ausführlich in der Klausur Nr. 14 eingegangen.

Quantitätsabweichung

Eine Mehr- oder Minderlieferung liegt vor, wenn die gelieferte Ware nach Zahl, Maß oder Gewicht von der vereinbarten Sollbeschaffenheit abweicht[148]. Erhält der Käufer weniger als die vereinbarte Menge, hat er jedoch versäumt, die Minderlieferung rechtzeitig zu rügen, so muss er sich nach h.M. mit der geringeren Menge zufrieden geben und dennoch den vereinbarten Kaufpreis zahlen[149].

Rechte des Verkäufers bei Mehrlieferung

Hat der Käufer mehr erhalten, als er nach Vertrag erhalten sollte, so stellt sich die Frage, ob der Verkäufer bei unterlassener Rüge eine Möglichkeit hat, wegen der zusätzlichen Lieferung Ansprüche gegen den Käufer zu richten. Ist durch die Mehrlieferung und die Annahme derselben eine Vertragsänderung vollzogen worden, was z.B. dann ausnahmsweise anzunehmen sein dürfte, wenn der Verkäufer die Mehrlieferung ausdrücklich deklariert hat und der Käufer sie in Kenntnis angenommen hat, so steht dem Verkäufer ein vertraglicher Anspruch auf Vergütung der Mehrlieferung zu. Ansonsten ist strittig, ob der Verkäufer sich darauf beschränken darf, lediglich die zuviel gelieferte Ware nach bereicherungsrechtlichen Grundsätzen zurückzuverlangen oder ob er die Gesamtlieferung zurückfordern und sodann vertragsgemäß liefern muss[150]. Vorzugswürdig ist die vermittelnde Ansicht, die dem Verkäufer das Recht gibt, bei ausscheidbarer Zuviellieferung nur diese zurückzuver-

---

[148] BGH, WM 1992, 68, 69.
[149] BGHZ 91, 293, 297 ff. (Bongossi-Schnittholz).
[150] *Jung*, Kap. 10 Rdnr. 15; *Oetker*, § 8 D III 4 c.bb.

langen und ihn lediglich dann, wenn dies technisch nicht möglich ist, darauf verweist, die Gesamtleistung zurückzunehmen[151].

Ergänzend sei angemerkt, dass eine Verletzung der Rügeobliegenheit dann nicht zu einem Rechtsverlust führt, wenn der Verkäufer den Mangel arglistig verschwiegen hat (§ 377 V HGB).

Arglist

Die Rügeobliegenheit ist dispositiv, d.h. die Parteien können sie durch Vereinbarung ausschließen oder modifizieren[152]. Dies ist durch *Individualvereinbarung* ohne weiteres möglich. Der Verkäufer kann zudem jederzeit auf die Einhaltung der Rügeobliegenheit – auch stillschweigend – verzichten, so dass der Käufer seine Gewährleistungsansprüche behält[153].

Vertragliche Abweichungen

Der Ausschluss der Rügeobliegenheit durch *Allgemeine Geschäftsbedingungen* ist hingegen problematisch[154]. Es ist zu unterscheiden, ob der Verkäufer oder der Käufer die Rügeobliegenheit ausschließt oder modifiziert.

AGB

Der Verkäufer könnte die Rügeobliegenheit beispielsweise verschärfen, indem er festlegt, dass sämtliche Mängel – also auch solche die erst nach aufwendiger Untersuchung entdeckt werden können – unverzüglich zu rügen sind. Eine derartige Verschärfung benachteiligt den Käufer unangemessen und ist daher gemäß § 307 BGB unwirksam. Verschärfungen der Formalien, z.B. die Vereinbarung der Schriftform für die Mängelrüge oder die Anordnung bestimmter zumutbarer Untersuchungen, sind hingegen statthaft.

Durch Verkäufer

Der Käufer hat ein Interesse daran, die ihn treffende Rügeobliegenheit auszuschließen, damit er bei Verletzung derselben nicht seine Gewährleistungsansprüche verliert. Nach einer Entscheidung des *Bundesgerichtshofs* könne der Käufer die Geltung der §§ 377 und 378 HGB durch seine allgemeinen Einkaufsbedingungen nicht generell ausschließen, dies verstoße gegen § 307 BGB, da der Verkäufer dadurch unangemessen benachteiligt werde[155]. Dem ist zu folgen. Der Käufer hat offene und erkennbare Mängel unverzüglich anzuzeigen, damit der Verkäufer Maßnahmen zur Geringhaltung der Schäden treffen kann.

Durch Käufer

---

[151] *Wagner* in: Röhricht/von Westphalen, § 378 Rdnr. 33.
[152] *Wagner* in: Röhricht/von Westphalen, § 377 Rdnr. 53.
[153] BGH, DB 1991, 2332 (Pizza Italiana).
[154] Siehe Überblick bei *Karsten Schmidt*, § 29 III 5g.
[155] BGH, DB 1991, 2332, 2333 (Pizza Italiana), so auch LG Gera, Urt. vom 08.07.2004, 1 HK O 26/04, juris.de.

Just-in-time-Lieferung Fraglich ist, ob dieses Urteil der in der industriellen Praxis verbreiteten Just-in-time-Lieferung entgegensteht, die gerade darauf beruht, dass der Käufer keine Untersuchungs- und Rügeobliegenheit hat. Vielmehr ist der Verkäufer für die Qualitätssicherung zuständig. Wird beispielsweise ein Autohersteller mit Teilen beliefert, so wird häufig vereinbart, dass der Zulieferer die Teile zeitgerecht, genau zu dem Zeitpunkt, zu dem diese bei der Produktion verwendet werden, an die Produktionsstraße anliefert. Der Lieferant hat dafür einzustehen, dass die Zulieferteile die vertraglich vereinbarte Qualität haben. Eine Qualitätseingangskontrolle durch den Autohersteller findet nicht statt. Sie soll und kann auch oft gar nicht erfolgen. Hierfür steht keine Zeit zur Verfügung, weil die angelieferte Ware sofort verarbeitet werden soll. In dieser Konstellation ist der vertragliche Ausschluss der Rügeobliegenheit meines Erachtens nicht unangemessen benachteiligend. Der Zulieferer weiß, dass seine Qualitätsendkontrolle von überragender Bedeutung ist und der Käufer sich hierauf verlässt[156].

---

[156] Siehe zu diesem Problemkreis den Beitrag von: *Steinmann*, Abdingbarkeit der Wareneingangskontrolle in Qualitätssicherungsvereinbarungen, BB 1993, 873.

Klausur 13: „Steaks für alle" ***

Schwerpunkte: Kaufmännisches Bestätigungsschreiben, Schweigen im Handelsrecht, Fixhandelskauf, Annahmeverzug

Ausgangsfall

Cesar Carne (C) ist einziger Gesellschafter und Geschäftsführer der Cesar Carne Steakhaus GmbH (C-GmbH). Die GmbH betreibt in München und Umgebung sechs Steakhäuser. Die Filiale in Dachau läuft nicht rentabel. Aus diesem Grund möchte C dieses Geschäft gern veräußern. Er führt als Geschäftsführer der GmbH mit einem Interessenten, dem im Handelsregister als Kleingewerbetreibenden eingetragenen Imbißbetreiber Kurt Kitchen (K), Verhandlungen über einen eventuellen Erwerb des Dachauer Steakhauses, das in gemieteten Räumen betrieben wird. K tritt – obwohl er nur einen Einmannbetrieb führt – vollmundig als erfahrener Gastronom auf und erweist sich als zäher Verhandlungspartner, so dass sich das Verkaufsgespräch über Stunden hinzieht. Am Ende wissen C und K selber nicht mehr genau, was sie nun alles besprochen und vereinbart haben. Beide gehen aber im Glauben auseinander, dass nunmehr das Geschäft perfekt sei.

In das Geschäftsbüro der GmbH zurückgekehrt, formuliert C das Verhandlungsergebnis schriftlich aus und übersendet es K per Fax. In diesem Schreiben heißt es, dass K verpflichtet sei, für den Erwerb des Dachauer Steakhauses 100.000 Euro zu zahlen.

K erhält dieses Fax und ist beim Durchlesen des Vertragstextes irritiert, weil er sich mit der C-GmbH seiner Erinnerung nach auf einen Kaufpreis von 80.000 Euro geeinigt hatte. Verärgert legt er das Fax beiseite und beschließt, nichts mehr mit C und dessen GmbH zu tun haben zu wollen.

Zwei Wochen später erhält K ein Schreiben der C-GmbH, in dem er aufgefordert wird, die vereinbarten 100.000 Euro gegen Übergabe des Steakhauses zu zahlen. K weigert sich, da er der Ansicht ist, dass man sich auf 80.000 Euro als Kaufpreis geeinigt habe. Außerdem gebe es keinen schriftlichen Vertrag, so dass die ganze Sache von der GmbH nicht durchsetzbar sei.

Kann die C-GmbH von K Zahlung der 100.000 Euro gegen Übergabe des Steakhauses verlangen?

1. Variante

Die C-GmbH bietet über ihre Steakhäuser nunmehr auch einen Party-Service an. Kurz vor Weihnachten sendet sie an mehrere Unternehmer, unter anderem auch an den Reisebüroinhaber Rudolf Rastlos (R), einen Brief folgenden Inhalts:

Sehr geehrter Herr R, das Weihnachtsfest steht bevor. Die harmonischsten Weihnachtsfeiern werden in den eigenen Geschäftsräumen gefeiert. Wir verwöhnen Sie hierfür mit unserem Party-Service inklusive Lieferung kalter und warmer Platten sowie Desserts. Die Platten werden von uns komplett angeliefert, aufgebaut und servierfertig gemacht. Nutzen Sie unseren Service und wählen Sie entsprechend der beigefügten Preisliste aus. Wir stehen Ihnen gern mit Rat und Tat zur Seite.

R ist begeistert und bestellt sofort schriftlich zehn Platten für die Weihnachtsfeier am 15. Dezember, Lieferung bis 15.00 Uhr, mit dem Zusatz „Fix". In der Bestellung heißt es, dass sich die C-GmbH nur melden möge, wenn sie nicht liefern könne oder wolle. Die Weihnachtsfeier soll um 17.00 Uhr beginnen. Als am 15. Dezember gegen 15.00 Uhr die Platten immer noch nicht da sind, ruft R bei der C-GmbH an.

a) Dort erhält er die Auskunft, dass sein Auftrag zwar eingegangen ist, jedoch wegen der geringen Menge nicht akzeptiert wurde. An eine Benachrichtigung des R habe niemand gedacht, eine Lieferung werde jedenfalls nicht erfolgen.

Da R die Weihnachtsfeier nicht platzen lassen möchte, bestellt er bei der Stadtküche Thomas Table (T) die zehn benötigten Platten, die wegen der Kürze der Lieferzeit weniger reichhaltig, dafür aber wesentlich teurer ausfallen.

Für die zehn Platten von T muss R 100 Euro mehr aufwenden, als er bei C bezahlt hätte. R fragt daher, ob die C-GmbH ihm die 100 Euro erstatten muss. Prüfen Sie, ob ein etwaiger Anspruch besteht.

b) R ruft wie unter a. bei der C-GmbH an und erhält die Auskunft, dass infolge von Überlastung die Platten heute nicht mehr geliefert werden könnten. Die Bestellung sei aber sofort nach ihrem Eingang akzeptiert worden und könne für den morgigen Tag ausgeführt werden. R sagt, dass dies wohl ein Witz sei und hängt den Hörer ein. Er bestellt wie unter a. die Platten andernorts und verlangt die zusätzlichen 100 Euro als Schadensersatz. Zu Recht?

2. Variante

C hat für seine Steakhaus-GmbH 1.000 argentinische Steaks bei dem Fleischgroßhändler Fritz Fleischmann (F) bestellt. F, dessen umfangreicher Geschäftsbetrieb eine nach Art und Umfang in kaufmännischer Weise eingerichtete Organisation erfordert, liefert die 1.000 Steaks wie vereinbart am 10. Dezember an. An diesem Tag befindet sich die Belegschaft der C-GmbH jedoch auf einem Betriebsausflug. An die Lieferung des Fleisches hatte keiner mehr gedacht. F bringt daher die Steaks zurück in sein nahegelegenes Kühlhaus. Nach telefonischer Rücksprache am nächsten Tag wird das Fleisch sodann am 15. Dezember angeliefert.

F stellt der C-GmbH neben dem Kaufpreis die Kosten der ersten Anlieferung und der Zwischenlagerung für die fünf Tage in Rechnung. Für die Anlieferung hatte er einen Subunternehmer beauftragt, der F 400 Euro berechnet. Die Lagerung vom 10. bis 15. Dezember erfolgte zwar in eigenen Kühlhäusern des F, aber auch hierfür meint F das übliche Entgelt in Höhe von 200 Euro beanspruchen zu dürfen. Diesen Preis würde er selbst vereinbaren, wenn er für Dritte Fleisch einlagere, was gelegentlich geschehe. Zwar seien seine Kühlhäuser nicht ausgelastet, so dass ihm keinerlei Auftrag entgangen sei, jedoch könne sich dies, so meint F, nicht zugunsten der C-GmbH auswirken.

Prüfen Sie, ob F die Anlieferungs- und Lagerungskosten erstattet erhält.

Lösung: „Steaks für alle"

Ausgangsfall

Anspruch der C-GmbH gegen K auf Zahlung von 100.000 Euro aus Kaufvertrag i.V.m. § 433 II BGB

Kaufvertrag?

Die C-GmbH kann von K Zahlung der 100.000 Euro verlangen, wenn zwischen den beiden ein entsprechender Kaufvertrag über den Verkauf des Steakhauses in Dachau zustande gekommen ist.

Einigung?

Zwischen C, der die GmbH als einziger Geschäftsführer gemäß § 35 GmbHG allein vertritt[157], und K haben Vertragsverhandlungen stattgefunden, an deren Ende beide der Ansicht waren, dass das Geschäft nunmehr perfekt sei. Damit haben sie sich grundsätzlich über den Verkauf geeinigt.

Form

Eine schriftliche Fixierung ist nicht erforderlich, da die Veräußerung einer Filiale – sofern nicht gleichzeitig Grundbesitz mit verkauft wird, was gemäß § 311 b I BGB der notariellen Beurkundung bedürfte – mangels entgegenstehender Formvorschrift grundsätzlich formlos möglich ist.

Dissens

Fraglich ist jedoch, ob eine wirksame Einigung über die wesentlichen Vertragsbestandteile des Kaufvertrags erfolgte. Neben der Festlegung des Kaufgegenstands, hier also der Filiale nebst Inventar, ist die Höhe des Kaufpreises vertraglich zu vereinbaren. Nach Abschluss des Verhandlungsgesprächs gab es unterschiedliche Auffassungen über die Höhe des vereinbarten Kaufpreises zwischen K und der C-GmbH. Zu diesem Zeitpunkt bestand somit ein Dissens, so dass deshalb noch nicht von einer Einigung ausgegangen werden kann.

Überbrückung durch die Grundsätze des kaufmännischen Bestätigungsschreibens?

Zu prüfen ist aber, ob sich aus dem Umstand, dass die C-GmbH per Fax den Kaufpreis von 100.000 Euro bestätigte und K dem nicht unverzüglich widersprach, eine vertragliche Einigung über den im Fax enthaltenen Kaufpreis ergibt.

Dieses Fax könnte als kaufmännisches Bestätigungsschreiben einzuordnen und nach den Grundsätzen dieses Rechtsinstituts das Schweigen des K als Einverständnis zu

---

[157] Bei mehreren Geschäftsführern besteht gemäß § 35 II 2 GmbHG übrigens – sofern im Gesellschaftsvertrag nichts anderes geregelt wird – Gesamtvertretung, d.h. es müssen sämtliche Geschäftsführer bei der Vertretung mitwirken.

den im Bestätigungsschreiben niedergelegten Bedingungen zu werten sein.

Nach den gewohnheitsrechtlich anerkannten Grundsätzen des kaufmännischen Bestätigungsschreibens muss sich derjenige, der einem entsprechenden Schreiben nicht unverzüglich widerspricht, dessen ggf. abweichenden Inhalt als Vertragsinhalt entgegenhalten lassen[158]. Dadurch kann selbst ein etwaiger Dissens überbrückt werden.

    Grundsatz

Entscheidende Bedeutung kommt daher der Frage zu, ob hier die Voraussetzungen für die Anwendung des Instituts des kaufmännischen Bestätigungsschreibens vorliegen und ob die einzelnen Tatbestandsvoraussetzungen erfüllt sind.

    Voraussetzungen

Die Anforderungen an ein kaufmännisches Bestätigungsschreiben gelten grundsätzlich für alle Kaufleute.

    Anwendungsbereich

K ist nach § 2 HGB ebenfalls Kaufmann, da er sich als Kleingewerbetreibender im Handelsregister hat eintragen lassen. Damit unterfällt er grundsätzlich uneingeschränkt dem Handelsrecht. Fraglich ist jedoch, ob auch die nicht im Handelsgesetzbuch geregelten Grundsätze des kaufmännischen Bestätigungsschreibens auf Kaufleute nach § 2 HGB Anwendung finden.

    Kaufmann nach § 2 HGB?

Vor dem Inkrafttreten der HGB-Novelle mit Wirkung zum 1. Juli 1998 wurde vertreten, dass die Grundsätze des kaufmännischen Bestätigungsschreibens auch auf Minderkaufleute sowie auf solche Personen anwendbar sind, die einem Kaufmann ähnlich am Geschäftsverkehr teilnehmen. Diskutiert wurde damals jedoch, ob sich *jeder* Minderkaufmann diese Grundsätze entgegenhalten lassen muss oder ob innerhalb dieser Gruppe zu differenzieren ist. Der *BGH* begrenzte die Anwendung der Grundsätze beim Minderkaufmann auf solche Personen, die in größerem Umfang am Geschäftsverkehr teilnehmen[159]. Auch heute werden nach einer Ansicht Kleingewerbetreibende unabhängig von ihrer Handelsregistereintragung vom Anwendungsbereich des kaufmännischen Bestätigungsschreiben ausgenommen, sofern von ihnen nach der Verkehrsauffassung nicht erwartet werden kann, dass sie den Umgang mit dem kaufmännischen Bestätigungsschreiben kennen[160].

    Differenzierung im Einzelfall?

Diese Ansicht mag für Kleingewerbetreibende zutreffend sein, die nicht im Handelsregister eingetragen sind. Fraglich ist, ob auch bei im Handelsregister eingetragenen Kleinge-

    Abwägung

---

[158] *Karsten Schmidt*, § 19 III 1 a.
[159] BGHZ 11, 1, 3.
[160] *Karsten Schmidt*, § 19 III 2 a.

werbetreibenden eine diesbezügliche Differenzierung angenommen werden kann. Dafür spricht, dass nur von Kaufleuten, die im größeren Umfang am Handelsverkehr teilnehmen, erwartet werden kann, dass sie die Wirkungen des kaufmännischen Bestätigungsschreibens kennen. Ferner geht es hier um ein Geschäft von weitreichender Bedeutung und nicht um die Lieferung von gewöhnlichen Waren.

Stellungnahme

Dennoch ist diese Differenzierung abzulehnen, da sie zusätzliche Rechtsunsicherheit ohne konkreten Gewinn schafft. Was der Verkehr erwartet, wird im Einzelfall schwer feststellbar sein. Es würde schwiege Abgrenzungsprobleme aufwerfen zu klären, wer im größeren Umfang am Geschäftsverkehr teilnimmt. Entscheidet sich ein Kleingewerbetreibender für die Handelsregistereintragung, so hat er vorher ausreichend Gelegenheit, sich eingehend über die kaufmännischen Gepflogenheiten und Instrumente zu informieren. Lässt er sich trotz der damit verbundenen Nachteile eintragen, beruht dies auf seiner freien Entscheidung. Ein Entgegenhalten der Grundsätze über das kaufmännische Bestätigungsschreiben ist ihm daher zumutbar[161].

Ausnahmen

Ist es im Einzelfall unbillig, die Grundsätze auf einen Gewerbetreibenden anzuwenden, so sollte hier eher bei der Unredlichkeit des Bestätigenden, die eine immanente Grenze des Instituts des kaufmännischen Bestätigungsschreibens darstellt, angesetzt werden. Eine Unredlichkeit läge vor, wenn ein Kaufmann ein Verhandlungsergebnis abweichend vom Vereinbarten mit dem Ziel bestätigt, die Rechtsfolgen des kaufmännischen Bestätigungsschreibens herbeizuführen, obwohl er weiß, dass der Gegner dieses Institut nicht kennt. Handelt der Bestätigende unredlich, so kann er dem Adressaten des Bestätigungsschreibens dieses nicht entgegenhalten.

Zwischenergebnis

Die Grundsätze des kaufmännischen Bestätigungsschreibens gelten daher sowohl zugunsten als auch zu Lasten des K.

Die GmbH, die das Verhandlungsergebnis bestätigt hat, unterfällt als Handelsgesellschaft ebenfalls dem Handels-

---

[161] Die Grundsätze des kaufmännischen Bestätigungsschreibens werden von Teilen der Lehre auf alle Unternehmer einschließlich Freiberufler angewandt, *Lettl*, § 10 Rdnr. 52; *Koller/Roth/Morck*, § 346 Rdnr. 24; OLG Hamm VersR 2001, 1241 (Rechtsanwalt).

recht, so dass sie sich auf die Wirkungen eines kaufmännischen Bestätigungsschreibens grundsätzlich berufen kann[162].

Des weiteren müsste es sich bei dem Fax um ein kaufmännisches Bestätigungsschreiben handeln. Zweck des kaufmännischen Bestätigungsschreibens ist die Fixierung des Vertragsinhalts auf der Basis vorhergehender längerer, insbesondere mündlich geführter Verhandlungen. Gerade diesen Zweck hatte hier das Fax der GmbH. Dem Fax waren intensive Vertragsverhandlungen zwischen C und K vorausgegangen.

Kaufmännisches Bestätigungsschreiben?

Die Bestätigung der GmbH sollte deklaratorisch den getätigten Vertragsschluss bestätigen, d.h. den Inhalt des als geschlossen betrachteten Vertrags zur Klarstellung wiedergeben.

Anmerkung: Das Bestätigungsschreiben kann konstitutiv oder deklaratorisch sein. Beim *konstitutiven* Bestätigungsschreiben ist vorher noch kein Vertrag geschlossen worden, dieser kommt erst durch die Anwendung der Grundsätze des kaufmännischen Bestätigungsschreibens zustande. Es handelt sich beispielsweise um die Fälle des Handelns ohne Vertretungsmacht. Selbst die fehlende Vollmacht auf Seiten des Empfängers kann also durch die Grundsätze des Bestätigungsschreibens überbrückt werden.

Das *deklaratorische* Bestätigungsschreiben setzt hingegen einen bereits geschlossenen Vertrag voraus, bei abweichender Bestätigung modifiziert es jedoch seinen Inhalt, da nunmehr das im Bestätigungsschreiben Zugrundegelegte Geltung erlangt.

Nach den zwischen C und K geführten Vertragsverhandlungen müsste das Verhandlungsergebnis in *engem zeitlichen* Zusammenhang mit den geführten Gesprächen bestätigt worden sein. Nur wenn das Bestätigungsschreiben zeitnah erfolgt, muss sich der Empfänger die Wirkungen entgegenhalten lassen. Da C für die GmbH sofort, nachdem er in das Büro zurückgekehrt war, das seiner Meinung nach Vereinbarte zusammengefasst und in dem Schreiben wiedergegeben hat, besteht ein enger zeitlicher Zusammenhang

Enger zeitlicher Zusammenhang

---

[162] Nach h.M. muss der Bestätigende ebenso wie der Empfänger nicht unbedingt Kaufmann sein. Die in §§ 383 II, 407 III 2, 453 III 2, 467 III 2 HGB genannten Personen sowie Unternehmer, die erwarten können, dass ihnen gegenüber nach kaufmännischer Sitte verfahren wird, werden gleichgestellt, siehe *Koller/ Roth/Morck*, § 346 Rdnr. 24.

mit den Vertragsverhandlungen. Daher liegt auch diese Voraussetzung vor[163].

Immanente Grenzen

Es bleiben die sog. *immanenten Grenzen* des Rechtsinstituts zu prüfen. Eine solche Grenze liegt vor, wenn das kaufmännische Bestätigungsschreiben so stark vom tatsächlichen Inhalt des Verhandlungsergebnisses abweicht, dass mit dem Einverständnis des Empfängers aus objektiver Sicht nicht gerechnet werden konnte. Die Überschreitung des Preises in Höhe von 25 % (bezogen auf 80.000 Euro) dürfte aber noch keine so starke Abweichung darstellen, zumal gerade bei den Preisen für Gasthäuser starke Differenzen bestehen. Ein Verkehrswert lässt sich hier schwer bestimmen. Diese immanente Schranke ist daher nicht überschritten[164].

Redlichkeit

Ferner darf der Bestätigende das Bestätigungsschreiben nicht *unredlich* eingesetzt haben. Dies könnte vermutet werden, wenn C gewusst hat bzw. davon ausgegangen ist, dass K als Betreiber einer Einmann-Imbissbude wohl keine Kenntnis von dem kaufmännischen Institut des Bestätigungsschreibens hat. Es bestehen jedoch keinerlei Anhaltspunkte dafür, dass C bekannt war, dass K lediglich einen kleinen Betrieb führt. Hinzu kommt, dass K sich sehr professionell in den Vertragsverhandlungen gerierte und sich als erfahrener Gastronom ausgab. Von einer Unredlichkeit der C-GmbH kann daher keine Rede sein.

Ergebnis

Die Voraussetzungen des kaufmännischen Bestätigungsschreibens liegen damit vor. Da K dem Schreiben nicht unverzüglich widersprochen hat, muss er sich den Inhalt entgegenhalten lassen.

K kann die fingierte Willenserklärung, die in seinem Schweigen zu sehen ist, auch nicht durch eine Anfechtung unter Berufung darauf zerstören, dass er sich über die Bedeutung seines Schweigens geirrt habe[165]. Dies würde der Fiktion zuwiderlaufen und zu einer Aushebelung des vor-

---

[163] Die Praxis bejaht einen engen zeitlichen Zusammenhang, wenn das Bestätigungsschreiben ca. zwei bis vier Tage nach den Vertragsverhandlungen zugeht, siehe *Wagner* in: Röhricht/v. Westphalen, § 346 Rdnr. 41. Entscheidend für die Bemessung der Frist sind die Umstände des Einzelfalls (umfangreiche Vertragsverhandlungen oder eine lange Heimfahrt des Bestätigenden sprechen beispielsweise dafür, die Frist eher mit vier als mit zwei Tagen anzusetzen).

[164] Gegenteiliges ist selbstverständlich vertretbar.

[165] BGHZ 11, 1, 5.

rangigen und bezweckten Vertrauensschutzes führen. Die
§§ 119 ff. BGB gelten zwar für das Schweigen auf ein kaufmännisches Bestätigungsschreiben analog, ein Irrtum über die Bedeutung des Schweigens kann nach Sinn und Zweck jedoch nicht Anfechtungsgrund sein. K kann somit nicht anfechten.

Der Vertrag gilt demzufolge in Höhe von 100.000 Euro als geschlossen. Die GmbH darf auf Erfüllung desselben bestehen und von K Zahlung der 100.000 Euro Zug um Zug gegen Übergabe der Filiale verlangen.

Anspruch: (+)

Anmerkung: Das kaufmännische Bestätigungsschreiben ist von der sog. Auftragsbestätigung zu unterscheiden. Die Auftragsbestätigung setzt keine Verhandlungen voraus, sondern stellt lediglich die Annahme eines Angebots unter Änderungen gemäß § 150 II BGB dar. Bestellt z.B. ein Kaufmann Waren und wird dieser Auftrag abweichend bestätigt, so gilt das Schweigen auf die Auftragsbestätigung grundsätzlich nicht als Annahme. Wird allerdings die Ware ohne Widerspruch entgegengenommen, so kann in der Lieferung der Ware und der konkludenten Annahme ein erneuter, dann wirksamer Vertragsabschluss gesehen werden.

Auftragsbestätigung

1. Variante

I. Anspruch des R gegen die C-GmbH auf Zahlung der 100 Euro, die R zusätzlich aufwenden musste

1. Anspruch aus § 376 I 1 HGB

Ein Anspruch des R könnte sich zunächst aus § 376 I 1 HGB herleiten, der beim sog. Fixhandelskauf unter bestimmten Voraussetzungen einen Schadensersatzanspruch wegen Nichterfüllung gewährt.

Fixhandelskauf

Ein vertraglicher Schadensersatzanspruch wegen Nichterfüllung setzt voraus, dass zwischen R und der C-GmbH überhaupt ein Vertrag über die Lieferung der zehn Platten geschlossen wurde. Der Brief der C-GmbH, wonach das Weihnachtsfest bevorstehe und man doch Platten bei der GmbH bestellen könne, stellt kein verbindliches Vertragsangebot dar. Es fehlt schon an der notwendigen Konkretisierung und dem Rechtsbindungswillen. In dem Schreiben wird lediglich komplett das Sortiment vorgestellt und der Interessent aufgefordert, seine Bestellung abzugeben. Dies ist eine typische *invitatio ad offerendum*.

Vertrag?

Das Angebot zum Abschluss eines Kaufvertrags gab vielmehr R ab, als er schriftlich die zehn Platten für die Weihnachtsfeier bestellte. Diese Willenserklärung ging der

Angebot

C-GmbH auch gemäß § 130 I 1 BGB zu, wie ihre Mitarbeiter selbst einräumten. Damit liegt ein wirksames Vertragsangebot vor.

Annahme? Fraglich ist jedoch, ob die C-GmbH dieses Angebot angenommen hat. Auf Nachfrage des R am 15. Dezember wurde ihm mitgeteilt, dass man infolge von Arbeitsüberlastung den Auftrag nicht angenommen habe. In diesem Verhalten kann also keinesfalls eine Annahme liegen.

Durch Schweigen? Möglicherweise kann bereits durch das Schweigen der C-GmbH von einer Annahme ausgegangen werden.

Grundsätzlich misst man dem bloßen Schweigen nicht die Bedeutung einer Willenserklärung bei. Danach hätte die C-GmbH das Angebot nicht durch das bloße Nichtstun angenommen. Hier gilt jedoch unter Umständen eine Ausnahme, da die C-GmbH sich ja gerade schriftlich bei R angedient hatte, diesem für die Weihnachtsfeier Platten zu liefern.

§ 362 HGB Diese Konstellation könnte von § 362 HGB, der unter bestimmten Voraussetzungen das Schweigen im Handelsverkehr als Annahme wertet, gedeckt sein.

Nach dieser Vorschrift gilt das Schweigen in zwei Fallgruppen als Annahme, sofern nicht unverzüglich widersprochen wird: Danach gilt erstens das Schweigen eines Kaufmanns, dessen Gewerbebetrieb die Besorgung von Geschäften für andere mit sich bringt, dann als Willenserklärung, wenn ihm das Angebot von jemanden zugeht, mit dem er in Geschäftsverbindung steht. Zweitens wird das Schweigen des Kaufmanns dann als Willenserklärung gewertet, wenn das Angebot von einer Person zugeht, demgegenüber sich der Kaufmann zuvor zu einer Geschäftsbesorgung erboten hat. Beiden Fallgruppen ist gemeinsam, dass die Willenserklärung einem Kaufmann zugehen muss. Die C-GmbH ist als Handelsgesellschaft gemäß § 6 I HGB den Kaufleuten gleichgestellt. Für sie gilt daher uneingeschränkt das HGB.

Geschäftsbesorgung? § 362 HGB setzt in beiden Alternativen des weiteren voraus, dass eine Geschäftsbesorgung Vertragsinhalt ist bzw. werden sollte. Fraglich ist, ob die nachgefragte Tätigkeit der C-GmbH, nämlich die Anlieferung und das Servierfertig-Machen der Platten darunter fällt. Traditionell wird unter Geschäftsbesorgung die Tätigkeit der Kommissionäre, Spediteure, Lagerhalter sowie Frachtführer verstanden. Eine Geschäftsbesorgung für andere betrifft aber jede selbständige Tätigkeit wirtschaftlicher Art für Dritte in deren Interesse. Die reine Verkaufstätigkeit, wie sie hier vorliegt, ist keine Geschäftsbesorgung, auch dann nicht, wenn mit ihr die Anlieferung und das „Servierfertig-Machen" der Platten verbunden ist.

Vorliegend steht der Warenabsatz und nicht die Geschäftsbesorgung im Vordergrund. Im übrigen ist zweifelhaft, ob die Tätigkeit der Geschäftsbesorgung auch Serviceleistungen wie Servierfertig-Machen umfasst oder ob nur Tätigkeiten „höherer Art" gemeint sind[166]. Dies kann offen bleiben, da – wie ausgeführt – bei der hier vertraglich vereinbarten Leistung ohnehin nicht die Erbringung einer Dienstleistung, sondern der Warenabsatz im Vordergrund steht. Die GmbH erbringt damit keine Geschäftsbesorgung. Die Ausklammerung von Warenlieferungen aus dem Anwendungsbereich des § 362 HGB lässt sich im Übrigen damit begründen, dass sich bei Warenlieferungen der Verkäufer in der Regel seinerseits mit den Waren eindecken muss. Falls ihm dies mangels auf dem Markt verfügbarer Ware nicht gelingt, ist er zur Erfüllung außerstande. Die Erfüllung einer Geschäftsbesorgung hingegen kann vom Kaufmann in der Regel gewährleistet werden.

Warenabsatz

Als Zwischenergebnis lässt sich festhalten, dass die GmbH hier keine Geschäftsbesorgung erbringt, so dass für sie beide Fallgruppen des § 362 HGB ausscheiden.

Zwischenergebnis

Das Schweigen der C-GmbH kann daher nicht gemäß § 362 HGB als Annahme gewertet werden.

Anmerkung: Es war hier nicht erforderlich, zwischen den beiden Fallgruppen des § 362, HGB zu differenzieren. In der ersten Fallgruppe ist neben den im Fall diskutierten Tatbestandsmerkmalen das Bestehen einer Geschäftsverbindung erforderlich. Bei der zweiten Fallgruppe verlangt das Gesetz, dass der Kaufmann seine Dienste als Geschäftsbesorger zur Disposition gestellt hat. Dies ist im Ausgangsfall durch den persönlich adressierten Brief geschehen.

Andererseits sind auch bei Warengeschäften Fallgruppen anerkannt, in denen das Schweigen als Annahme gilt. So kann sich bei einer *laufenden Geschäftsverbindung* eine Praxis entwickeln, wonach ein Geschäftspartner Ware bestellt und davon ausgehen kann, dass der andere liefert, sofern dieser nicht widerspricht. Eine solche laufende Geschäftsbeziehung besteht zwischen der C-GmbH und R je-

Weitere Fallgruppen

---

[166] *Koller/Roth/Morck*, § 362 Rdnr. 6, der Begriff Geschäftsbesorgung deckt sich nicht mit den §§ 662, 675 BGB; er umfasst jede selbständige Tätigkeit wirtschaftlicher Art für einen anderen, ohne dass es sich wie im BGB um Tätigkeiten höherer Art handeln muss.

doch nicht. Weitere Fallgruppen sind jene des *Kontrahierungszwangs*, bei denen der Antragende davon ausgehen kann, dass der andere das Angebot annimmt, sowie die Fälle des bereits *abschlussreifen Vertrags*, bei dem sich dann einer der Vertragspartner zu einem konkreten Angebot entschließt. Schweigt der andere daraufhin, so kann dies unter Umständen als Zustimmung gewertet werden. Die genannten Fallgruppen sind offensichtlich hier nicht einschlägig, so dass es dabei bleiben muss, dass durch die bloße Nichtbearbeitung des Auftrags kein Vertrag zustande gekommen ist.

Anspruch: (–)

Mangels Annahme besteht kein etwaiger vertraglicher Schadensersatzanspruch, der auf die Zahlung des zusätzlich aufgewendeten Betrags von 100 Euro gerichtet sein könnte.

2. *Sonstige Ansprüche*

Weitere Ansprüche vertraglicher Art bestehen mangels wirksamen Vertragsschlusses nicht. Sonstige Anspruchsgrundlagen sind nicht ersichtlich.

II. *Anspruch des R gegen die C-GmbH auf Zahlung der 100 Euro, die er zusätzlich für die Platten aufwenden musste*

1. *Anspruch aus § 376 I 1 HGB*

Vertrag?

Ein Anspruch des R gegen die C-GmbH könnte sich ebenfalls zunächst aus § 376 I 1 HGB ergeben. Auch hier ist für den vertraglichen Schadensersatzanspruch zunächst Voraussetzung, dass zwischen den beiden überhaupt ein Vertrag über die Lieferung der Platten zustande gekommen ist. Wie unter a. dieser Variante gab R ein Vertragsangebot ab. Die C-GmbH hat dieses offenbar angenommen, jedoch infolge von Überlastung nicht ausgeführt. Sie ist aber weiterhin leistungsbereit.

Zugang der Annahme?

Damit wurde der Antrag des R angenommen, R allerdings davon nicht in Kenntnis gesetzt. Die Annahme ist wie das Angebot eine Willenserklärung, die erst mit Zugang wirksam wird (§ 130 I 1 BGB). Der Erklärung der Annahme bedarf es jedoch gemäß § 151 Satz 1 BGB nicht, wenn der Antragende hierauf verzichtet hat. Ein solcher Fall liegt hier vor, da R bei seiner Bestellung angab, dass die C-GmbH sich nur melden möge, sofern sie nicht liefern kann oder will. Damit ist die Annahme auch ohne Erklärung gegenüber R wirksam geworden, so dass der Vertrag hier zustande kam.

§ 376 HGB setzt als handelsrechtliche Vorschrift zunächst voraus, dass derjenige, der Schadensersatz leisten muss, Kaufmann ist. Die C-GmbH fällt – wie ausgeführt – als Handelsgesellschaft in jedem Fall unter das Handelsrecht.

Kaufleute?

Als weitere wichtige und zentrale Voraussetzung des § 376 HGB muss ein Fixhandelskauf vorliegen. Die Vorschrift betrifft das sog. relative Fixgeschäft, das vom absoluten Fixgeschäft abzugrenzen ist. Beim absoluten Fixgeschäft tritt im Falle, dass nicht zum vereinbarten Zeitpunkt geliefert wird, eine Unmöglichkeit der Erfüllung ein. Die Rechtsfolgen bestimmen sich hierfür nach den gesetzlichen Vorschriften für die Unmöglichkeit (§§ 275, 283, 326 ff. BGB). Da hier die Lieferung der Platten durchaus noch möglich ist, liegt kein Fall der Unmöglichkeit vor.

Relatives Fixgeschäft

Beim relativen Fixgeschäft ist zwar die Leistung grundsätzlich noch möglich, die Leistungszeit ist jedoch für die Parteien so wesentlich, dass mit ihrer Einhaltung der Vertrag als Ganzes stehen und fallen soll.

Fraglich ist, ob hier vereinbart wurde, dass der Vertrag nur dann Bestand haben soll, wenn die C-GmbH pünktlich am 15. Dezember bis 15.00 Uhr liefert. R hat in seiner Bestellung den Zusatz „Fix" aufgenommen. Hierbei handelt es sich um eine übliche Klausel, die verwendet wird, wenn man einen Fixhandelskauf zugrunde legen will. Wie erörtert, hat die C-GmbH den Antrag ohne Änderung angenommen, so dass auch die Fixklausel Vertragsbestandteil geworden ist. Damit liegt hier ein sog. Fixgeschäft vor.

Fixklausel

Anmerkung: Weitere Fixklauseln sind z.B.: „genau", „sofort" und „präzise". Nicht für ausreichend werden die Formulierungen wie „prompte Lieferung" oder „ohne Nachfrist" angesehen. Die Klausel „Spätestens bis" sei nur ein Indiz für ein Fixgeschäft[167]. Die Grenzziehung ist willkürlich und überzeugt nicht. Grundsätzlich ist die Verwendung einer Fixklausel ein wichtiges Indiz für das Vorliegen eines Fixhandelskaufs, der Beweis des Gegenteils ist aber grundsätzlich möglich.

Die Voraussetzungen des § 376 HGB liegen somit vor. Damit ist R ohne weitere Voraussetzungen zum Rücktritt berechtigt. R begehrt hier jedoch Schadensersatz in Höhe von 100 Euro, die er für den Kauf der Platten zusätzlich aufwenden musste. Schadensersatz kann R gemäß § 376 I 1 2. Fall

Zwischenergebnis

---

[167] OLGR Köln 2000, 374.

HGB nur dann verlangen, wenn sich die C-GmbH zusätzlich noch im Verzug gemäß §§ 286 ff. BGB befunden hat.

Verzug?
Es muss daher geprüft werden, ob auch die Voraussetzungen des Verzugs vorliegen.

§ 286 II BGB
Die Leistungszeit der C-GmbH war kalendermäßig exakt vereinbart. Es sollte am 15. Dezember bis 15.00 Uhr geliefert werden. Mit Ablauf des Lieferzeitpunkts geriet die C-GmbH in Verzug. Wegen der kalendermäßigen Bestimmtheit bedurfte es keiner Mahnung (§ 286 II BGB).

§ 286 IV BGB
Ein Verzug wäre nur dann ausgeschlossen, wenn die C-GmbH beweisen könnte, dass sie die Verzögerung nicht zu vertreten hätte (§ 286 IV BGB). Die bloße Arbeitsüberlastung reicht nicht, um hier den Entlastungsbeweis anzutreten. Wenn die C-GmbH keine Kapazitäten mehr frei hatte, so hätte sie den Auftrag ablehnen müssen. Ein Verzug liegt somit vor. R kann also ohne weitere Voraussetzungen Schadensersatz wegen Nichterfüllung verlangen.

Anspruch: (+)
Durch die Nichterfüllung musste R bei T einkaufen und zusätzliche Kosten in Höhe von 100 Euro aufwenden. Dies ist ein typischer Nichterfüllungsschaden, der nach § 376 I HGB zu ersetzen ist.

2. **Anspruch aus §§ 281 I, 280 I, 280 II, 286 BGB**

Schadensersatz statt Leistung
Als weitere Anspruchsgrundlage wegen des zusätzlich aufgewandten Betrags in Höhe von 100 Euro ist schließlich an § 286 BGB zu denken. Dessen Voraussetzungen sind das Vorliegen eines Schuldverhältnisses, das hier mit dem Kaufvertrag zweifelsohne gegeben ist, sowie Nichterbringung einer fälligen Leistung. Auch letzteres liegt, wie ausgeführt, vor. § 281 I 1 BGB verlangt jedoch zusätzlich zu § 376 HGB eine erfolglose Fristsetzung. Da die C-GmbH weiterhin leistungsbereit ist, würde dieses Erfordernis auch nicht entfallen.

§ 281 II BGB
Eine Fristsetzung ist jedoch gemäß § 281 II BGB ausnahmsweise dann entbehrlich, besondere Umstände vorliegen, die unter Abwägung der beiderseitigen Interessen die sofortige Geltendmachung des Schadensersatzanspruchs rechtfertigen. Diese Voraussetzung liegt vor, da R wegen der Termingebundenheit kein Interesse an einer verspäteten Lieferung hat. Die pünktliche Lieferung war für R von wesentlichem Interesse. Erfolgt diese nicht, so nützt R eine spätere Erfüllung nichts mehr, da die Weihnachtsfeier dann bereits stattgefunden hat. Einer Fristsetzung bedarf es daher hier ausnahmsweise nicht. Die Voraussetzungen des § 281 II BGB liegen somit vor. Ferner verlangt 280 II BGB

bei einem Anspruch wegen Verzögerung der Leistung. dass die Verzugsvoraussetzungen nach § 286 BGB vorliegen, was wie unter I. ausgeführt der Fall ist.

F kann nach dieser Vorschrift daher Schadensersatz in Höhe von 100 Euro begehren.

Anspruch: (+)

3. Anspruch auf Ersatz des Verzugsschadens gemäß §§ 280 I, 280 II, 286 BGB

Da die C-GmbH, wie ausgeführt, im Verzug ist, kommt auch diese Anspruchsgrundlage in Betracht. Danach wird der sog. Verzögerungsschaden, d.h. der Schaden, der durch den Verzug entstanden ist, ersetzt.

Verzugsschaden?

Schäden, die durch Deckungskäufe des Gläubigers entstehen, werden jedoch als typische Nichterfüllungsschäden grundsätzlich nicht von § 280 I BGB erfasst. Der Schadensersatz wegen Nichterfüllung kann nicht aus dieser Norm begehrt werden. Die Vorschriften des § 281 BGB und des § 376 HGB wären überflüssig, wenn bereits nach § 280 BGB, der wesentlich geringere Voraussetzungen aufstellt, Schadensersatz wegen Nichterfüllung begehrt werden könnte. Der Anspruch auf Ersatz des Verzögerungsschadens umfasst nur jene Positionen, die neben dem bestehenbleibenden Leistungsanspruch denkbar sind. Damit fallen die Kosten eines Deckungskaufs nicht in den Schutzbereich dieser Vorschrift.

Deckungskauf?

Ein Anspruch aus § 280 I BGB scheidet aus.

Anspruch: (–)

2. Variante

I. Ansprüche des F gegen die C-GmbH

1. Anspruch auf die Mehraufwendungen gemäß § 373 I HGB

Die Selbstkosten der Lagerung könnte F ggf. nach § 373 I HGB ersetzt verlangen. Danach ist der Verkäufer berechtigt, bei Annahmeverzug des Käufers die Ware auf Gefahr und Kosten des Käufers in einem öffentlichen Lagerhaus oder sonst in sicherer Weise zu hinterlegen. Die Vorschrift aus dem Handelsrecht gilt nur zu Lasten von Kaufleuten, also auch zu Lasten der C-GmbH.

Selbstkosten der Lagerung

Die C-GmbH müsste sich im Verzug der Annahme gemäß §§ 293 ff. BGB befunden haben. Die C-GmbH gerät in Annahmeverzug, wenn sie die ihr vertragsgemäß angebotene Leistung nicht annimmt. Da vertraglich der 10. Dezember als Liefertermin vereinbart worden ist, kommt die C-

Annahmeverzug

GmbH in Verzug, wenn sie die ihr an diesem Tag tatsächlich angebotene Ware nicht annimmt. Mit dem Angebot des F am 10. Dezember trat somit Gläubigerverzug ein.

Erstattungsfähige Kosten

Fraglich ist jedoch, ob die von F geltend gemachten Selbstkosten bzw. üblicherweise vereinbarten Lagerungskosten nach § 377 I HGB erstattungsfähig sind. Diese Vorschrift spricht von Lagerung in einem öffentlichen Lagerhaus bzw. von Hinterlegung. F betreibt kein öffentliches Lagerhaus, da er kein Lagerhalter gemäß § 467 HGB ist, der seine Lagerhäuser für die Öffentlichkeit bereithält. F kann das Fleisch auch nicht bei sich im Sinne des § 373 I HGB hinterlegen, da die Hinterlegung gemäß §§ 372, 374 BGB bei der Hinterlegungsstelle – dem zuständigen Amtsgericht – zu erfolgen hat.

Anspruch: (–)

§ 373 I HGB gewährt also nur einen Aufwendungsersatzanspruch bei der Fremdeinlagerung und scheidet somit als Anspruchsgrundlage für F aus.

2. Anspruch aus § 354 I HGB wegen der Einlagerungskosten

Grundlagen

F könnte die begehrten Einlagerungskosten unter Umständen aus § 354 I HGB beanspruchen. Danach kann, wer in Ausübung seines Handelsgewerbes für einen anderen Geschäfte besorgt oder Dienste leistet, die übliche Provision verlangen. Für den Fall der Aufbewahrung regelt die Vorschrift, dass der Kaufmann, der für andere Waren aufbewahrt, Lagergeld nach den am Ort üblichen Sätzen fordern darf.

F ist Kaufmann

Voraussetzung ist zunächst, dass derjenige, der die Dienstleistung erbringt, hier also F, ein Kaufmann ist. Da F als Fleischgroßhändler eine gewerbliche Tätigkeit ausübt, die eine kaufmännische Organisation erfordert, ist er Kaufmann, weshalb § 354 I HGB für ihn gilt.

Selbsteinlagerungskosten?

Umstritten ist, ob unter § 354 I HGB auch die Aufbewahrung durch den Verkäufer, d.h. den Schuldner im Falle des Gläubigerverzugs, fällt[168]. Dagegen spricht, dass der Gesetzgeber bereits in § 373 I HGB Rechtsfolgen für den Annahmeverzug normiert hat und dies als abschließende Regelung aufgefasst werden könnte. § 373 I HGB regelt allerdings lediglich das Recht des Verkäufers zur Fremdeinlagerung. Damit sollen Ansprüche aus § 354 HGB nicht verdrängt werden. Dies folgt auch aus dem Zweck des § 354 HGB, der

---

[168] Der BGH wendet § 354 I HGB auf diese Konstellation an, siehe BGH, NJW 1996, 1464; BGH, ZIP 2000, 1007, 1011.

grundsätzlich davon ausgeht, dass ein Kaufmann "nichts umsonst tut".

Damit kann F die ortsüblichen Lagerungskosten geltend machen. Da es keinerlei Anhaltspunkte gibt, dass die Kosten überhöht sind, besteht somit der Anspruch aus § 354 HGB auf Erstattung des geltend gemachten Betrags.

Anspruch: (+)

Die Kosten für die erste Anlieferung bekommt die C-GmbH nicht aus § 354 HGB erstattet, da diese Vorschrift nur gilt, wenn keine vertragliche Regelung getroffen wurde. Der Verkäufer ist bereits aus dem Kaufvertrag zur Anlieferung auf seine Kosten verpflichtet, daher kommt ein Anspruch aus § 354 HGB nicht in Betracht.

Kosten für die erste Anlieferung

3. Anspruch auf die Mehraufwendungen gemäß § 304 BGB

F könnte die Lagerungskosten sowie die Kosten der *ersten* Anlieferung schließlich auch aus § 304 BGB ersetzt verlangen. Diese Vorschrift verlangt zunächst einen Annahmeverzug der C-GmbH, der – wie ausgeführt – vorlag.

Annahmeverzug

Die Vorschrift des § 304 BGB ist daher grundsätzlich einschlägig. Nach § 304 BGB kann der Schuldner vom Gläubiger Ersatz der Mehraufwendungen verlangen. Die Norm führt ausdrücklich aus, dass die Mehraufwendungen für das erfolglose Angebot zu ersetzen sind. Damit muss die C-GmbH in jedem Fall die Transportkosten in Höhe von 400 Euro erstatten.

Mehraufwendungen für die erste Anlieferung

Die Lagerungskosten fallen jedoch nicht unter diese Bestimmung, da Mehraufwendungen nur dann erstattet werden, wenn sie tatsächlich angefallen sind. Es ist unstreitig, dass es sich um tatsächlich aufgewandte Beträge handeln muss. Da F jedoch durch die Einlagerung keine vermögensmäßige Einbuße erlitten hat – zumal ihm noch nicht einmal ein anderer Auftrag entgeht –, sind ihm keine effektiven Mehraufwendungen entstanden.

Selbsteinlagerungskosten

Aus § 304 BGB kann F somit nur Ersatz für die Transportkosten in Höhe von 400 Euro verlangen.

Anspruch teilweise: (+)

4. Anspruch auf Ersatz des Verzugsschadens gemäß §§ 280 I, 280 II, 286 BGB

Fraglich ist, ob F die geltend gemachten Beträge auch aus § 280 I BGB erstattet verlangen kann. Dann müsste sich die C-GmbH nicht nur im Gläubiger-, sondern auch im Schuldnerverzug befunden haben. Es ist anerkannt, dass Schuldner- und Gläubigerverzug in einer Person innerhalb eines Schuldverhältnisses gleichzeitig vorliegen können. Der

Schuldnerverzug

Käufer einer Sache hat nicht nur das Recht auf Übereignung der Sache, sondern auch die Pflicht zur Abnahme derselben. Dies folgt aus § 433 II BGB, wonach der Käufer verpflichtet ist, die Sache abzunehmen. Diese Abnahmepflicht stellt in der Regel eine Nebenpflicht dar, kann aber auch – z.B. wegen der Beschaffenheit der Ware als leicht verderblich oder besonders sperrig – Hauptpflicht sein. Gleichzeitig mit einem Annahmeverzug tritt daher Schuldnerverzug bei Nichterfüllung der Abnahmepflicht durch Unterlassung oder Verweigerung der Abnahmepflicht nach den §§ 286 BGB ein.

Verzug (+)

Da die C-GmbH zum kalendermäßig vereinbarten Lieferzeitpunkt die Steaks nicht abnahm, geriet sie mit ihrer Abnahmepflicht aus § 433 II BGB auch ohne Mahnung in Schuldnerverzug.

Von einem Vertretenmüssen gemäß § 286 IV BGB ist hier zweifelsohne auszugehen, da es sich um ein organisatorisches Versäumnis handelte.

Kosten für zweite Anlieferung

F hat somit auch Anspruch auf den durch den Verzug entstandenen Schaden. Dieser besteht allerdings nicht in den Kosten der ersten Anlieferung, da sich die GmbH zu diesem Zeitpunkt noch nicht im Schuldnerverzug befand. F könnte aus § 280 I BGB höchstens die Kosten einer zweiten Anlieferung ersetzt verlangen. Denn erst die zweite Anlieferung beruht auf dem Verzug. Im Ergebnis ist unstrittig, dass nicht mehr als die tatsächlich ausgelösten Mehrkosten durch die Lieferung ersetzt werden müssen.

Übliche Lagerungskosten

Die üblichen Lagerungskosten können über § 280 I BGB wiederum nicht erstattet werden, da beim Verzugsschaden nur tatsächliche Vermögenseinbußen erstattet werden. Solche liegen jedoch, wie ausgeführt, nicht vor.

Klausur 14: „Brillen nach Maß" **

Schwerpunkte: Aliudlieferung und Abtretungsverbot

Ausgangsfall

Oskar Ocular (O), der als Einzelkaufmann im Handelsregister eingetragen ist, stellt Brillengestelle her. Hierbei schneidet er mit einer Laserschneidemaschine die einzelnen Bestandteile der Brillengestelle aus Blechen aus. Da die Schneidemaschine nicht absolut präzise arbeitet, ist ein manuelles Nachschleifen und Anpassen der Metallteile erforderlich. Nunmehr kommt eine neue Lasermaschine namens „Präzisa Plus" auf den Markt, mit der sich die Bleche ohne Nacharbeit ausschneiden lassen.

O kauft beim Händler Sebastian Sorglos (S), der ebenfalls im Handelsregister eingetragen ist, ein Exemplar dieser neuen Lasermaschine zum Preis von 50.000 Euro. S liefert versehentlich das Vorgängermodell „Laser-Cut", das bei weitem nicht die erforderliche Präzision bietet, zudem wesentlich klobiger und ungünstiger im Energieverbrauch ist. Im Lieferschein nimmt S auf die Bestellung und die Auftragsbestätigung Bezug.

O stellt zwar sofort fest, dass es sich um das falsche Modell handelt. Er meldet sich indes erst eine Monat später bei S und besteht schriftlich auf Lieferung des vereinbarten Modells. S verweigert die Lieferung und beruft sich „Verspätung". O möge das Vorgängermodell behalten. Besteht ein Anspruch des O auf Lieferung des vereinbarten Modells?

Variante

O hat die gewünschte Maschine erhalten. Nach drei Wochen meldet sich das Bankhaus Best Banking (B) bei ihm und fordert ihn zur Zahlung des Kaufpreises in Höhe von 50.000 Euro auf. Die Bank trägt vor, S habe ihr sämtliche Kaufpreisforderungen gegen seine Abnehmer abgetreten. O entgegnet, dies sei nicht möglich, da in seinen wirksam einbezogenen Einkaufsbedingungen eine Regelung enthalten ist, wonach Abtretungen nur mit seiner vorherigen Zustimmung erfolgen dürfen. O sei jedoch vor der Abtretung nicht gefragt worden, weshalb die Abtretung an die Bank nicht wirksam sein kann. Die Bank hält die Einwendungen des O für unbeachtlich und besteht auf Zahlung. Zu Recht?

Lösung: „Brillen nach Maß"

Anspruch des O gegen S auf Lieferung einer Laserschneidemaschine namens „Präzisa Plus" aus dem Kaufvertrag gemäß § 439 I BGB

Ursprünglich hatte O aus dem Kaufvertrag einen Anspruch auf Verschaffung einer Lasermaschine des Typs „Präzisa Plus".

Fraglich ist, ob S mit der Lieferung des Vorgängermodells seine Verpflichtung gemäß § 433 I 1 BGB erfüllte. Die Erfüllung bewirkt gemäß § 362 BGB das Erlöschen des vertraglichen Schuldverhältnisses. Eine Erfüllung tritt nach der vorgenannten Vorschrift jedoch nur dann ein, wenn die *geschuldete* Leistung bewirkt wird. Geschuldet war die Lieferung einer Lasermaschine namens „Präzisa Plus", geliefert wurde hingegen das Vorgängermodell „Laser-Cut".

Die Lieferung des Vorgängermodells könnte als Schlechtleistung oder als Falschlieferung aufgefasst werden. Nahe liegender ist die Einordnung als Falschlieferung(sog. *aliud*-Lieferung[169]), da eine andere als die geschuldete Sache geliefert wurde, die indes nicht mangelhaft ist.

Der Verkäufer ist bei einer Gattungsschuld, sofern nichts anderes vereinbart ist, verpflichtet, eine Sache mittlerer Art und Güte aus der vereinbarten Gattung zu leisten (§ 243 I BGB). Welche Gattung konkret geschuldet wird, bestimmt sich unter Berücksichtigung der Verkehrsauffassung in erster Linie nach der Parteivereinbarung[170]. Liefert der Verkäufer somit eine Sache, die überhaupt nicht mehr der vereinbarten Gattung angehört, so leistet er etwas *anderes* als das, was vertraglich vorgesehen ist. Bewegt sich die Lieferung jedoch innerhalb der vereinbarten Gattung, entspricht sie aber nicht der vertragsmäßigen bzw., falls nichts festgelegt ist, der mittleren Art und Güte (§ 243 I BGB), so liegt eine *Schlechtlieferung* vor.

Da sich S zur Lieferung einer Lasermaschine des Typs „Präzisa Plus" verpflichtet hat, war die Gattung eindeutig bestimmt. Das Vorgängermodell, das zudem klobiger ist und einen höheren Energieverbrauch hat, gehört nicht der

	Anspruch auf Lieferung „Präzisa Plus" entstanden
	Erfüllung mit „Laser Cut"?
	Schlechtlieferung? Falschlieferung?
	Gattungsschuld
	Zwischenergebnis

---

[169] *Aliud* = das Andere (die Falschlieferung) im Gegensatz zum *peius* = das Schlechte (die Schlechtlieferung).
[170] BGH, WM 1989, 380, 381 (Glykol).

vereinbarten Gattung an. Insofern liegt keine Schlecht-, sondern eine Falschlieferung vor.

Liefert der Verkäufer eine mangelhafte Sache oder eine andere als die Geschuldete Sache ordnet gilt in beiden Fällen das Sachmängelgewährleistungsrecht des BGB da § 434 III BGB anordnet an, das eine Falschlieferung der Schlechtleistung gleichsteht. Daher kann offen bleiben, ob es sich um eine Falsch- oder Schlechtleistung handelt.

Besonderheiten beim Handelskauf

Fraglich ist jedoch, ob diese Gleichstellung der Rechtsfolgen uneingeschränkt auch beim Handelskauf gilt.

Rügeobliegenheit

Unter Kaufleuten besteht für den Käufer nach § 377 I HGB die Verpflichtung, eingehende Ware unverzüglich zu untersuchen und sich zeigende Mängel ebenfalls unverzüglich beim Verkäufer anzuzeigen. Versäumt dies der Käufer, gilt die Ware gemäß § 377 II HGB als genehmigt, so dass etwaige Ansprüche aufgrund von Sachmängeln ausgeschlossen sind. Hier hat O erst einen Monat nach Lieferung die Abweichung gerügt Die Rügeobliegenheit gilt wegen des Verweises auf den Sachmangelbegriff des BGB gemäß § 434 II BGB auch für die Falschlieferung. Dies folgte vor der Schuldrechtsreform aus § 378 HGB, der für die Falschlieferung auf § 377 HGB verwies.

Beiderseitiger Handelskauf

§ 377 HGB ist jedoch nur anwendbar, wenn ein beiderseitiger Handelskauf vorliegt. Das heißt, sowohl O als auch S müsste die Kaufmannseigenschaft zukommen. O ist als Produzent Gewerbetreibender und gemäß § 1 HGB Kaufmann. Erfordert sein Gewerbe keine kaufmännische Organisation, so wäre er jedenfalls gemäß § 5 HGB Kaufmann, da er im Handelsregister eingetragen ist. Gleiches gilt für S, so dass ein beiderseitiger Handelskauf vorliegt. Die § 377 HGB ist damit grundsätzlich anwendbar.

Rechtsfolgen der rechtzeitigen Rüge

O muss deshalb zur Erhaltung seiner Rechte in jedem Fall die Schlecht- bzw. Falschlieferung rügen. Dies tat er nicht, so dass er sämtliche Rechte verloren haben könnte.

Reichweite der in § 434 III BGB enthaltenen Gleichstellung

Der Gleichstellung der Falschlieferung mit der Schlechtlieferung in § 434 III BGB hat den Zweck, Abgrenzungsschwierigkeiten zwischen der Schlecht- und Falschlieferung zu vermeiden, indem bei den Rechtsfolgen eine Gleichbehandlung angeordnet wird. Fraglich ist jedoch, wie weit diese Gleichbehandlung hinsichtlich der Rechtsfolgen reicht.

Sachmängelgewährleistungsrecht bei genehmigungsfähigem aliud

Der *BGH* hat vor der Schuldrechtsreform das Sachmängelgewährleistungsrecht gemäß §§ 459 ff. BGB a.F. nur bei einer Falschlieferung angewandt, bei der sich um genehmigungsfähige Ware, d.h. um ein sog. genehmigungsfähiges *aliud* nach § 378 HGB handelte[171]. Nur wenn die Ware wegen krasser Abweichung nicht genehmigungsfähig war, sollten nicht die Sachmängelgewährleistungs-, sondern die allgemeinen Vorschriften (§§ 433 ff., 320 ff. BGB a.F.) anzuwenden sein[172].

Nur dann, wenn der Verkäufer unter keinen Umständen erwarten konnte, dass der Käufer die Ware als vertragsgemäß akzeptiert, trat mit der Lieferung keine Erfüllung ein, so dass der ursprüngliche Erfüllungsanspruch bestehen blieb. Eine Falschlieferung war dann nicht mehr genehmigungsfähig, wenn die Lieferung derart krass von der geschuldeten Gattung abweicht, dass eine Genehmigung schlechterdings ausgeschlossen erscheinen musste[173]. Bei nicht genehmigungsfähiger Ware bestand der ursprüngliche Erfüllungsanspruch fort. Der Käufer konnte deshalb ggf. nach § 326 BGB a.F. gegen den Verkäufer wegen Schuldnerverzugs vorgehen.

<small>Grenze: Krasse Abweichung</small>

Auch nach neuem Recht wird vertreten, dass nicht jede Falschlieferung der Schlechtleistung gleichgestellt werden kann. Die gelieferte Ware muss sich zumindest aus Sicht des Käufers, z.B. indem der Verkäufer auf den Vertrag im Lieferschein hinweist als Erfüllungsversuch darstellen[174]. Dies ist der Fall, da S im Lieferschein auf die Bestellung und die Auftragsbestätigung Bezug nimmt. Der Käufer kann damit erkennen, welchen Vertrag der Verkäufer erfüllen will und dadurch prüfen, ob vertragsgemäß geleistet wird.

<small>Grenzen der Gleichstellung</small>

Damit muss sich O wegen der nicht rechtzeitigen Rüge mit der Lieferung des Vorgängermodells begnügen.

<small>Anspruch: (–)</small>

---

[171] BGHZ 115, 286, 294 ff. (deutsches Granulat für tunesische Plastikrohre).
[172] BGH, NJW 1994, 2230; siehe auch *Foerste*, JuS 1994, 202, 206 m.w.N.
[173] BGHZ 115, 286, 296 (deutsches Granulat für tunesische Plastikrohre).
[174] Regierungsbegründung BT-Drs. 14/6040, S. 216, dann gelten die Grundsätze der Lieferung unbestellter Ware, a.A. *Wilhelm* JZ 2001, 868, wonach jede Falschlieferung erfüllungstauglich ist.

Variante

Anspruch des Bankhauses B gegen O aus dem Kaufvertrag gemäß § 433 II BGB i.V.m. § 398 BGB

Der Kaufpreisanspruch gegen O ist wirksam entstanden. Einwendungen des O aus dem Kaufvertrag bestehen grundsätzlich nicht, da hier die gewünschte Maschine mängelfrei angeliefert wurde.

<small>Forderungsübergang auf B?</small>

Zu prüfen ist, ob nunmehr B das Recht hat, Zahlung an sich zu verlangen. Dies wäre der Fall, wenn der Kaufpreisanspruch auf B übergegangen ist. Eine Forderung wird durch Abtretung gemäß § 398 BGB übertragen. S hat seine Forderungen aus den Liefergeschäften an das Bankhaus B abgetreten; fraglich ist jedoch, ob diese Abtretung wegen des in den Einkaufsbedingungen des O verankerten Abtretungsverbots wirksam ist.

<small>Abtretungsverbot</small>

Die Vereinbarung eines Abtretungsverbots ist rechtlich grundsätzlich möglich (siehe § 399, 2. Alt. BGB).

<small>Einbeziehung</small>

Die Klausel ist ferner am AGB-Recht der §§ 305 ff. BGB zu messen. Danach ist eine Einbeziehungs- und Inhaltskontrolle durchzuführen. Das Abtretungsverbot in den Einkaufsbedingungen ist hier wirksam in den Kaufvertrag einbezogen worden.

<small>Verstoß gegen § 307 BGB</small>

Problematisch ist jedoch, ob es einer Inhaltskontrolle standhält. Die das Abtretungsverbot enthaltende Klausel könnte wegen Verstoßes gegen § 307 BGB (Generalklausel) unwirksam sein. Dann müsste die Klausel den Adressaten O unter Abwägung der Interessen des Verwenders S unangemessen benachteiligen. Der Verwender eines Abtretungsverbots setzt dieses ein, da er ein Interesse an einer überschaubaren Abrechnung hat. Er möchte verhindern, mit einer Vielzahl von Anspruchstellern konfrontiert zu werden, wobei er in jedem Einzelfall die Berechtigung des ihm unbekannten Inhabers der Forderung zu überprüfen hätte. Daher benachteiligt das Abtretungsverbot zwar den Vertragspartner, der diese Forderungen nicht mehr an Dritte zum Zwecke der Refinanzierung abtreten könnte, doch stellt dies noch keine unangemessene Benachteiligung dar, so dass die Klausel einer Inhaltskontrolle standhält[175] (Gegenteiliges ist vertretbar).

---

[175] Siehe auch BGH 108, 52, 54 f.; BGH, NJW 2006, 3486.

Aufgrund des Abtretungsverbots würde danach zunächst eine Abtretung an die Bank scheitern. Das Abtretungsverbot könnte jedoch gemäß § 354 a HGB unwirksam sein.

§ 354 a HGB

Nach § 354 a HGB ist ein Abtretungsverbot unwirksam, wenn das Rechtsgeschäft, das diese Forderung begründet hat, für beide Teile ein Handelsgeschäft darstellt. Da sowohl O als auch S Kaufleute sind, wurde die Forderung aus einem Handelsgeschäft begründet[176].

Beiderseitiges Handelsgeschäft

§ 354 a HGB möchte dem Lieferanten, der als wesentliche Kreditsicherheit oft lediglich über seine offenen Forderungen verfügt, eben diese als Kreditgrundlage erhalten. Der Lieferant soll die Möglichkeit haben, sich durch Abtretung dieser Forderungen zu refinanzieren. Unter Kaufleuten sind daher bei beiderseitigen Handelsgeschäften Abtretungsverbote grundsätzlich unwirksam. Dies bedeutet, dass die Bank materiellrechtlich Inhaberin der Forderung wurde.

Zweck

Dennoch kann O mit befreiender Wirkung an S leisten. Dies ergibt sich ausdrücklich aus § 354 a Satz 2 HGB. O leistet damit zwar nicht mehr an den Berechtigten, gleichwohl ist nach dieser gesetzlichen Bestimmung die Leistung mit befreiender Wirkung möglich. Dadurch wird erreicht, dass auch dem Interesse des O an der Überschaubarkeit seines Abrechnungswesens Genüge getan wird, denn er geht kein Risiko ein, wenn er an seinen bisherigen Vertragspartner leistet. Die Bank ist dennoch privilegiert, da erstens davon auszugehen ist, dass typischerweise nach Offenlegung der Abtretung auch an den nunmehr Berechtigten geleistet wird und andererseits der Bank in der Insolvenz Aussonderungs- bzw. Ersatzaussonderungsrechte zustehen, so dass sie gegenüber den sonstigen Insolvenzgläubigern eine bevorzugte Stellung innehat. Wird also im Falle einer Insolvenz des S an den Insolvenzverwalter gezahlt, so kommt der Betrag nicht allen Insolvenzgläubigern gleichmäßig, sondern lediglich der Bank zugute.

Schuldbefreiende Leistung an S möglich

Im Ergebnis ist daher festzustellen, dass der Bank der Kaufpreisanspruch zusteht, O jedoch wahlweise an die Bank oder an den bisherigen Gläubiger S zahlen kann.

Anspruch: (+)

---

[176] Eine analoge Anwendung auf Nichtkaufleute wird diskutiert, dafür *Baumbach/Hopt*, § 354 a Rdn. 1 dagegen BGH, NJW 2006, 3486.

Klausur 15: „It's my bike" ***

Schwerpunkt: Gutgläubiger Erwerb vom Kaufmann

Valentin Velo (V) betreibt als eingetragener Einzelkaufmann ein Ladengeschäft für Zweiradhandel. Über dieses Geschäft veräußert er seit 30 Jahren Fahrräder, Motorroller und Mopeds. V ist meistens recht unfreundlich und blockt selbst berechtigte Gewährleistungsansprüche oft ab. Als in unmittelbarer Nähe der junge und motivierte Sascha Servizio einen Fahrradladen eröffnet, wechseln zahlreiche Kunden aus dem Fahrradbereich zu dem neuen Händler, so dass V in finanzielle Schwierigkeiten gerät.

Der Motorrollerhersteller Frank Franchino (F) hat mit V vereinbart, dass dieser die Roller des F unter Eigentumsvorbehalt mit der Maßgabe erhält, diese innerhalb von 90 Tagen nach Lieferung zu bezahlen. Erst mit der vollständigen Zahlung des Kaufpreises, so heißt es im Vertrag, soll das Eigentum an den Motorrollern auf V übergehen. V hat jedoch von F die Ermächtigung erhalten, die Roller schon vor ihrer Bezahlung im ordnungsgemäßen Geschäftsbetrieb weiterzuveräußern.

Die infolge der Eröffnung des Konkurrenzgeschäfts verursachte finanzielle Krise des V verschärft sich zusehends, wobei sich auch gegenüber F Zahlungsrückstände aufbauen. F widerruft schließlich die Ermächtigung zur Weiterveräußerung und verbietet V mit sofortiger Wirkung, die unter Eigentumsvorbehalt des F stehenden Roller an Kunden oder sonstige Dritte zu veräußern. Ferner verlangt F von V Herausgabe seiner sich noch im Besitz des V befindlichen Roller.

Da V wirtschaftlich das Wasser bis zum Hals steht, verkauft er auch die Ware des F, die er eigentlich an diesen herausgeben müsste, an Kunden weiter. So veräußert V an den Kunden Leonhard Looping (L) einen Motorroller des Modells Franchuzzo 200 für 4.000 Euro. In den Fahrzeugpapieren (Kfz-Brief und Schein) ist noch kein Halter eingetragen, da es sich um ein fabrikneues Fahrzeug handelt. L ist gelernter Zweiradmechaniker und kennt die Gepflogenheiten des Herstellers F, da sein Betrieb seinerzeit ebenfalls von diesem Hersteller Motorroller bezog. L weiß daher, dass die Lieferung unter Eigentumsvorbehalt erfolgt, die Händler die Fahrzeuge jedoch gewöhnlich weiterverkaufen dürfen.

L wird das Fahrzeug nebst Papieren nach Zahlung übergeben. Hoch zufrieden fährt er von dannen. Zwei Wochen später liest L in der Tagespresse, dass V pleite ist und die Hersteller aus seinem Laden die dort noch befindlichen Roller abholen.

L ist besorgt und fragt, ob F auch von ihm Herausgabe des Rollers verlangen kann.

1. Variante

V hat den Roller an L nicht wie im Ausgangsfall im eigenen Namen, sondern im Namen des F veräußert. Hierzu war V ursprünglich auch aufgrund eines mit F bestehenden Handelsvertretervertrags berechtigt. Da V jedoch, nachdem er in Zahlungsschwierigkeiten geraten war, die eingezogenen Veräußerungserlöse aus dem Weiterverkauf der Motorroller nicht mehr an F abführte, hat dieser den Handelsvertretervertrag mit sofortiger Wirkung gekündigt und jegliche Weiterveräußerung der Roller untersagt. Erst nach der im übrigen wirksamen Kündigung erfolgte dann die Veräußerung des Motorrollers an L im Namen des F.

Wie ist die Rechtslage zu beurteilen, wenn jetzt F von L die Herausgabe des Fahrzeugs verlangen würde?

2. Variante

L hat bei V einen gebrauchten Roller erworben, der von Anton Arglos (A) zur Reparatur bei V abgegeben worden war. V hatte diese Reparatur entgegengenommen und A aufgefordert, ihm auch den Kfz-Brief und den Kfz-Schein zu übergeben, da eine Kopie des Briefes an den Hersteller gesandt werden müsste, um angeblich günstiger Ersatzteile zu erhalten. Hierbei wurde A allerdings von V angelogen, denn V hatte von Anfang an geplant, den Roller mitsamt Fahrzeugpapieren bei nächstbester Gelegenheit zu veräußern.

L kauft den Roller zu einem üblichen Preis. Er vertraut darauf, dass V berechtigt ist, den Roller für A kommissionsweise zu verkaufen. Der Kaufvertrag wird namens des V mit L geschlossen, anschließend einigen sich die beiden über den Eigentumsübergang. Die Übergabe des Fahrzeugs an L erfolgt ebenfalls, der überglücklich mit dem Roller seine erste Spritztour in Angriff nimmt.

Schließlich meldet sich A bei L und verlangt Herausgabe seines Rollers. Zu Recht?

Lösung: „It's my bike"

Ausgangsfall

Ansprüche des Herstellers F gegen L auf Herausgabe des Motorrollers

1. Aus § 985 BGB

Dinglicher Anspruch

Anspruchsgrundlage für ein etwaiges Herausgabebegehren des F könnte zunächst § 985 BGB sein. Danach kann der Eigentümer vom nichtberechtigten Besitzer die Herausgabe der Sache verlangen.

Ist F Eigentümer?

F müsste daher Eigentümer des Motorrollers sein, der sich nunmehr im Besitz des L befindet. Ursprünglich war F, der den Motorroller hergestellt hat, Eigentümer desselben. F hat das Eigentum an dem Motorroller aufschiebend bedingt gemäß §§ 929 Satz 1, 158 I BGB auf V übertragen. Vereinbart war, dass mit vollständiger Kaufpreiszahlung das Eigentum auf V übergehen soll. Da die aufschiebende Bedingung jedoch nie eingetreten ist, hat F auch nicht das Eigentum am Motorroller an V verloren.

Verlust des Eigentums an L?

F könnte das Eigentum an dem Motorroller jedoch durch die Übereignung des Motorrollers von V an L verloren haben. V war allerdings infolge des Widerrufs der Weiterveräußerungsermächtigung zur Übereignung an L nicht mehr berechtigt. Die ursprüngliche Ermächtigung zur Weiterveräußerung, die F gemäß § 185 I BGB durchaus zur Veräußerung auch an L berechtigt hätte, ist wegen der Zahlungsrückstände wirksam widerrufen worden. Damit hat V als Nichtberechtigter über das Eigentum des F verfügt. Fraglich ist, ob diese Verfügung dem F mit der Folge entgegengehalten werden kann, dass dieser sein Eigentum an dem Motorroller zugunsten des L verloren hat.

§ 932 BGB

Eine Verfügung vom Nichtberechtigten über fremde Sachen ist unter den Voraussetzungen des §§ 929, 932 BGB mit Wirkung zu Lasten des Eigentümers möglich. Der Erwerber erwirbt das Eigentum gutgläubig vom Nichtberechtigten, wobei sich der gute Glaube auf die Eigentümerstellung des Veräußerers beziehen muss.

Guter Glaube an die Eigentümerstellung

L war hier jedoch hinsichtlich der Eigentümerstellung nicht gutgläubig, da er die Gepflogenheiten in der Branche kannte und durchaus wusste, dass F seine Motorroller unter Eigentumsvorbehalt an die Händler lieferte.

Vielmehr ging L davon aus, dass V berechtigt ist, über das fremde Eigentum des F zu verfügen, was V ja auch ursprünglich bis zum Widerruf der Weiterveräußerungsermächtigung durfte. Es liegt damit ein guter Glaube an die *Verfügungsbefugnis* des V vor. Der gute Glaube an die Verfügungsbefugnis wird jedoch über § 932 BGB nicht geschützt.

Guter Glaube an die Verfügungsbefugnis

In Betracht kommt aber ein gutgläubiger Eigentumserwerb nach §§ 929, 932 BGB i.V.m. § 366 HGB. Nach § 366 HGB wird ein Erwerb vom Nichtberechtigten auch dann zugelassen, wenn der gute Glaube des Erwerbers an die Befugnis des Veräußerers anknüpft, über die Sache für den Eigentümer zu verfügen. § 366 HGB erweitert folglich die Möglichkeiten des Erwerbs vom Nichtberechtigten und schützt insbesondere den guten Glauben des Erwerbers an die Verfügungsbefugnis des Veräußerers.

§ 366 HGB

Sinn des § 366 HGB ist es, im Handelsverkehr, bei dem regelmäßig Waren unter Eigentumsvorbehalt geliefert werden und deshalb häufig kein guter Glaube an die Eigentümerstellung auf Seiten des Erwerbers vorliegen kann, dennoch eine Verkehrsfähigkeit der Güter zu ermöglichen bzw. zu erleichtern. Der Erwerber geht beim Kaufmann grundsätzlich davon aus, dass dieser von seinen Lieferanten ermächtigt worden ist, die Waren im ordnungsgemäßen Geschäftsverkehr zu veräußern. Ein guter Glaube an die Verfügungsbefugnis besteht in dieser Situation daher typischerweise, ein guter Glaube an die Eigentümerstellung wird hingegen häufig fehlen, da Verkäufe unter Eigentumsvorbehalt mit der Einräumung von Zahlungsfristen in vielen Branchen handelsüblich sind.

Zweck

Der Gesetzgeber wollte mit § 366 HGB den typischerweise in der Praxis existierenden guten Glauben an die Verfügungsbefugnis schützen, damit langwierige Erkundigungen über die Eigentumsverhältnisse vermieden werden können, weil dies sonst ein großes Hindernis für die schnelle Abwicklung von Geschäften darstellen würde[177].

§ 366 HGB setzt zunächst voraus, dass der Verfügende Kaufmann ist. Dies trifft auf V, der eingetragener Einzelkaufmann ist, zweifelsohne zu[178].

V ist Kaufmann

---

[177] Siehe auch *Oetker*, § 7 E I 1.
[178] § 366 HGB gilt für alle Kaufleute einschließlich der Fiktivkaufleute gem. § 5 HGB. Umstritten ist die Anwendung auf den Scheinkaufmann und den Kaufmann, der gem. § 15 I HGB noch im Handelsregister eingetragen ist, obwohl die Firma bereits erloschen ist. Verkauft der Kaufmann ferner als Kommis-

Handelsgeschäft	Die Veräußerung des Motorrollers muss für V ferner ein Handelsgeschäft darstellen. Ein solches liegt hier vor, da sich das Handelsgewerbe des V gerade auf die Veräußerung von Zweirädern erstreckt.
Guter Glaube des L?	Schließlich müssen die Voraussetzungen des § 932 BGB vorliegen, verbunden mit der Modifikation, dass der gute Glaube des Erwerbers sich nunmehr auf die Verfügungsbefugnis bezieht.
Grob fahrlässige Unkenntnis?	Fraglich ist, ob L hinsichtlich der Verfügungsbefugnis des V *bösgläubig* gewesen ist. Er hatte keine positive Kenntnis von dem Widerruf der Weiterveräußerungsermächtigung und dem damit verbundenen Wegfall der Verfügungsbefugnis. Gemäß § 932 II BGB schadet ihm jedoch auch grob fahrlässige Unkenntnis über die fehlende Verfügungsbefugnis. Grob fahrlässig i. S. v. § 932 BGB handelt, wer die bei dem betreffenden Erwerbsvorgang erforderliche Sorgfalt in ungewöhnlichem Maße verletzt und das unbeachtet lässt, was im gegebenen Fall jedem hätte einleuchten müssen[179].
Verdachtsmomente	Erforderlich sind gewisse Verdachtsmomente, die zu Nachforschungen hätten Anlass geben müssen, etwa ein günstiger Preis oder Unstimmigkeiten hinsichtlich der Fahrzeugpapiere[180]. Hier wurden Fahrzeugpapiere vorgelegt, in denen bisher noch kein Halter eingetragen war, da es sich um ein fabrikneues Fahrzeug handelte. Der Händler ließ vielmehr L als ersten Halter eintragen.
Vorlage der Fahrzeugpapiere	Die Mindestanforderung für die Bejahung eines guten Glaubens beim Kraftfahrzeug-Kauf ist die *Vorlage* der Fahrzeugpapiere[181]. Der Besitz des Fahrzeugs samt dem Fahrzeugschein und dem Fahrzeugbrief begründet den Gutglaubenschutz, so dass das Unterlassen der Vorlage des Fahrzeugbriefs i.d.R. einen gutgläubigen Erwerb ausschließt[182]. Bei Gebrauchtfahrzeugen muss grundsätzlich geachtet werden, wer als Halter im Kfz-Brief eingetragen ist.

---

sionär, so gilt für ihn ebenfalls § 366 HGB, auch wenn er nicht als Kleingewerbetreibender im Handelsregister eingetragen ist (siehe § 383 II 2 HGB). Siehe zu diesen Problemfällen im einzelnen: *Karsten Schmidt*, § 23 II 1a.

[179] BGH, NJW 1994, 2022, 2023.
[180] In BGH, ZIP 1996, 27, 28 hat der BGH etwa bei einem Preisnachlass von ca. 20 % beim Neuwagenkauf eine Nachforschungspflicht befürwortet. In dem vom BGH entschiedenen Fall waren jedoch noch weitere Verdachtsmomente vorhanden.
[181] BGHZ 68, 323, 325; BGH, NJW 1994, 2022, 2023.
[182] BGH, NJW 1975, 735, 736; BGH, ZIP 1996, 27.

Beim Kauf eines neuwertigen Fahrzeugs vom autorisierten Vertragshändler ist, wie im Neuwagengeschäft üblich, jedoch gerade kein Halter eingetragen. Daher kann für den Gutglaubensschutz gemäß § 932 BGB auch nicht angenommen werden, dass eine Divergenz zwischen dem Verkäufer und dem Eingetragenen zwingend eine Bösgläubigkeit des Erwerbers nach sich zieht.

Bei Neuwagen keine Haltereintragung üblich

Erst recht gilt dies für den guten Glauben gemäß § 932 BGB i.V.m. § 366 HGB, der sich nur auf die Verfügungsbefugnis bezieht.

Bei dem Erwerb vom Händler gemäß § 366 HGB kann es also beim Kfz-Kauf nicht darauf ankommen, wer im Brief eingetragen ist[183]. Der Erwerber weiß ja positiv, dass der Händler gerade nicht Eigentümer ist, sondern lediglich vom Hersteller zur Weiterveräußerung ermächtigt ist. Demzufolge wird der Händler auch nicht als Halter im Brief eingetragen sein.

L konnte daher hier darauf vertrauen, dass V, der im Besitz der Fahrzeugpapiere war, die er „nur" vom Hersteller erlangt haben kann, berechtigt ist, im ordnungsgemäßen Geschäftsverkehr die entsprechenden Roller weiterzuveräußern.

Da auch kein Schleuderpreis vereinbart worden war oder sonstige Verdachtsmomente bestanden, brauchte L keine Nachforschungen anzustellen.

Im Ergebnis liegt daher ein guter Glaube des L an die Verfügungsbefugnis des V vor, so dass L gutgläubig das Eigentum an dem Fahrzeug zu Lasten des Herstellers F erwerben konnte.

Ein Herausgabeanspruch des F aus § 985 BGB greift daher nicht durch.

Anspruch: (–)

2. Anspruch des F gegen L aus § 812 I 1, 2. Alt. BGB

Zu prüfen ist noch ein bereicherungsrechtlicher Anspruch des F. Dann müsste L den Motorroller ohne Rechtsgrund erlangt haben. L kann sich hier auf einen wirksamen Kaufvertrag mit V und damit auf eine Leistungsbeziehung berufen.

Bereicherungsrechtlicher Anspruch

Erlangt der Bereicherungsempfänger die Vermögensverschiebung durch die Leistung eines anderen, so hat nur dieser einen Bereicherungsanspruch gegen den Empfänger (sog. Vorrang der Leistungskondiktion)[184]. Dieser Vorrang der Leistungskondiktion ist dringend erforderlich, da an-

Vorrang der Leistungskondiktion

---

[183] BGH, NJW 1996, 2226, 2228.
[184] Siehe *Thomas* in: Palandt, § 812 Rdnr. 2.

sonsten ständig die Gefahr bestünde, dass aufgrund vorhergehender Vermögensverschiebungen Dritte Ansprüche gegen solche Personen erheben, mit denen sie nie in vertraglicher Beziehung standen und die die entsprechende Leistung aufgrund eines intakten Vertragsverhältnisses von ihrem Vertragspartner erhalten haben.

Hinzu kommt, dass der gutgläubige Erwerb eine gewollte Rechtsveränderung kraft Gesetzes darstellt, die auch unter dem Gesichtspunkt des Bereicherungsausgleichs Bestand haben soll. Das Recht hat eine Spezialregelung vorgesehen, die den Konflikt zwischen dem gutgläubigen Erwerber und ehemaligen Eigentümer regelt. Danach ist gerade bezweckt, dass der Verlust des Eigentums im Verhältnis zum gutgläubigen Erwerber ohne Ausgleichs- oder Rückforderungsanspruch eintritt. Dort, wo ein Ausgleich erfolgen soll, hat der Gesetzgeber Sonderregelungen geschaffen, wie beispielsweise in § 816 oder § 822 BGB[185]. Ansonsten ist der Rechtsverlust endgültig.

Anspruch: (–)

Ein Bereicherungsanspruch des Herstellers F gegen L scheidet damit aus.

Variante

Ansprüche des Herstellers F

1. Aus § 985 BGB

Dinglicher Anspruch

Auch hier ist zunächst ein Anspruch aus § 985 BGB in Erwägung zu ziehen.

Eigentümerstellung des F

Ein solcher Anspruch setzt voraus, dass F noch Eigentümer des Motorrollers ist.

Verlust des Eigentums durch das Handeln des V?

Ursprünglich war F Eigentümer des Motorrollers; fraglich ist jedoch, ob er das Eigentum durch das Handeln seines Handelsvertreters V verloren hat. Eigentum wird übertragen durch Einigung und Übergabe gemäß § 929 Satz 1 BGB. Die Übergabe ist hier erfolgt. Eine Einigung wurde namens des F durch den Handelsvertreter V vorgenommen. Die Willenserklärung des V muss sich F dann entgegenhalten lassen, wenn V im Rahmen der ihm zustehenden Vertretungsmacht gemäß § 164 BGB gehandelt hat.

Keine Vollmacht des V

V hatte zwar als Handelsvertreter zunächst Vollmacht, die Roller des F weiter zu veräußern. Der Handelsvertretervertrag war jedoch zum Zeitpunkt der Eigentumsübertra-

---

[185] Siehe *Thomas* in: Palandt, § 812 Rdnr. 98.

gung an L gekündigt und die Vollmacht bereits widerrufen, so dass V als Vertreter ohne Vertretungsmacht gehandelt hat. Eine Zurechnung der Willenserklärung nach dem Stellvertretungsrecht scheidet deshalb aus. Anhaltspunkte für eine Anscheinsvollmacht sind nicht ersichtlich.

Damit kommt auch hier nur ein Erwerb vom Nichtberechtigten in Betracht.

Erwerb vom Nichtberechtigten

Ein gutgläubiger Erwerb nach § 932 BGB scheidet wie im Ausgangsfall aus, da L positiv weiß, dass der Handelsvertreter, der ja sogar im Namen des F auftritt, nicht Eigentümer ist. L kennt damit die Person des Eigentümers, in dessen Namen die Übereignung vorgenommen wird.

§ 932 BGB

Aber auch ein guter Glaube an die Verfügungsbefugnis gemäß § 366 HGB liegt nicht vor, da unter Verfügungsbefugnis das Recht verstanden wird, über ein fremdes Recht im eigenen Namen zu verfügen. Hier verfügt F jedoch nicht über ein fremdes Recht im eigenen Namen, sondern er tritt im fremden Namen auf. Auf Verfügungen im fremden Namen finden grundsätzlich ausschließlich die Vorschriften der §§ 164 ff. BGB Anwendung. § 185 BGB gilt nicht[186].

§ 366 HGB

L hat hier vielmehr darauf vertraut, dass V als Handelsvertreter bevollmächtigt ist, namens des F das Eigentum an dem Motorroller auf die Käufer zu übertragen. L vertraute damit auf das Bestehen einer Vertretungsmacht. Der gute Glaube an die Vertretungsmacht ist allerdings grundsätzlich nicht geschützt. Fraglich ist jedoch, ob für diese besondere Konstellation nicht § 366 HGB extensiv ausgelegt oder analog angewandt werden sollte.

Guter Glaube an Vertretungsmacht

Ob § 366 HGB (analog) generell – d.h. nicht nur bei der Einschaltung eines Handelsvertreters, sondern auch bei anderen Vertretern – für die Fälle des guten Glaubens an die Vertretungsmacht gilt, ist strittig[187]. Gegen die Anwendung des § 366 HGB auf diese Konstellation sprechen der Wortlaut der Vorschrift sowie der Umstand, dass der Erwerber, der weiß, dass im fremden Namen aufgetreten wird, die

§ 366 HGB (analog) auf guten Glauben an die Vertretungsmacht?

---

[186] *Heinrichs* in: Palandt, § 185 Rdnr. 1.
[187] Eine Entscheidung des Bundesgerichtshofs zu dieser Frage gibt es nicht. Die Anwendung des § 366 HGB direkt oder analog auf den guten Glauben an die Vertretungsmacht bejahen u.a.: *Karsten Schmidt*, § 23 III 2; *Baumbach/Hopt*, § 366 Rdnr.5; *Wagner* in: Röhricht/v. Westphalen, § 366 Rdnr. 16. Eine Anwendung von § 366 HGB auf diesen Fall wird abgelehnt von: *Canaris*, § 27 Rdnr. 16; *Koller/Roth/Morck*, § 366 Rdnr. 2; *Hofmann*, H III 9, ausführlich: *Reinicke*, AcP 189 (1989) 102 f.

Möglichkeit hat, sich mit dem Vertretenen in Verbindung zu setzen, um sich über das Bestehen der Vollmacht zu erkundigen. Eine solche Erkundigung ist jedoch lebensfremd. Gerade bei einem Handelsvertreter geht der Erwerber typischerweise davon aus, dass dieser berechtigt ist, im Namen und mit Vollmacht des Veräußerers aufzutreten. Dies gilt jedenfalls für Warenvertreter, die zumindest in der Regel bei Bargeschäften nicht nur zur Vermittlung, sondern auch zum Abschluss von Geschäften bevollmächtigt sind. Der Handelsvertreter ist in die Absatzkette des Veräußerers fest integriert, ihn treffen eine Interessenwahrnehmungspflicht und ein Wettbewerbsverbot. Wenn schon der Erwerb vom Eigenhändler oder vom Kommissionär bzw. Kommissionsagenten die Anwendung des § 366 HGB nach sich zieht, dann soll dies erst recht beim Erwerb über den Handelsvertreter der Fall sein, der dem Veräußerer noch näher steht[188].

Die analoge Anwendung des § 366 HGB auf den guten Glauben an die bestehende Vertretungsmacht des Handelsvertreters ist daher zu befürworten. Ob auch andere Vertreter unter die Analogie fallen, muss nicht entschieden werden. Dies bedeutet, dass F das Eigentum an dem Motorroller an L durch die in seinem Namen über V erfolgte Veräußerung gemäß § 366 HGB (analog) verloren hat, sofern die weiteren Voraussetzungen dieser Vorschrift erfüllt sind.

Weitere Voraussetzungen des § 366 HGB

Da L den Roller von einem Kaufmann erworben hat, die Veräußerung ein Handelsgeschäft darstellt und ein guter Glaube an das Bestehen der Vertretungsmacht vorlag, sind die Tatbestandsmerkmale gegeben, so dass ein Eigentumsverlust auf Seiten des F durch den gutgläubigen Erwerb des L eingetreten ist.

Anspruch: (–)

Ein Herausgabeanspruch gemäß § 985 BGB scheitert daher an dem wirksamen Eigentumserwerb.

2. Anspruch aus § 812 I 1, 2. Alt. BGB

Bereicherungsrechtlicher Anspruch

Auch hier kommt – wie im Ausgangsfall – ein Anspruch des Herstellers aus Bereicherungsrecht in Betracht. Es besteht wegen des Handelns als Vertreter die Besonderheit, dass V bei Abschluss des Kaufvertrags ebenfalls im Namen des F aufgetreten ist, hierfür jedoch keine Vertretungsmacht hatte. Genehmigt F das gemäß § 177 I BGB schwebend unwirksame Geschäft nicht, so wäre es endgültig unwirksam.

---

[188] Für eine Gleichstellung der verschiedenen Absatzmittler auch: *Karsten Schmidt*, § 23 III 1b.

L würde dann weder mit F noch mit V ein Kaufvertrag verbinden, so dass er das Eigentum am Motorroller ohne Rechtsgrund erlangt hätte. Konsequenterweise müsste er nach Bereicherungsrecht das Eigentum am Roller zurückübertragen sowie den Besitz herausgeben. Dass dieses Ergebnis nicht gewollt sein kann, wenn man zuvor einen Eigentumserwerb nach § 366 HGB auch für den Fall des guten Glaubens an die Vertretungsmacht bejaht hat, ist naheliegend.

Rechtsgrund?

Dennoch wird überwiegend die Ansicht vertreten, dass eine Rückabwicklung über das Bereicherungsrecht vorzunehmen ist[189]. Dieses Ergebnis ist jedoch abzulehnen und statt dessen anzunehmen, dass der Rechtsgrund für den Erwerb des Eigentums gerade die Vorschrift des § 366 HGB sei, die das „Behaltendürfen" der Sache regelt[190]. Es handele sich hierbei – so wird argumentiert – um einen gesetzlichen Rechtsgrund. Dies ist beim gutgläubigen Erwerb, wie oben ausgeführt, ja auch im übrigen der Fall. Es gibt keine Veranlassung, den gutgläubigen Erwerber, der die Sache ganz ohne Vertrag von dem bisherigen Eigentümer erwirbt, besser zu behandeln als den Erwerber, den ein unwirksamer Vertrag mit dem Eigentümer verbindet. Entscheidend ist, ob die Voraussetzungen des gutgläubigen Erwerbs vorliegen. Da diese hier gegeben sind, ist der Erwerb auch kondiktionsfest.

Rückabwicklung?

Ein Anspruch des F aus § 812 I 1, 2. Alt. BGB scheidet damit aus.

Anspruch: (–)

2. Variante

Ansprüche des A gegen L

1. Aus § 985 BGB

Ein Anspruch des A gegen L aus § 985 BGB setzt als erstes voraus, dass A noch Eigentümer des Fahrzeugs ist. A war Eigentümer des Fahrzeugs, als er dieses zur Reparatur in die Werkstatt des V brachte.

Dinglicher Anspruch

Fraglich ist, ob er sein Eigentum am Fahrzeug durch die Veräußerung desselben durch V an L verloren hat. V war zweifelsohne nicht zur Weiterveräußerung des Fahrzeugs berechtigt.

Verlust des Eigentums an L?

---

[189] *Baumbach/Hopt*, § 366 Rdnr. 5; *Wagner* in: Röhricht/v. Westphalen, § 366 Rdnr. 16.
[190] *Karsten Schmidt*, § 23 III 2; ders., JuS 1987, 936, 939.

Erwerb vom Nichtberechtigten	Es kommt daher nur ein Erwerb vom Nichtberechtigten in Betracht. Zunächst ist ein Erwerb gemäß §§ 929, 932 BGB zu prüfen. Dann müsste L hinsichtlich der Eigentümerstellung des V gutgläubig gewesen sein. Da V jedoch Fahrzeugpapiere vorgelegt hat, die A und nicht ihn selbst als Halter auswiesen, scheidet ein guter Glaube an die Eigentümerstellung des V aus.
Guter Glaube an die Verfügungsbefugnis?	L konnte jedoch darauf vertrauen, dass V als Händler berechtigt war, das Fahrzeug kommissionsweise zu verkaufen. Denn warum sonst wäre der Händler V im Besitz des Kfz-Briefs? Dass eine Täuschungshandlung seitens des Händlers V gegenüber A vorlag, konnte L nicht ahnen. Verdachtsmomente bestanden hier nicht.
Verdachtsmomente	Beim Gebrauchtwagenkauf ist zwar immer zu prüfen, ob bestimmte Verdachtsmomente bestehen. Die fehlende Eintragung des Händlers allein begründet solche jedoch nicht zwingend, da Händler gerade typischerweise als Agent oder Kommissionär auftreten[191].
Anspruch: (–)	L konnte also auch hier von F gutgläubig gemäß §§ 929, 932 BGB i. V. m. § 366 HGB das Eigentum an dem Fahrzeug erwerben, so dass ein dinglicher Herausgabeanspruch des A ausscheidet.

2. *Aus § 812 II 1, 2. Alt. BGB*

Bereicherungsrechtlicher Anspruch (–)	Aufgrund des wirksamen Eigentumserwerbs, der unter I. bejaht wurde, besteht ein Rechtsgrund für das „Behaltendürfen" des Fahrzeugs, so dass auch ein Anspruch aus ungerechtfertigter Bereicherung ausscheidet.

Anmerkung: A stehen gegen V selbstverständlich Schadensersatzansprüche wegen unerlaubter Handlung zu. Dieser hat sich auch strafbar gemacht.

---

[191] Siehe BGH, NJW 1975, 735, 736; BGH, NJW 1996, 2226 sowie *Karsten Schmidt*, § 23 II 1 f. Der Händler muss aber den Brief vorlegen können, wird das Kfz ohne Brief übergeben, ist der Käufer bösgläubig, siehe BGH, NJW 1965, 687; BGH, NJW 2006, 3488.

Sachregister

Absatzmittler 137 ff.
Abtretungsverbot 219 ff.
Aliudlieferung
  siehe Falschlieferung
Allgemeine Geschäftsbedingungen
  unter Kaufleuten 180 ff., 199
Annahmeverzug
  siehe Handelskauf
Auftragsbestätigung 209
Ausgleichsanspruch
  Franchisenehmer 143
  Handelsvertreter 138 ff., 147 ff.
  Vertragshändler 142, 157 ff.

Eintritt in das Handelsgeschäft eines
  Einzelkaufmanns 67 ff.

Falschlieferung 198 ff.
Firma 37 ff.
  Allgemeines 41 ff.
  Firmenfortführung 49 ff.
  Firmengrundsätze 46 ff.
  Firmenschutz 38 ff.
Fixgeschäft
  siehe Handelskauf
Formkaufmann
  siehe Kaufmann
Franchising 143 f.

Gewerbebegriff 32 ff.
gutgläubiger Erwerb 227 ff.
Handelsgesellschaften 33 ff.
Handelskauf
  Annahmeverzug 215
  Fixhandelskauf 209 ff.
  Rügeobliegenheit 15, 188, 195 f.,
    222 ff.
Handelsmakler 137, 149 f.

Handelsregister
  Allgemeines 79 ff.
  Publizität 83 ff., 95 ff., 105 ff., 115 ff.
Handelsvertreter 138 ff., 147 ff.
Handlungsvollmacht 135 ff.

Kaufmännisches Bestätigungs-
  schreiben 204 ff.
Kaufmann 9 ff.
  Begriff 21 ff.
  Fiktivkaufmann 29 ff.
  Formkaufmann 34 ff.
  Gewerbebegriff 22 ff.
  Istkaufmann 25 ff.
  Kannkaufmann 27 ff.
  Musskaufmann 25 ff.
  Scheinkaufmann 31 ff.
Kleingewerbetreibende 27 ff.
Kommission 140 ff., 171 ff.
Kommissionsagent 137, 142, 236

Ladenvollmacht 131 f.
Lagerungskosten 216 f.

Missbrauch der Vertretungsmacht
  121 ff.
Musskaufmann
  siehe Kaufmann

Prokura 105 ff.
Publizität
  siehe Handelsregister

Register
  siehe Handelsregister
Rügeobliegenheit
  siehe Handelskauf

Scheinkaufmann
siehe Kaufmann
Schweigen gemäß § 362 HGB 210 ff.
Schweigen auf kaufmännisches Bestätigungsschreiben 204 ff.

Vertragshändler 142 ff., 157 ff.
Zinsen
    Fälligkeitszinsen 12 ff.
Zwangsgeld 99, 148, 156

The manufacturer's authorised representative in the EU is Springer Nature Customer Service Centre GmbH, Europaplatz 3, 69115 Heidelberg, Germany. If you have any concerns regarding our products, please contact ProductSafety@springernature.com

Printed and bound by CPI Group (UK) Ltd, Croydon, CR0 4YY

23/03/2026

02076680-0007